PARANORMALIDADE

RICHARD WISEMAN
PARANORMALIDADE
POR QUE VEMOS O QUE NÃO EXISTE?

Tradução
FATIMA SANTOS

2ª edição

Rio de Janeiro | 2024

CIP-BRASIL. CATALOGAÇÃO NA FONTE
SINDICATO NACIONAL DOS EDITORES DE LIVROS, RJ

Wiseman, Richard (Richard John), 1966-

W765p Paranormalidade – Por que vemos o que não existe? / Richard
2ª ed. Wiseman; tradução Fatima Santos. – 2ª ed. – Rio de Janeiro:
BestSeller, 2024.

Tradução de: Paranormality: Why we see what isn't there
ISBN 978-85-7684-552-2

1. Paranormalidade. I. Título.

CDD: 130
12-4270   CDU: 133

Texto revisado segundo o Acordo Ortográfico da Língua Portuguesa de 1990.

Título original:
PARANORMALITY: WHY WE SEE WHAT ISN'T THERE
Copyright © 2011 by Richard Wiseman
Copyright da tradução © 2012 by Editora Best Seller Ltda.

Design de capa: Anderson Junqueira
Foto de capa: Dorling Kindersley / Getty Images

Todos os direitos reservados. Proibida a reprodução,
no todo ou em parte, sem autorização prévia por escrito da editora,
sejam quais forem os meios empregados.

Direitos exclusivos de publicação em língua portuguesa para o Brasil
adquiridos pela
EDITORA BEST SELLER LTDA.
Rua Argentina, 171, parte, São Cristóvão
Rio de Janeiro, RJ – 20921-380
que se reserva a propriedade literária desta tradução

Impresso no Brasil

ISBN 978-85-7684-552-2

Seja um leitor preferencial Record.
Cadastre-se no site www.record.com.br e receba informações sobre nossos
lançamentos e nossas promoções.

Atendimento e venda direta ao leitor
sac@record.com.br

Para Jeff

Códigos interativos

Diversas seções do livro contêm estas imagens:

www.richardwiseman.com/paranormality/Welcome.html

Elas são chamadas QR Code e permitem que você desfrute de filmes breves e áudio-clipes curtos no seu smartphone. Simplesmente abra qualquer aplicativo de escaneamento de código de barras, aponte sua câmera para o desenho e seu telefone se conectará automaticamente ao conteúdo adicional. Se você não tiver um smartphone, o endereço da internet relativo a esse material adicional está impresso abaixo de cada imagem.

Sumário

Um teste rápido antes de começarmos 13

Introdução

Na qual aprenderemos o que aconteceu quando um cão
supostamente vidente foi colocado à prova e começaremos
nossa jornada rumo a um mundo no qual
tudo parece possível e nada é o que parece.

15

1. ADIVINHAÇÃO

No qual conheceremos o misterioso "Sr. D"; visitaremos a
cidade inexistente de Lake Wobegon; aprenderemos como
convencer estranhos de que sabemos tudo sobre eles;
e descobriremos quem realmente somos.

25

2. EXPERIÊNCIAS FORA DO CORPO

No qual conheceremos os cientistas que tentaram
fotografar a alma; descobriremos como um elástico revela a
verdade sobre a projeção astral; aprenderemos como deixar
nossos corpos; e perceberemos como nossos cérebros
decidem onde estamos neste exato momento.

63

3. A MENTE SOBRE A MATÉRIA

No qual descobriremos como um homem enganou o mundo; aprenderemos a envergar metais com o poder de nossas mentes; investigaremos gurus na Índia e descobriremos por que, às vezes, não podemos ver o que está acontecendo diante de nossos olhos.

99

4. FALANDO COM OS MORTOS

No qual conheceremos duas jovens que criaram uma nova religião; descobriremos o que aconteceu quando o maior cientista do mundo confrontou o Diabo; aprenderemos a nos comunicar com espíritos não existentes e a pôr em ação o poder de nossas mentes inconscientes.

139

INTERVALO

No qual faremos um intervalo em nossa jornada; conheceremos o extraordinário Sr. Harry Price; viajaremos para a Ilha de Man para investigar um mangusto falante e terminaremos no Supremo Tribunal.

183

5. CAÇANDO FANTASMAS

No qual passaremos um valioso tempo com uma bruxa velha; descobriremos por que pesquisadores de fantasmas certa vez sacudiram uma casa até ela desabar; conheceremos o fantasma inexistente de Ratcliffe Wharf; aprenderemos a ver um fantasma; e exploraremos a psicologia da sugestão.

195

6. CONTROLE DA MENTE

No qual entraremos na mente do maior leitor de pensamentos do mundo; descobriremos se os hipnotistas podem nos fazer agir contra nossa vontade; nos infiltraremos em alguns cultos; aprenderemos como evitar a lavagem cerebral; e investigaremos a psicologia da persuasão.

237

7. PROFECIA

No qual descobriremos se Abraham Lincoln realmente previu a própria morte; aprenderemos a controlar nossos sonhos; e mergulharemos nas profundezas do extraordinário mundo da ciência do sono.

277

CONCLUSÃO

Aqui descobriremos por que estamos todos predispostos a aceitar o sobrenatural e a contemplar a natureza do encanto.

313

UM KIT DO SUPER-HEROI INSTANTÂNEO

Um presente de despedida: seis técnicas psicológicas para impressionar seus amigos e familiares.

319

Notas 335

Agradecimentos 349

Um teste rápido antes de começarmos

Este livro contém muitos testes, experimentos, exercícios e demonstrações. Eis o primeiro deles. Dê uma olhada rápida nas manchas de tinta abaixo.

O que a imagem parece para você?

Muito obrigado. Como descobriremos mais tarde, os pensamentos que acabaram de passar por sua cabeça revelam muito sobre você.

Introdução

Na qual aprenderemos o que aconteceu quando
um cão supostamente vidente foi colocado
à prova e começaremos nossa jornada rumo a
um mundo no qual tudo parece possível
e nada é o que parece.

Enquanto olhava fixamente nos olhos de Jaytee, diversos pensamentos passaram pela minha cabeça. Esse pequeno cão da raça terrier, lindinho, é de fato vidente? Se não é, como conseguiu conquistar as manchetes em todo mundo? E, se podia prever o futuro, ele já sabia se nosso experimento seria um sucesso? Naquele momento preciso, Jaytee tossiu um pouco, inclinou-se para frente e vomitou em meus sapatos.

Meu tempo valioso com Jaytee ocorreu há cerca de uma década. Eu tinha trinta e poucos anos e conduzia uma experiência para descobrir se esse terrier de fato tinha a capacidade de prever quando seus donos voltariam para casa. Naquela época eu já dedicara dez anos à investigação de uma variedade de fenômenos supostamente paranormais, passando noites em claro em casas supostamente assombradas, testando médiuns e videntes e realizando experiências em telepatia.

Essa fascinação com o impossível começou quando eu tinha oito anos e vi meu primeiro truque de mágica. Meu avô me mandou marcar minhas iniciais em uma moeda, fez a moeda desaparecer e, em seguida, revelou que ela fora magicamente transportada para uma caixa lacrada. Algumas semanas mais tarde ele explicou o segredo para o suposto milagre e eu fiquei encantado. Nos anos seguintes, procurei saber tudo sobre as artes sombrias da magia e da ilusão. Pesquisei em sebos por obras obscuras sobre prestidigitação; entrei para um clube de mágica local e me apresentei diante de amigos e familiares. Quando cheguei à adolescência, já havia feito mais de duzentos shows e me tornara um dos membros mais jovens do prestigioso Magic Circle.

Para conseguir iludir uma plateia, os mágicos têm de compreender como ela pensa e se comporta. Mais especificamente, eles precisam saber como fazer seus integrantes perceberem de forma equivocada o que está acontecendo bem debaixo de seu nariz; evitar que pensem em determinadas soluções para os truques; e convencê-los a perceber de forma errada o que aconteceu bem diante de seus olhos. Após iludir pessoas duas vezes por noite durante vários anos, fiquei fascinado com esses aspectos do comportamento humano e, por fim, decidi estudar psicologia na University College London.

Como a maioria dos mágicos, eu era profundamente cético em relação à existência de fenômenos paranormais e os havia confinado a uma gaveta de arquivo mental intitulada "não verdadeiro, mas divertido para se discutir em festas". Então, quando estava prestes a chegar ao fim do primeiro ano de minha graduação em psicologia, um lance de sorte mudou tudo. Um dia, por acaso, liguei a televisão em meu quarto e peguei o fim de um programa sobre a ciência e o sobrenatural. Uma jovem psicóloga chamada Sue Blackmore apareceu na tela e explicou que também era fascinada por coisas supostamente sobrenaturais e assustadoras. Então, ela disse algo que teve um impacto imenso na minha carreira. Em vez de examinar se tais fenômenos eram genuínos, ela explicou que achava mais válido investigar por que as pessoas experienciavam essas estranhas sensações. Por que as mães acham que têm comunicação telepática com seus filhos? Por que as pessoas acreditam terem visto fantasmas? Por que algumas pessoas têm tanta certeza de que seus destinos foram escritos nas estrelas? De repente caiu a ficha. Antes disso eu não havia considerado seriamente levar adiante qualquer pesquisa sobre fenômenos paranormais. Afinal, por que eu dedicaria meu tempo examinando a possível realidade de coisas que provavelmente não existiam? No entanto, os comentários de Sue me fizeram perceber que tal trabalho poderia valer a pena se eu me afastasse da existência dos fenômenos em si e, em vez disso, focasse na profunda e fascinante psicologia por trás das crenças e experiências pessoais.

Ao me aprofundar, descobri que Sue não era a única pesquisadora a adotar essa abordagem do paranormal. Na realidade, desde o começo da história, vários pesquisadores dedicaram suas vidas a tentar descobrir o que os fenômenos supostamente paranormais nos revelam sobre nosso comportamento, nossas crenças e nosso cérebro. Desejando fazer um passeio pelo lado sobrenatural, esses pioneiros do pensamento independente levaram adiante algumas das pesquisas mais estranhas já conduzidas, inclusive removendo a cabeça do maior telepata do mundo; infiltrando-se em diversos cultos; tentando pesar as almas dos mortos; e testando um mangusto falante. Da mesma forma que o misterioso Mágico de Oz veio a se revelar o homem por trás de uma cortina que apertava botões e puxava alavancas, esses trabalhos também produziram insights surpreendentes e importantes para a psicologia da vida cotidiana e da psique humana.

Minha investigação sobre Jaytee — o terrier supostamente vidente — é um bom exemplo dessa abordagem.

Antes de se tornar o bem-sucedido guru da autoajuda que é hoje, Paul McKenna apresentou uma série de televisão sobre o paranormal. Fui convidado para ser um dos cientistas fixos do programa, dando minha opinião sobre uma variedade grande de apresentações, experimentos e eventos extraordinários. Era um pouco de tudo. Uma semana, um homem parecia gerar faíscas das pontas de seus dedos, enquanto, em outra, Paul convidou milhões de telespectadores para influenciar psiquicamente a loteria nacional concentrando-se em sete números específicos durante o sorteio (três dos quais foram sorteados).

Um episódio envolveu um filme especialmente interessante sobre um cão da raça terrier chamado Jaytee. Segundo o filme, Jaytee tinha uma capacidade excepcional de prever a chegada de Pam — a dona dele — em casa. Pam morava com os pais e eles observaram que Jaytee parecia sempre sinalizar corretamente a chegada da filha sentando-se na janela. Um jornal nacional publicou um artigo sobre a extraordinária habilidade de Jaytee e um canal de televisão austríaco conduziu uma experiência inicial com ele. O teste foi mostrado no programa de Paul McKenna e envolveu uma equipe de filmagem que seguiu Pam pelo centro da cidade onde morava, enquanto uma segunda equipe filmava Jaytee continuamente na casa dos pais dela. Quando Pam decidiu retornar para casa, Jaytee foi para a janela e permaneceu lá até sua dona chegar. Pam, Jaytee e eu estávamos todos no show e conversamos sobre o filme. Eu disse que achava tudo muito curioso e Pam gentilmente me convidou para realizar um exame mais formal em seu cão aparentemente vidente.

Algumas semanas mais tarde, meu assistente de pesquisa, Matthew Smith, e eu dirigimos para Ramsbottom, no noroeste da Inglaterra, para testar Jaytee. Nós nos encontramos e tudo parecia ir bem. Pam foi muito gentil, Matthew e eu gostamos de Jaytee e ele pareceu ter gostado de nós.

Durante o primeiro teste, Matthew e Pam se dirigiram para um bar a cerca de 13km e, uma vez lá, usaram um gerador de números aleatórios para selecionar uma hora para voltar — 21 horas. Nesse ínterim, eu filmava continuamente a janela favorita de Jaytee para que tivéssemos um registro completo de seu comportamento nela. Quando Pam e Mat voltaram do bar, rebobinamos o filme e fiquei observando ansiosamente o comportamento de Jaytee. Curiosamente, o terrier estava na janela na hora designada. Até aqui, tudo bem. No entanto, quando olhei o restante do filme, as aparentes habilidades de Jaytee começaram a desaparecer. Descobrimos que ele era uma espécie de fã da janela, visitando-a 13 vezes ao longo da experiência. Durante um segundo teste no dia seguinte, Jaytee visitou a janela 12 vezes. Parecia que sua presença na janela não era o sinal claro que a vinheta da televisão austríaca sugeria. Pam explicou que o verão talvez não fosse o melhor momento para a experiência por causa das muitas distrações, inclusive o cio da cadela local e as entregas do peixeiro.

Em dezembro, retornei a Ramsbottom e realizei mais dois testes. Na primeira sessão, Jaytee fez quatro viagens até a janela e uma delas ocorreu cerca de dez minutos antes de Matthew e Pam partirem de volta para casa. Quase, mas nada definitivo. No teste final, Jaytee fez oito viagens até a janela. Uma delas foi exatamente quando Matthew e Pam começaram seu caminho de volta para casa, mas ele só passou alguns segundos lá antes de correr para o jardim e vomitar em meus sapatos.

De modo geral, não foi exatamente uma demonstração taxativa da capacidade dos animais de fazer mágica.[1] No entanto, a pergunta interessante não é se os animais de fato possuem dons paranormais, mas, ao contrário, por que as pessoas acreditam que têm uma ligação paranormal com seus animais de estimação? A resposta nos diz muito sobre uma das formas fundamentais de pensarmos sobre o mundo.

Filme de campo de teste de Jaytee
www.richardwiseman.com/paranormality/Jaytee.html

Em 1967, Loren e Jean Chapman, um casal de psicólogos da Universidade de Wisconsin, conduziram uma experiência que se tornou clássica.[2] O estudo envolvia uma forma de avaliação psiquiátrica popular na década de 1960 chamada "Teste do desenho da figura humana". Segundo os clínicos da época, era possível detectar todo tipo possível de problema, tais como paranoia, sexualidade reprimida e depressão a partir do desenho de uma pessoa típica feito por um indivíduo. Os Chapman, no entanto, não tinham muita certeza de que o teste resistiria a um exame minucioso. Afinal, muitas das supostas relações, tais como paranoicos desenhando pessoas com olhos grandes, pareciam se ajustar surpreendentemente bem aos estereótipos estabelecidos na mente do público e, portanto, os Chapman questionaram se, na verdade, os supostos padrões não estariam na mente dos clínicos. Para testar a ideia deles, um grupo de alunos recebeu desenhos de pessoas feitos por pacientes psiquiátricos, juntamente com uma breve descrição de seus sintomas, tais como "Ele é desconfiado", "Ele está preocupado em não ser suficientemente viril", "Ele está preocupado com sua impotência sexual". Após observar detalhadamente os pares de desenhos e as palavras, foi perguntado aos voluntários se eles haviam observado quaisquer padrões nos dados. Curiosamente, os voluntários reportaram os mesmos tipos de padrões que os profissionais usavam há anos. Eles pensavam, por exemplo, que as pessoas paranoicas desenhavam olhos atípicos, que aqueles com questões relacionadas à virilidade produziam figuras de ombros largos e que órgãos sexuais pequenos indicavam questões relacionadas à impotência.

Havia apenas um pequeno problema. Os Chapman juntaram desenhos e sintomas aleatoriamente, portanto não havia nenhum padrão verdadeiro nos dados. Os voluntários viram o invisível. O trabalho dos Chapman desacreditou completamente o "Teste do desenho da figura humana" e, mais importante, revelou um insight significativo sobre a psique humana. Nossas crenças não habitam passivamente nossos cérebros, esperando para serem confirmadas ou contrariadas por informações novas. Ao contrário, elas desempenham um papel importante na forma como vemos o mundo. Isso é especialmente verdadeiro quando estamos diante de coincidências. Somos muito bons em prestar atenção a eventos que coincidem, sobretudo quando eles reforçam nossas crenças. No experimento dos Chapman, os voluntários já acreditavam que as pessoas paranoicas produziriam desenhos com olhos grandes e, portanto, perceberam exemplos disso quando o desenho de uma determinada pessoa de fato tinha olhos grandes e desprezaram as imagens com olhos perfeitamente normais feitas por indivíduos paranoicos.

O mesmo princípio se aplica às questões da paranormalidade. Todos nós gostamos de pensar que temos um potencial paranormal latente e ficamos empolgados quando pensamos em um amigo, o telefone toca e ele está do outro lado da linha. Ao fazê-lo estamos nos esquecendo de todas as ocasiões em que pensamos naquele amigo, o telefone tocou e era um vendedor de janelas de vidro duplo. Ou de todas as vezes em que não estávamos pensando no amigo e ele inesperadamente telefonou. Da mesma forma, se temos um sonho que reflete os eventos do dia seguinte, rapidamente reivindicamos o dom da profecia, mas, ao fazê-lo, ignoramos todas as vezes em que nossos sonhos não se realizaram. É o mesmo com a mágica animal. Se acreditamos que os donos têm uma ligação mediúnica com seus animais de estimação, prestamos atenção às vezes em que um animal parece prever sua chegada e nos esquecemos daquelas em que o animal fez uma previsão errada ou não conseguiu prever um retorno.

Talvez mais importante, o mesmo mecanismo também nos induz a erros em questões relacionadas à saúde. Em meados da década de 1990, os pesquisadores Donald Redelmeier e Amos Tversky decidiram investigar uma possível ligação entre a dor da artrite e as condições climáticas.[3] Ao longo de milhares de anos, as pessoas se convenceram de que sua artrite aumentava com determinadas mudanças na temperatura, na pressão barométrica e na umidade. Para descobrir se isso era de fato verdade, Redelmeier e Tversky pediram para um grupo de pessoas que sofria de artrite reumatoide classificar os seus níveis de dor duas vezes por mês durante um ano. O grupo de pesquisa, então, obteve informações detalhadas sobre a temperatura, a pressão barométrica e a umidade local no mesmo período. Todos os pacientes estavam convencidos de que havia uma relação entre as condições climáticas e sua dor. No entanto, os dados mostraram que o problema estava completamente dissociado dos padrões metereológicos. De novo eles haviam focado nas vezes em que os altos níveis de dor estavam associados a padrões climáticos especialmente incomuns, esquecendo-se de quando esse não foi o caso e concluindo erroneamente que os dois estavam relacionados.

Da mesma forma, podemos ouvir falar de alguém que foi milagrosamente curado após rezar; esquecer dos que foram curados sem oração ou que rezaram, mas não foram curados; e concluir incorretamente que a oração funciona. Ou podemos ler sobre alguém que foi curado de câncer após comer muitas laranjas; esquecer daqueles que foram curados sem laranjas ou dos que consumiram laranjas, mas não foram curados; e acabar por acreditar que as laranjas ajudam a vencer o câncer.

O efeito pode até mesmo ajudar a estimular o racismo, com pessoas vendo imagens de integrantes de minorias étnicas envolvidos em atos de violência, esquecendo-se dos indivíduos desses grupos que são cidadãos obedientes à lei e, ao mesmo tempo, das pessoas violentas que vêm de comunidades não minoritárias, levando-as à conclusão de que os integrantes das minorias têm uma propensão especial à criminalidade.

Minha pesquisa com Jaytee começou com uma investigação de um cão supostamente paranormal e terminou revelando muito sobre uma das formas fundamentais por meio das quais interpretamos o mundo de maneira errônea. Esse fato ilustra por que acho a ciência do sobrenatural tão fascinante. Cada viagem leva a uma jornada rumo ao desconhecido, durante a qual você não tem ideia de quem conhecerá ou do que encontrará.

Estamos prestes a embarcar em uma expedição às profundezas desse mundo, até agora oculto, da ciência do sobrenatural. Em uma série de contos fantásticos, conheceremos um elenco pitoresco de personagens; iremos para aos bastidores com ilusionistas experientes; observaremos líderes de cultos carismáticos em ação; e assistiremos a sessões espíritas intrigantes. Cada aventura revelará insights únicos e surpreendentes sobre a psicologia oculta por trás de sua vida diária, incluindo, por exemplo, como você passou a ter medo de coisas supostamente sobrenaturais e assustadoras, como seu inconsciente é muito mais poderoso do que previamente imaginado e como sua mente pode ser controlada por outros. A jornada será mais do que uma excursão de turismo passiva. Ao longo do caminho, você será solicitado a arregaçar as mangas e tomar parte em diversos experimentos. Cada um desses testes oferece uma oportunidade de explorar o lado mais misterioso de sua psique, encorajando-o, por exemplo, a medir seus poderes de intuição, a avaliar seu grau de sugestionabilidade e a descobrir se é um mentiroso nato.

Está quase na hora da partida. Prepare-se para entrar em um mundo em que tudo parece possível e, no entanto, nada é exatamente o que parece. Um mundo em que a verdade é de fato mais estranha do que a ficção. Um mundo que eu tive o prazer de chamar de lar pelos últimos vinte anos.

Corra agora, há uma tempestade a caminho e estamos prestes a começar nossa jornada em um mundo muito mais fantástico que o de Oz...

1. Adivinhação

No qual conheceremos o misterioso "Sr. D";
visitaremos a cidade inexistente de Lake Wobegon;
aprenderemos a convencer estranhos de que sabemos tudo
sobre eles; e descobriremos quem realmente somos.

Por razões que se tornarão claras em breve, seria injusto fornecer o nome verdadeiro do Sr. D. Nascido no norte da Inglaterra em 1934, esse homem extraordinário passou a maior parte de sua vida trabalhando como vidente profissional e construiu uma reputação invejável pelo alto índice de acerto de suas leituras. Quando eu estudava na Universidade de Edimburgo, Sr. D entrou em contato comigo e me perguntou se eu estava interessado em observá-lo fazendo algumas leituras. Aceitei imediatamente a oferta amável e convidei—o para a universidade, de forma que eu pudesse filmá-lo em ação. Algumas semanas mais tarde, nós dois nos encontramos no saguão do Departamento de psicologia. Eu lhe mostrei meu laboratório e expliquei que havia providenciado alguns voluntários ansiosos para fazer parte de uma leitura paranormal. Sr. D calmamente armou sua mesa; sacou seu baralho de tarô e sua bola de cristal; e esperou pela primeira cobaia. Alguns minutos mais tarde, a porta se abriu e entrou uma garçonete de 43 anos, chamada Lisa. Pressionei o botão de "gravar" na câmera de vídeo e me afastei para o outro lado de um espelho de duas direções.

Sr. D não sabia nada sobre Lisa antes da leitura. Ele começou pedindo a ela que estendesse a mão direita com a palma para cima. Após cuidadosamente examinar a palma da mão com uma lupa de cabo de chifre, começou a descrever a personalidade dela. Em segundos, Lisa começou a assentir com a cabeça e a sorrir. Em seguida, ele lhe pediu para embaralhar as cartas de tarô e, depois, colocá-las no centro da mesa. Sr. D virou uma carta após a outra e falou sobre cada uma por vez. Em alguns minutos, ele disse a Lisa que ela tinha um irmão e descreveu a carreira dele com bastante detalhe. Alguns minutos mais tarde, Sr. D disse que achava que Lisa terminara recentemente um relacionamento de muito tempo.

A sessão com Lisa durou cerca de dez minutos. Quando ela saiu do laboratório, eu a entrevistei sobre o que achara de seu tempo com Sr. D. Ela estava extremamente impressionada e me explicou como Sr. D havia acertado sobre sua personalidade, as dificuldades com seu relacionamento recente e a carreira do irmão. Ao pedir que avaliasse o índice de acerto da leitura do Sr. D, Lisa lhe deu as maiores notas.

Por toda a manhã, diversas outras pessoas saíram igualmente convencidas de que o Sr. D possuía poderes misteriosos. Após uma refeição leve, ele assistiu às gravações das leituras e explicou mais suas faculdades. Foi uma experiência fascinante e surpreendente. Em apenas poucas horas, Sr. D não só forneceu um olhar raro no mundo do paranormal profissional, mas também revelou como quase todo mundo poderia aprender a desenvolver tais poderes. Ao final do dia, o Sr. D guardou o baralho de tarô e se despediu. Infelizmente, nunca mais encontrei-o novamente porque ele sofreu um ataque cardíaco repentino e fatal alguns anos depois. No entanto, o dia que passei com ele continua vivo em minha mente, e voltaremos ao segredo por trás de seu dom de insight aparentemente mágico adiante neste capítulo.

Sequência de um filme de laboratório do Sr. D em ação
www.richardwiseman.com/paranormality/MrD.htlm]

Todos os anos, milhões de pessoas visitam paranormais e saem plenamente convencidas de que esses indivíduos têm a faculdade de enxergar o fundo de suas almas. Elas estão se enganando, sendo vítimas de engodos elaborados, ou há algo genuinamente fantasmagórico acontecendo? Para descobrir a resposta, um pequeno número de pesquisadores, dentre os quais o mais notável é o mágico e arquicético James Randi, colocou sob o microscópio os poderes supostamente paranormais de médiuns e videntes.

Sessão espírita em uma tarde
de quarta-feira quente

Randall James Hamilton Zwinge nasceu em Toronto em 1928.[1] Aos 12 anos, por acaso, ele assistiu a uma apresentação vespertina de um famoso mágico americano chamado Harry Blackstone Sr. A mosca picou forte, Zwinge pesquisou o que pode sobre o mundo secreto da mágica e, após certo tempo, começou a se apresentar em público regularmente.

Assim como muitos mágicos, Zwinge era um tanto cético com relação às questões paranormais. Aos 15 anos de idade, foi à igreja espiritualista local e ficou enojado com o que viu. As pessoas na congregação eram encorajadas a levarem envelopes fechados contendo perguntas para seus entes queridos falecidos. Os sacerdotes então liam secretamente as mensagens e criavam uma resposta falsa dos "mortos". Zwinge tentou expor o embuste, mas ofendeu os sacerdotes e terminou passando algum tempo na delegacia.

Sem se incomodar, ele acabou deixando crescer um cavanhaque, mudou o nome legalmente para James "O Assombroso" Randi e embarcou em uma longa e pitoresca carreira como mágico profissional e escapologista. Ao longo dos anos, se envolveu em uma série de projetos que terminaram nas manchetes, o que inclui permanecer em um caixão de metal lacrado por 104 minutos (quebrando o recorde de Houdini por pouco mais de dez minutos), acumular 22 apresentações no *The Tonight Show* de Johnny Carson, atuar em um episódio de *Happy Days,* escapar de uma camisa de força pendurado de cabeça para baixo sobre as cataratas de Niágara e, aparentemente, decapitar a lenda do rock Alice Cooper durante noites a fio.

Em conjunto com a carreira de mágico, Randi continuou sua cruzada contra as fraudes da paranormalidade. Suas investigações ganharam tal força e notoriedade que, em 1996, ele fundou a James Randi Educational Foundation. A página na internet se apresenta como "uma fonte educacional sobre a paranormalidade, a pseudociência e o sobrenatural" e lança um desafio audacioso aos videntes ou aos que declaram ter poderes paranormais. Um desafio de um milhão de dólares, para ser preciso.

No final da década de 1960, Randi apareceu em um programa de entrevistas de rádio explicando por que acreditava que aqueles que afirmavam ter poderes paranormais estavam se iludindo ou iludindo outras pessoas. Um dos participantes, um parapsicólogo, sugeriu que ele pagasse para ver e oferecesse um prêmio em dinheiro para qualquer um que conseguisse mostrar faculdades paranormais genuínas. Randi aceitou o desafio e ofereceu 1000 dólares. Com o passar dos anos, a oferta cresceu para 100 mil e, então, no final da década de 1990, um rico patrocinador de sua fundação aumentou o prêmio para 1 milhão de dólares para qualquer um que conseguisse demonstrar a existência de faculdades paranormais que satisfizessem um grupo de jurados independentes (até hoje, ninguém conseguiu). No entanto, por uma década, essa oportunidade de se tornar um milionário instantaneamente atraiu um fluxo constante de candidatos, inclusive paranormais que afirmavam ser capazes de adivinhar a ordem de cartas embaralhadas, cartomantes que diziam poder usar cabides dobrados e varas bifurcadas para descobrir água subterrânea e até uma mulher que tentava usar o poder da mente para fazer estranhos urinarem. Essa tentativa também foi um fracasso...

Em 2008, uma médium britânica chamada Patrícia Putt se candidatou para o desafio de 1 milhão de dólares de Randi. Ela tinha certeza de que era capaz de coletar informações sobre os vivos conversando com seus amigos e parentes mortos. Randi pediu a mim e a Chris French, um professor de psicologia do Goldsmiths College, em Londres, para testar as habilidades dela.[2]

Putt mora em Essex e é uma médium experiente que faz leituras individuais e em grupo há vários anos. Segundo sua página da internet, boa parte desse trabalho foi desenvolvido com a assistência inestimável de seu guia espiritual egípcio "Ankhara", o qual ela conheceu quando participava de uma sessão hipnoterápica de regressão. O texto também descreve muitos exemplos em que ela aparentemente forneceu provas incontestáveis do mundo espiritual, assim como uma lista de diversos programas de televisão e rádio que usavam seus serviços.

Após muita discussão, Putt, French e eu concordamos sobre os detalhes do teste. Ele seria realizado em um dia e envolveria dez voluntários. Ela não seria apresentada a nenhuma dessas pessoas antes; tentaria contatar um amigo ou parente morto de cada um dos voluntários; e, em seguida, usaria esse espírito para confirmar informações sobre a personalidade e a vida do consulente.

O grande dia chegou. Cada um dos voluntários foi agendado para chegar ao laboratório de French em horários diferentes do dia. Para minimizar a possibilidade de Putt obter qualquer informação sobre eles a partir de sua aparência ou roupas, French os fez retirar relógios e quaisquer joias; vestir uma longa capa preta; e colocar uma balaclava preta.

Um a um, eles foram levados à sala de testes, sendo requisitado que se sentassem em uma cadeira de frente para a parede (ver imagem 01 na página I). Putt, então entrava; sentava-se em uma escrivaninha do outro lado da sala; e tentava fazer contato com o mundo espiritual. Assim que acreditava estar fazendo contato direto com os mortos, Putt localizava um espírito que conhecia a pessoa e, então, silenciosamente anotava informações sobre o voluntário. Meu papel no teste foi acompanhá-la quando entrava na sala de testes ou saía dela nos momentos apropriados; ficar com ela enquanto ela tentava fazer contato com os espíritos; e fazer companhia durante o dia. Putt e eu passamos boa parte do tempo entre as sessões conversando. Em certo momento, perguntei se havia algum aspecto negativo em seu trabalho como paranormal profissional. Sem qualquer sinal de ironia, ela explicou que ficava muito irritada quando as pessoas marcavam uma sessão e não apareciam.

Após todas as dez sessões, foi solicitado aos voluntários que voltassem para a sala de teste. Cada um recebeu transcrições de todas as dez leituras que Putt fizera naquele dia e foram chamados a analisá-las e identificar a leitura que parecia se aplicar a eles. Se Putt tinha de fato os poderes que alegava, as pessoas não deveriam encontrar grandes dificuldades. Por exemplo, imaginemos que uma delas tivesse sido criada no campo, passado bastante tempo viajando na França e, recentemente, casado com um ator. Se Putt de fato tivesse uma linha direta com o mundo espiritual, então ela teria mencionado uma infância cercada de vegetação, o forte cheiro de queijo *brie* ou a frase "querida, foi um triunfo". Assim que a participante em questão visse esses comentários, instantaneamente saberia que aquela leitura era direcionada a ela e, assim, não teria problemas para escolhê-la entre as alternativas disponíveis no pacote. Para fazer Putt passar no teste, cinco ou mais voluntários precisariam identificar corretamente suas leituras.

Cada um examinou cuidadosamente as leituras de Putt e identificou a que achava mais correta. Em seguida, todos nós nos reunimos no escritório de French para ver como ela se saíra. O voluntário número um escolhera a leitura direcionada para o número sete. A leitura selecionada pelo participante dois, na verdade, foi feita quando o número seis estava sentado na frente de Putt. E assim por diante. Na verdade, ninguém identificou corretamente sua leitura. Putt ficou estupefata com o resultado, mas prometeu retornar com uma nova e aperfeiçoada comprovação de seus poderes.[3]

Entrevista com Prof. Chris French
www.richardwiseman.com/paranormality/ChrisFrench.html

Seria possível argumentar que Putt fracassou porque concordou em trabalhar com um conjunto artificial de condições. Afinal, a menos que ela aceite um emprego temporário em uma convenção de imitadores amadores e introvertidos do Batman, dificilmente ela seria solicitada a produzir leituras para pessoas que estivessem vestidas com um manto preto, uma balaclava preta e olhando na direção oposta à dela. O problema é que outras experiências conduzidas em ambientes mais naturais produziram o mesmo resultado.

No início da década de 1980, os psicólogos Hendrik Boerenkamp e Sybo Schouten, da Universidade de Utrecht, passaram cinco anos estudando os supostos poderes paranormais de 12 videntes holandeses muito respeitados.[4]

Os pesquisadores visitaram cada vidente em casa diversas vezes por ano ("Ele estava esperando você?"); mostraram uma fotografia de alguém que ele nunca vira; e solicitaram que fornecesse informações sobre aquela pessoa. Eles também realizaram exatamente o mesmo procedimento com um grupo de pessoas selecionadas aleatoriamente que não declaravam possuir poderes paranormais. Após registrar e analisar mais de dez mil declarações, os pesquisadores concluíram que os alegados poderes paranormais dos videntes não conseguiram superar o desempenho das conjecturas aleatórias feitas pelo grupo de controle não paranormal e que nenhum grupo produziu um índice de acerto impressionante.

Esses tipos de estudos fracassados não são exceção, são a norma.[5]

Há mais de um século, pesquisadores vêm testando as alegações dos médiuns e videntes e não encontraram evidência a seu favor. Na realidade, após rever esse vasto trabalho, Sybo Schouten concluiu que o desempenho dos videntes simplesmente não foi melhor do que seriam respostas ao acaso. Parece que, no que diz respeito aos videntes e médiuns, o prêmio de 1 milhão de dólares de Randi não corre perigo.

O enigma é que as pesquisas de opinião pública sugerem que cerca de uma em seis pessoas acredita haver recebido uma leitura correta de um suposto vidente.[6]

Para resolver o mistério é necessário aprender os segredos dos leitores paranormais. Há muitas formas de fazer isso. Você poderia, por exemplo, passar diversas semanas em um programa de desenvolvimento paranormal tentando abrir seu olho interior. Ou poderia se inscrever em um curso de um mês em um colégio para médiuns e tentar se sintonizar com os mortos. Por outro lado, pode economizar muito tempo e esforço deixando tudo isso de lado. Intencionalmente ou não, a maioria dos médiuns e videntes usa um conjunto fascinante de técnicas psicológicas para dar a impressão de que têm uma apreensão mágica do passado, do presente e do futuro. Essas técnicas são conhecidas como "leitura fria" e revelam um importante aspecto da natureza fundamental de nossas interações diárias. Para conhecê-las melhor, vamos passar mais tempo com um amigo conhecido.

Revelando o misterioso Sr. D

Antes de continuar nossa jornada pela psicologia das leituras paranormais, gostaria que você fizesse o teste psicológico de duas partes a seguir.

Primeiro, imagine que a ilustração abaixo representa a visão aérea de uma grande caixa de areia. Em seguida, imagine que alguém escolheu aleatoriamente um lugar na caixa e enterrou um tesouro lá. Você só tem uma oportunidade de cavar e encontrar o tesouro. Sem pensar muito sobre o assunto, marque um "X" na caixa de areia para indicar onde você cavaria.

Segundo, simplesmente pense em uma forma geométrica dentro de outra. Muito obrigado. Retornaremos às suas respostas mais tarde.

No início do capítulo 1, descrevi como o Sr. D certa vez visitou a Universidade de Edimburgo e demonstrou suas habilidades surpreendentes. Leitura após leitura, pessoas completamente desconhecidas se sentaram à sua frente e partiram convencidas de que ele sabia tudo sobre elas. Um dos casos mais impressionantes foi o de Lisa, que não tinha ideia de como o Sr. D apresentou informações corretas sobre sua personalidade, a carreira do irmão e suas dificuldades de relacionamento.

Como você já deve ter percebido, o Sr. D não possuía poderes paranormais genuínos. Na realidade, passara a maior parte da vida praticando a leitura fria para fingir faculdades paranormais e não tinha qualquer problema em revelar os segredos de seu negócio. Ele usava seis técnicas psicológicas para parecer alcançar o impossível.[7]

Para compreender o primeiro desses truques, precisamos viajar para a cidade imaginária de Lake Wobegon.

1. A bajulação rende frutos

Em meados da década de 1980, o escritor e humorista americano Garrison Keillor criou uma cidade fictícia chamada Lake Wobegon. Segundo o criador, a cidade ficava localizada no centro de Minnesota, mas não podia ser encontrada nos mapas por causa da incompetência dos topógrafos do século XIX. Ao descrever os habitantes da cidade, Keillor observou que "todas as mulheres são fortes, todos os homens são bonitos e todas as crianças estão acima da média". Embora escritos de brincadeira, esses comentários refletem um princípio psicológico chave, hoje conhecido como o "efeito de Lake Wobegon".

Na maior parte do tempo, você toma decisões racionais. No entanto, em determinadas circunstâncias, seu cérebro o engana e você repentinamente deixa a lógica de lado. Os psicólogos descobriram que uma grande causa de irracionalidade gira em torno de um fenômeno curioso conhecido como "viés egocêntrico". Quase todos nós temos egos frágeis e usamos diversas técnicas para nos proteger da dura realidade do mundo exterior. Temos uma grande capacidade para nos convencer de que somos responsáveis pelo sucesso em nossas vidas, mas somos igualmente bons em culpar os outros por nossos fracassos. Nos enganamos a ponto de acreditar que somos únicos, que possuímos habilidades e capacidades acima da média e que devemos ter mais do que nosso quinhão razoável de boa sorte no futuro. Os efeitos do pensamento egocêntrico podem ser dramáticos. No que talvez seja o exemplo mais bem conhecido, pesquisadores pediram a cada membro de casais em relacionamentos duradouros para avaliar a parcela do trabalho doméstico que realizava. O total combinado de quase todos os casais excedeu cem por cento. Os participantes mostraram um viés egocêntrico ao focar no próprio trabalho e subestimar a contribuição do companheiro.

Na maioria das vezes, esse egoísmo é bom para você. Ele o faz ter um sentimento positivo em relação a si mesmo; motiva-o a levantar toda manhã; ajuda-o a lidar com os contratempos e o convence a persistir nas horas mais difíceis. Por exemplo, pesquisas demonstraram que as pessoas são excessivamente otimistas com relação à sua personalidade e habilidades. Noventa e quatro por cento das pessoas acham que têm um senso de humor acima da média; 80% dos motoristas dizem que são mais habilitados do que o motorista mediano (interessante, isso é verdade até para aqueles que estão no hospital por terem se envolvido em acidentes de automóvel); e 75% dos comerciantes se consideram mais éticos do que o comerciante médio.[8] O mesmo ocorre com relação à personalidade. Mostre às pessoas qualquer traço positivo e elas rapidamente marcarão "sim, esse sou eu", fazendo com que a vasta maioria acredite irracionalmente que é muito mais cooperativa, atenciosa, responsável, amiga, honesta, talentosa, gentil e confiável do que a pessoa mediana. Essas ilusões são o preço que pagamos pelo sucesso, felicidade e vigor que desfrutamos em nossas vidas.

Um bom praticante da leitura fria explora seu pensamento egocêntrico dizendo a você o quanto é maravilhoso. As leituras do Sr. D estavam cheias de bajulação. Após apenas alguns instantes olhando para a palma da mão de Lisa, Sr. D lhe disse que ela tinha uma boa imaginação, possuía muita criatividade e era detalhista. Alguns momentos mais tarde, Lisa ouviu que poderia ser uma vidente porque era muito intuitiva, tinha a faculdade incomum de proferir opiniões sobre as pessoas sem ferir seus sentimentos e era muito atenciosa. Todas as vezes em que ouvia elogios como esses, o efeito de Lake Wobegon entrava em ação, deixando-a sem qualquer explicação para os insights supostamente corretos do Sr. D sobre sua personalidade.

Porém as leituras frias não dizem respeito apenas a visitas a Lake Wobegon. Elas também envolvem o pouco conhecido efeito "Dartmouth Indians contra Princeton Tigers".

2. Vendo aquilo que se deseja ver

Em 1951, no campeonato universitário de futebol americano, os Dartmouth Indians jogaram contra os Princeton Tigers. Foi um jogo especialmente violento, tendo o *quarterback* de Princeton quebrado o nariz e um jogador de Dartmouth sido retirado de campo, de maca, com a perna quebrada. No entanto, os jornais de cada universidade apresentaram descrições muito diferentes do jogo. Os jornalistas de Dartmouth relataram como os jogadores de Princeton causaram os problemas, enquanto os de Princeton estavam convencidos de que o time de Dartmouth fora culpado. Esse era simplesmente um sinal de preconceito por parte da imprensa? Intrigados, os psicólogos sociais Albert Hastorf e Hadley Cantril localizaram estudantes das duas instituições que assistiram ao jogo e os entrevistaram sobre o que haviam visto.[9] Embora tivessem assistido exatamente ao mesmo evento, os dois grupos focaram em aspectos diferentes da ação, resultando em visões muito dispares sobre o que acontecera. Por exemplo, quando perguntado se o time de Dartmouth começara a violência, 36% dos alunos de Dartmouth marcaram a resposta "sim" contra 86% dos alunos de Princeton. Da mesma forma, apenas 8%dos alunos de Dartmouth achavam que seu time fora desnecessariamente violento, comparado com 35% dos alunos de Princeton. Pesquisadores descobriram que o mesmo fenômeno (conhecido como "memória seletiva") ocorre em muitos contextos diferentes — quando as pessoas com crenças fortes são apresentadas a informações ambíguas relevantes para suas visões, elas veem o que desejam ver.

Esse efeito "Dartmouth Indians contra Princeton Tigers" também ajuda a explicar o sucesso da leitura de Lisa. Ao olhar pela primeira vez a mão dela, o Sr. D falou sobre muitos aspectos de sua personalidade, sendo que muitas dessas afirmações simultaneamente previam um traço e seu exato oposto. Lisa foi informada de que era extremamente sensível, embora também muito prática, e que, apesar de muitas pessoas a considerarem tímida, na realidade, ela não tinha medo de falar o que pensava. Da mesma forma que os alunos de Dartmouth e Princeton lembravam as partes do jogo de futebol americano que combinavam com suas preconcepções, Lisa focou nos aspectos das afirmações do Sr. D que ela acreditava se aplicarem a ela e não prestou quase nenhuma atenção a todos os dados incorretos. Ouviu o que desejava ouvir e saiu convencida dos poderes misteriosos do vidente.

Logo depois dos efeitos de "Lake Wobegon" e "Dartmouth Indians contra Princeton Tigers" vem o terceiro princípio importante da leitura fria, o efeito "Doutor Fox".

3. A criação do significado

Olhe para o símbolo abaixo.

Se a letra "A" for colocada em um dos lados do símbolo, e a letra "C" do outro lado, a maioria das pessoas não terá problemas em interpretar o símbolo como um "B".

No entanto, se o número "12" for colocado sobre o símbolo, e o número "14" abaixo, a forma do símbolo misterioso muda para um "13".

Ou você poderia ser especialmente ardiloso e colocar as letras "A" e "C" à esquerda e à direita e os números "12" e "14" acima e abaixo e, repentinamente, o símbolo fica mudando continuamente entre ser a letra "B" e o número "13".

12

ABC

14

Tudo isso fornece uma ilustração interessante de uma idiossincrasia fundamental do sistema perceptivo humano. Dado o contexto correto, as pessoas apresentam uma capacidade altamente desenvolvida de ver instantânea e inconscientemente significados em formas sem sentido. O mesmo princípio as ajuda a enxergar todo tipo de imagem em manchas de tinta, nuvens e torradas. Olhe fixamente para essas formas aleatórias por bastante tempo e repentinamente objetos, rostos e figuras começarão a emergir.

O mesmo processo ocorre durante nossas conversas cotidianas. Durante um bate-papo, as pessoas tentam transmitir seus pensamentos uma para a outra da melhor maneira possível. Alguns dos comentários podem ser um tanto vagos e ambíguos, mas o cérebro humano tem uma grande capacidade para fazer inferências a partir do contexto do diálogo e, então, tudo fica bem. No entanto, esse processo vital pode passar do limite, fazendo com que se ouçam significados onde eles não existem.

Na década de 1970, Donald Naftulin e seus colegas da Universidade da Califórnia do Sul demonstraram o poder desse princípio de forma dramática.[10] Naftulin escreveu uma palestra totalmente sem sentido sobre a relação entre a matemática e o comportamento humano; contratou um ator para apresentar a fala em uma conferência sobre educação; e, em seguida, perguntou à plateia de psiquiatras, psicólogos e trabalhadores sociais o que eles acharam. Antes da palestra, Naftulin fez o ator ensaiar cuidadosamente sua fala e orientou-o sobre como lidar com a sessão de perguntas e respostas de trinta minutos usando "conversa fiada, neologismos, afirmações ilógicas e declarações contraditórias". Na conferência, Naftulin apresentou o ator como "Dr. Myron L. Fox" e discorreu brevemente sobre seu currículo impressionante, porém totalmente fictício. Durante uma hora e meia, a plateia foi bombardeada com besteiras sem sentido e afirmações contraditórias. Ao final da sessão, Naftulin distribuiu um questionário e solicitou a todos seus comentários.

Da mesma forma que você viu um símbolo sem sentido há alguns minutos, mas o interpretou tanto como a letra "B" quanto como o número "13", a plateia percebeu grande sabedoria nas tolices do Dr. Fox. Segundo os presentes, ele fizera uma "apresentação excelente", fora "extremamente articulado" e realizara uma "boa análise do tema". Ao ser perguntada sobre a avaliação da palestra, 85% da plateia indicou que o incompreensível Dr. Fox havia apresentado seu material de forma bem organizada; 70% comentou favoravelmente sobre seu uso de exemplos; e quase 95% considerou o trabalho estimulante.

Naftulin não é o único a revelar a capacidade maravilhosa da mente humana de criar algo do nada. Em meados da década de 1960, Joseph Weizenbau, perito em inteligência artificial do MIT, criou um programa de computador cujo objetivo era reproduzir a experiência de consultar um psicoterapeuta. Chamado ELIZA (em homenagem a Eliza Doolittle, a vendedora de flores da classe trabalhadora que foi ensinada a falar de forma culta em *Pigmaleão*), o programa resultante era muito simples. No começo de cada sessão, ELIZA pedia às pessoas para explicarem seu problema e, em seguida, usava um número pequeno de regras simples para responder a tipos diferentes de sentenças. Por exemplo, se alguém digitava um comentário com a estrutura "Eu acabei de x", o software sempre respondia "Você disse que acabou de x?" Quando a pessoa dizia as palavras "Eu acho que sim", ELIZA respondia com "Você diz que acha que sim por alguma razão especial?" Se o comentário de alguém não se enquadrava em uma dessas categorias padrão, o programa era configurado para responder com uma frase feita, tal como "Conte-me mais". Dessa forma, imagine que você veio se consultar com ELIZA sobre uma recente mudança de carreira. A sessão poderia transcorrer da seguinte maneira:

ELIZA: — Por favor, diga qual é o seu problema.
Você: — Acabei de trocar de emprego.
ELIZA: — Você disse que acabou de trocar de emprego?
Você: — Sim, não tenho certeza de que tomei a decisão certa.
ELIZA: — Você parece estar bem certo.
Você: — Acho que sim.
ELIZA: — Você pode explicar melhor?
Você: — Bem, parece que era o melhor a fazer.
ELIZA: — Não tenho certeza que entendi bem.
Você: — Sou o tipo de pessoa que confia na minha intuição.
ELIZA: — Sua intuição?
Você: — Sim, sabe, quando você tem um pressentimento.
ELIZA: — Você tem certeza?
Você: — Acho que sim.
ELIZA: — Você diz que sim por alguma razão especial?
Você: — Bem, na verdade eu me preocupo com o fato de que estava melhor em meu emprego anterior.
ELIZA: — Estava mesmo?
Você: — Em alguns aspectos, sim.
ELIZA: — Entendo.

Apesar de apresentar às pessoas uma série dessas declarações completamente desprovidas de sentido, ELIZA provou ser muito popular e convenceu a muitos de que estavam de fato conversando com uma verdadeira psicoterapeuta experiente.

Da mesma maneira, os políticos têm consciência desse efeito e, frequentemente, apresentam ao público frases vagas, ambíguas e até mesmo contraditórias, seguros de que os eleitores ouvirão aquilo que desejam ouvir. ("Temos de estar preparados para olhar para trás e ter a coragem de seguir em frente; reconhecer os direitos tanto dos trabalhadores quanto das organizações; apoiar os necessitados sem estimular as pessoas a ficarem dependentes no Estado".) Nem mesmo os acadêmicos estão imunes. Em meados da década de 1990, o físico Alan Sokal, da Universidade de Nova York, desconfiou que o mesmo tipo de besteirol estivesse por trás de muitos estudos culturais pós-modernos e decidiu testar sua teoria submetendo um artigo completamente sem sentido para um periódico acadêmico desse campo.[11] O texto, intitulado "Transgredindo as fronteiras: rumo a uma hermenêutica da gravidade quântica", consistia de referências irrelevantes, citações aleatórias e contrassensos completos. Por exemplo, parte do trabalho defendia que a gravidade quântica tinha implicações políticas e o texto concluía com a observação: "Até agora, não existe uma matemática emancipatória, e podemos apenas especular sobre seu possível conteúdo. Podemos ver aspectos dela na lógica multidimensional e não linear da teoria dos sistemas difusos (*fuzzy systems*); mas essa abordagem ainda é expressivamente marcada por suas origens na crise das relações de produção do capitalismo tardio." Os editores do periódico não conseguiram identificar a farsa e publicaram o artigo.

Essa ideia simples ajuda a explicar o sucesso das leituras paranormais. Muitos dos comentários feitos pelos videntes e médiuns são ambíguos e, consequentemente, prestam-se a diversas interpretações. Quando, por exemplo, o vidente menciona detectar "uma grande chance com relação a uma propriedade", ele pode estar se referindo a uma mudança de residência; a ajudar alguém a se mudar; a herdar uma casa; a encontrar um lugar novo para alugar; ou até a comprar uma casa de férias no exterior. Por não haver nenhum prazo temporal vinculado ao comentário, essa mudança pode ter acontecido no passado recente; estar acontecendo neste exato momento; ou vir a acontecer no futuro próximo. Os clientes trabalham arduamente para encontrar um sentido em tais observações. Pensam em suas vidas e tentam encontrar algo que seja compatível com aquilo que ouviram. Ao fazê-lo, podem se convencer de que o vidente é extremamente preciso. Esse processo é frequentemente colocado em funcionamento desde o início da leitura, quando muitos videntes deixam bem claro que não são capazes de fornecer informações objetivas. Ao invés disso, eles alegam que o processo é como olhar através de vidro fumê, ou ser capaz de vagamente distinguir vozes na escuridão. O cliente fica responsável por ajudar no preenchimento dos espaços vazios. Exatamente como Dr. Fox e ELIZA, o vidente, então, solta uma série de besteiras sem sentido que seus clientes transformam em pérolas de sabedoria. O pesquisador Geoffrey Dean descreve esse fenômeno como o "efeito procrusteano", em homenagem ao personagem dos mitos gregos que esticava ou decepava os membros de seus convidados para fazer com que coubessem em sua cama.[12]

As leituras do Sr. D eram apinhadas de passagens desse tipo. Foi dito a Lisa que ela estava "ligada a algo que tinha uma natureza afetuosa"; que ela estava "passando por algum tipo de mudança no ambiente de trabalho"; que alguém em sua vida estava "sendo especialmente difícil"; e que ela recentemente recebera "um presente de uma criancinha". Um dos momentos mais dramáticos durante a leitura veio quando Sr. D lhe disse que seu irmão desfrutava de grande sucesso na carreira e estava avaliando a possibilidade de se associar a uma organização que o ajudaria a granjear ainda mais êxito. O Sr. D não tinha qualquer ideia sobre o que estava falando. Seu comentário poderia, por exemplo, se referir a uma mudança de emprego do irmão de Lisa ou a ele se tornar membro de uma organização profissional, de uma academia de ginástica, de uma equipe esportiva, de um clube particular ou de um sindicato. No entanto, ele fora convidado recentemente a se associar aos maçons e, então, ela interpretou os comentários do Sr. D naquele contexto. Na entrevista após o evento, Lisa ficou particularmente impressionada com essa parte da leitura e lembrou incorretamente os comentários do Sr. D referentes explicitamente ao irmão e a uma Loja Maçônica.

Assim, das seis técnicas psicológicas usadas na leitura fria, exploramos o efeito "Lake Wobegon"; o efeito "Dartmouth Indians contra Princeton Tigers"; e o efeito "Dr. Fox". Vamos fazer um intervalo antes de analisarmos o quarto princípio-chave da leitura fria...

COMO CONVENCER ESTRANHOS DE QUE
VOCÊ SABE TUDO SOBRE ELES: PARTE UM

Agora chegou a hora de você dominar as técnicas psicológicas usadas pelos videntes profissionais para usá-las em seus próprios objetivos inescrupulosos. Antes de começar, escolha qual "faculdade" deseja aparentar possuir. É melhor escolher algo que agrade à pessoa que você está tentando impressionar. Então, por exemplo, se você acha que ela está aberta à ideia da quiromancia, diga que você pode revelar muito sobre ela a partir das linhas de suas mãos. Se estiver interessada em astrologia, explique que você pode determinar seu passado e futuro a partir da data de nascimento. Ou, se ela for cética com relação a todas as questões paranormais, peça-lhe que faça um desenho de uma casa e use-o como base para uma leitura "psicológica".

A seguir, pratique usando as seguintes três técnicas:

1. Bajulação

Comece dizendo à pessoa o que ela deseja ouvir. Olhe para a palma da mão dela, analise a data de nascimento ou o desenho da casa e explique que eles refletem uma personalidade muito bem equilibrada. Faça um esforço para manter uma expressão séria enquanto finge se aprofundar, explicando que ela parece ser extremamente afetuosa, responsável, amigável, criativa e educada. Da mesma forma, não se esqueça de mencionar que ela também aparenta ser extremamente intuitiva e, portanto, teria boas condições de fazer leituras para outros.

2. Declarações ambíguas

Se você descrever qualquer característica e seu oposto exato, as pessoas focarão apenas na parte de sua descrição que fizer sentido para elas. Aborde cinco das principais dimensões da personalidade a seguir usando estas frases ambíguas:

Franqueza: "Às vezes, você pode ter muita imaginação e criatividade, mas tem grande capacidade para ser prático e racional quando necessário."

Consciência: "Você valoriza a sensação de rotina em certos aspectos de sua vida, mas em outros momentos gosta de ser espontâneo e imprevisível."

Extroversão: "Você pode ser extrovertido quando quer, mas, às vezes, nada é melhor para você do que ficar em casa lendo um bom livro."

Benevolência: "Seus amigos consideram você confiável e solidário, mas você tem um lado competitivo que emerge de tempos em tempos."

Neurotização: "Embora você se sinta emocionalmente inseguro e estressado, em geral é bastante descontraído e despreocupado."

3. Seja vago

Embora seja bom ocasionalmente deixar escapar alguma declaração mais específica ("Você tem uma irmã chamada Joanne; um medo irracional de mingau; e, recentemente, comprou um carro usado amarelo... eu achei que não"), em geral é melhor manter seus comentários vagos. Para explicar essa imprecisão, diga à pessoa que você, às vezes, tem problemas para compreender os pensamentos e imagens que surgem em sua mente e que, consequentemente, ela precisa ajudá-lo a descobrir o que está acontecendo.

Em termos de declarações concretas, tente "Tenho a impressão de que há uma mudança significativa, talvez uma viagem de algum tipo ou uma reviravolta no ambiente de trabalho", "Você recebeu recentemente um presente — talvez dinheiro ou algo que tem valor sentimental?", "Tenho a sensação de que você está preocupado com um membro de sua família ou um amigo íntimo?" Da mesma forma, sinta-se livre para fazer declarações abstratas, tais como "Posso ver um círculo fechando — isso faz sentido para você?", "Posso ver uma porta se fechando — não importa o quanto se esforce, ela não abre" ou "Posso ver limpeza — você está tentando se livrar de algo ou alguém em sua vida?"

Agora, vamos retomar nossa exploração dos princípios da leitura fria com uma pescaria.

4. Usando as "Palavras certas"

Durante as conversas cotidianas, a maioria das pessoas se esforça ao máximo para comunicar seus pensamentos e opiniões. No entanto, ainda que apenas uma pessoa fale e a outra ouça, as informações não fluem só do falante para o ouvinte. Em vez disso, a conversa sempre será um processo de duas vias, com o ouvinte constantemente fornecendo comentários ao falante. Talvez ele deixe o falante saber que o compreende e talvez concorde com o que está sendo dito ao assentir com a cabeça, sorrir ou dizer "sim". Pode ser que deixe o falante perceber que está confuso ou que não concorda com um comentário, parecendo vacilante, balançando a cabeça ou dizendo "você é um bobo, por favor, vá embora". De uma forma ou de outra, esses comentários são vitais para o sucesso de nossos diálogos rotineiros.

Os paranormais e médiuns levam essa ideia simples ao extremo. Durante uma leitura, muitas vezes eles tecerão diversos comentários; verão quais provocam uma reação; e acrescentarão detalhes à opção selecionada. Como um bom político ou um bom vendedor de carros usados, eles não dizem o que pensam, mas, ao contrário, sondam o terreno e, em seguida, mudam sua mensagem com base nas informações que receberam. Elas podem assumir diversas formas.

Eles podem analisar os clientes quando acenam com a cabeça; sorriem; inclinam-se para frente em seus assentos; ou ficam tensos repentinamente; e alternam seus comentários de acordo com isso (essa é uma das razões pelas quais quiromantes gostam de segurar sua mão durante uma leitura). A técnica é chamada "lançar a isca e pescar" e o Sr. D era um praticante exímio.

As pessoas costumam consultar paranormais a respeito de um número relativamente pequeno de problemas potenciais, tais como saúde, relacionamentos, planos de viagem, carreira ou finanças. À medida que lia as cartas de tarô, Sr. D mencionava cada um dos tópicos e observava, de forma sub-reptícia, a reação de Lisa. Ela parecia em boas condições de saúde e não esboçava qualquer reação notável quando ele mencionava que ela sentia dores e aflições. Perguntas sobre sua carreira não produziram uma reação significativa. Ele, então, mencionou viagens, mas Lisa permaneceu imóvel. Finalmente, ele passou para a vida emocional. No momento em que mencionou companheirismo, as feições de Lisa mudaram completamente, e, de repente, ela pareceu ficar muito séria. Sr. D imediatamente entendeu que estava no caminho certo e começou a se aprofundar mais no assunto. Ele olhou para as linhas da palma da mão de Lisa, comentou sobre um ressalto imaginário na linha do coração e disse que não estava certo se aquilo refletia uma morte na família ou um relacionamento que não dera certo. Lisa ficou completamente indiferente quando ele mencionou a morte, mas assentiu com a cabeça assim que ouviu sobre o relacionamento fracassado. Sr. D secretamente registrou a resposta e prosseguiu. Cerca de dez minutos mais tarde, ele pegou outra carta de tarô e confiantemente anunciou que ela mostrava que Lisa se separara recentemente de seu companheiro. Ela ficou impressionada.

VOCÊ É UM BOM AVALIADOR DE PERSONALIDADE?

Além de usar as técnicas descritas neste capítulo, alguns praticantes da leitura fria dizem que frequentemente têm uma intuição com relação a um cliente e esses pressentimentos têm um grau de acerto excepcional. O que poderia explicar essas sensações estranhas? Você é um bom avaliador de personalidade?

Há alguns anos, os psicólogos Anthony Little, da Universidade de Stirling, e David Perrett, da Universidade de St. Andrews, realizaram um estudo fascinante sobre a relação entre os rostos das pessoas e suas personalidades.[13] Os pesquisadores fizeram cerca de duzentas pessoas responderem a um questionário que media cada uma das cinco dimensões descritas anteriormente neste capítulo (franqueza, consciência, extroversão, benevolência e neurotização). Em seguida, separaram as fotografias de homens e mulheres que tinham as pontuações mais altas e mais baixas em cada uma das dimensões e usaram um programa de computador para misturar cada grupo de rostos de maneira a formar uma única imagem "composta" feminina e outra masculina. Eles acabaram criando quatro imagens compostas diferentes: uma representando pontuações femininas baixas; uma representando pontuações femininas altas; e idem para as pontuações altas e baixas masculinas. O princípio por trás dessa técnica é simples. Imagine examinar retratos fotográficos de duas pessoas. Ambas têm sobrancelhas espessas e olhos profundos, mas uma tem um nariz pequeno, enquanto o da outra é muito maior. Para criar uma combinação das duas faces, os pesquisadores primeiro escaneiam as fotografias para um computador, ajustam-nas para igualar quaisquer diferenças na claridade e, depois, manipulam as imagens para garantir que os atributos faciais principais — tais como os cantos da boca e dos olhos — estão, *a grosso modo*, na mesma posição. A seguir, uma imagem é colocada sobre a outra, e a média dos dois rostos é calculada. Se ambos têm sobrancelhas espessas e olhos profundos, a combinação também terá essas duas características. Se um tem nariz pequeno e o outro, grande, a imagem final terá um nariz de tamanho médio.

Em seguida, o grupo de pesquisa apresentou essas combinações femininas e masculinas para outras 40 pessoas e solicitou a elas que avaliassem cada um dos rostos com relação às diferentes dimensões de personalidade. O interessante é que suas pontuações eram, com frequência, extremamente precisas. Por exemplo, a imagem composta a partir das pessoas muito extrovertidas foi julgada como especialmente extrovertida; a combinação das pessoas muito conscienciosas foi vista como particularmente confiável, e assim por diante. Em resumo, sua personalidade está, em certa medida, escrita em seu rosto.

Usei as combinações femininas criadas durante esta pesquisa para elaborar um teste rápido e divertido e ajudar a descobrir se você é um bom avaliador de personalidade.[14] Para participar, responda simplesmente às seguintes cinco perguntas das páginas VI, VII e VIII.

A resposta correta para todas essas perguntas é "A". Qual foi sua pontuação? Se você respondeu às perguntas corretamente, então pode ser sábio confiar em sua intuição com relação aos outros. Se você não respondeu corretamente, é melhor ignorar seus pressentimentos e descobrir mais sobre uma pessoa antes de chegar a qualquer decisão.

À medida que seguimos à quinta técnica secreta dos videntes, tenho uma intuição de que você é o tipo de pessoa que deixa seu coração controlar sua cabeça; pode, às vezes, ser impulsiva demais para seu próprio bem; e, recentemente, teve contato íntimo com uma cabra. Fique sossegado, você não é o único.

5. A ilusão de singularidade

No começo deste capítulo, pedi que você fizesse dois testes psicológicos simples. Um deles envolvia cavar para achar um tesouro enterrado em uma caixa de areia e o outro, pensar em uma forma geométrica dentro da outra. Ambos dão um insight vital para o quinto princípio da leitura fria.

Tenho pedido a muitas pessoas para completar essas duas tarefas. Você poderia esperar que elas escolhessem os locais na caixa de areia aleatoriamente. No entanto, como mostrado na página a seguir, a grande maioria delas cava nas mesmas áreas.

De forma similar, com relação à escolha das duas formas geométricas, a maioria das pessoas costuma combinar um círculo dentro de um triângulo, ou vice-versa.[15] No entanto, o mesmo tipo de pensamento egocêntrico que faz com que você acredite que tem um senso de humor acima da média e é mais capacitado do que o motorista mediano também o leva a pensar que você é um indivíduo singular e especial. Embora possa gostar de se achar muito diferente das outras pessoas, a verdade é que somos surpreendentemente semelhantes e, por conseguinte, extraordinariamente previsíveis.

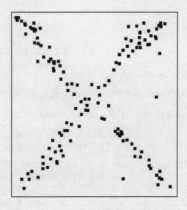

Os videntes usam essa noção para dar a impressão de que têm um insight paranormal de nossa personalidade e passado. Sr. D explicou que muitos paranormais reforçam suas leituras usando declarações ostensivamente específicas que provavelmente são verdadeiras para muitas pessoas. Eles podem dizer que têm a impressão de estarem vendo alguém com uma cicatriz no joelho esquerdo (verdadeiro para cerca de um terço da população); que possui uma cópia da *Water Music* de Handel (novamente, cerca de um terço); alguém que conhece uma pessoa com o nome de "Jack" na família (verdadeiro para um quinto das pessoas); que tem uma chave, apesar de não saber para que fechadura serve, ou um par de sapatos no armário que sabe que nunca calçará novamente.[16] Sr. D desenvolveu diversas dessas declarações ao longo dos anos, inclusive dizendo a Lisa que podia ver alguém que estava precisando de cuidados médicos, mas que era difícil cuidar dessa pessoa porque ela sempre jogava os remédios no lixo; que alguém na vida dela morrera sem deixar um testamento; e que ela tinha uma pilha de fotografias em uma gaveta. Todo mundo se considera único; considera que essas afirmações não poderiam ser verdadeiras para outros; e termina ficando muito impressionado.

Agora é hora de explorar o sexto e último princípio da leitura fria. No entanto, antes de começarmos, deixe-me fazer uma previsão final. Tenho a impressão de que você arruma seus livros com base na cor das capas e que recentemente passou três dias em Lisboa. Não? Isso não é um problema.

6. Fazendo dos limões paranormais uma limonada

Durante suas leituras na Universidade de Edimburgo, nenhum dos participantes da sessão com o Sr. D declarou abertamente que algum de seus comentários não era verdadeiro. No entanto, às vezes acontece. Nessas circunstâncias, os videntes têm várias "saídas" para ajudá-los a se esquivar do fracasso absoluto. Talvez a mais comum envolva ampliar uma declaração que tenha sido rejeitada como incorreta. Por exemplo, "Posso sentir alguém chamado Jean" pode ser transformado em "Bem, se não for Jean, talvez Joan, ou talvez até um Jack, mas certamente um nome começando com a letra J. Ou algo que soe como um J. Como um K. Talvez Karen? Ou Kate?"

Há também a estratégia de transferir para a outra pessoa o problema, pedindo a ela para pensar mais, ou dizer-lhe que ela conseguirá achar a resposta se perguntar a outros membros da família após a leitura. Depois disso, vem a velha fraude do "Eu estava falando metaforicamente". Sr. D me disse que, certa vez, fez leituras em uma pequena cidade à beira mar. Uma delas foi para um homem chamado George. Ele olhou para a face desgastada pela exposição ao sol e imaginou que o homem passara grande parte da vida ao ar livre e teve um pressentimento de que ele poderia ter trabalhado em navios. Dr. D olhou para uma carta de tarô e disse que podia ver George em pé no porto esperando pela chegada de um navio. George pareceu decepcionado e balançou a cabeça negativamente. Ele passara a vida inteira trabalhando em uma fazenda e não gostava do mar. Foi um erro imenso. Em um piscar de olhos, Sr. D explicou que ele não estava falando literalmente, mas metaforicamente. O navio era uma nova direção na vida de George e ele estava nervoso com a mudança. O rosto de George se iluminou à medida que Sr. D explicava que sim, ele havia se casado recentemente e estava ansioso por compartilhar a vida com outra pessoa. Bingo. Os limões paranormais transformaram-se em limonada num piscar de olhos.

COMO CONVENCER ESTRANHOS DE QUE VOCÊ
SABE TUDO SOBRE ELES: PARTE DOIS

No início, nos deparamos com três técnicas essenciais para qualquer leitura paranormal: bajulação, comentários ambíguos e declarações vagas. Agora é hora de aprender a usar as três outras técnicas essenciais para uma leitura bem-sucedida e convincente.

4. Lançar a isca e pescar

É importante abordar uma ampla gama de tópicos e, depois, mudar suas declarações com base na reação obtida. Se seu comentário provoca um olhar indiferente, desconsidere a afirmação e vá para o outro tópico. Se você receber confirmações positivas com a cabeça e sorrisos, aprimore sua declaração. Muitos manuais sobre como fazer leituras paranormais recomendam cobrir certos tópicos chave, tendo um escritor recomendado lembrar de incluir Viagem, Saúde, Expectativas sobre o futuro, Sexo, Carreira, Ambição e Dinheiro.[17]

5. Preveja o provável

Use afirmações que sejam verdadeiras para muitas pessoas, tais como "Posso ver você realizando algo na escola, talvez ganhando um prêmio — você ainda consegue lembrar o orgulho que sentiu quando o professor chamou seu nome", "quando criança, você teve uma experiência muito constrangedora da qual ainda se lembra de vez em quando até hoje", "Por que vejo a cor azul ou roxa? Você está pensando em comprar, ou acaba de comprar, algo com essa cor?", "Quem é a mulher mais velha que vejo? Alguém usando um vestido preto e reclamando das pernas?" e "Algo aconteceu há cerca de dois anos, não foi, uma grande mudança de algum tipo?"

Além disso, muitos manuais de videntes aconselham aos leitores focarem nos tipos de situação enfrentados pelas pessoas em estágios diferentes de suas vidas.[18] Segundo esses autores, os adolescentes e aqueles na faixa dos seus vinte e poucos anos estão frequentemente testando diferentes identidades e explorando relacionamentos sexuais. Em geral, os de 25 a 35 anos já desenvolveram um sentido de estabilidade e estão mais focados em suas carreiras, finanças e em fincar raízes. As pessoas na faixa de 36 a 45 estão frequentemente preocupadas com a saúde dos pais e estressadas e tensas com a criação dos filhos. Dos 45 anos em diante, costumam estar mais preocupados com o próprio bem-estar, seja porque seus relacionamentos estejam virando rotina, seja pela novidade de terem netos.

6. Prepare suas "saídas"

Lembre-se de que você não pode falhar, uma vez que, se alguém não entender suas declarações, há duas imensas redes de segurança ao seu dispor. Primeiro de tudo, amplie a abrangência de seus comentários. Explique que a afirmação talvez não se aplique à pessoa diretamente, mas, de certa forma, a alguém de sua família, um colega de trabalho ou amigo. Você também pode incluir o passado e o futuro. Esse fato foi algo que aconteceu com eles na infância, ou talvez algo que pode acontecer em um futuro próximo? Se isso não funcionar, sinta-se à vontade para tornar o comentário muito mais abstrato, explicando, por exemplo, que, quando você vê "férias", está, na realidade, referindo-se a uma grande mudança de algum tipo; ou, quando você fala sobre um "hospital", está de fato falando sobre alguém entrando em sua vida para cuidar de você. Se a pessoa continua de fato a ter problemas para entender uma declaração, faça parecer que foi a pessoa que fracassou dizendo "Eu deixarei esta com você".

Finalmente, se todo o restante falhar, tente usar esses sinais reveladores a seu favor...

- As roupas da pessoa são ligeiramente pequenas ou grandes demais, ou as partes em volta dos buracos do cinto estão gastas? Se estiverem, diga que você tem a impressão de que ela ganhou ou perdeu alguns quilos recentemente.
- A postura sugere que ela serviu o exército, um passado de aulas de dança ou talvez alguém que passa muito tempo curvado sobre um computador?
- Analise a pele e os olhos. Uma pele de aparência seca e um olhar sem brilho são alguns dos sinais mais confiáveis de um problema de saúde de longa duração ou recente.
- Olhe para os dedos e as mãos. Mãos calejadas sugerem alguém que está envolvido em trabalhos manuais, enquanto unhas grandes em apenas uma das mãos sugerem fortemente alguém que toca violão. Dedos manchados de nicotina sugerem um fumante, enquanto uma faixa de cor mais clara no dedo anelar geralmente sinaliza o fim recente de um relacionamento.
- Cumprimente a pessoa com um aperto de mão. As pessoas com apertos de mão excepcionalmente fracos e sem força costumam ser mais ansiosas do que as outras.[19] Além disso, um aperto de mão excepcionalmente frio poderia ser um sinal de que ela sofre de circulação sanguínea deficiente ou está usando algum tipo de medicação.
- Os sapatos dessa pessoa são práticos ou estão na moda? Isso sugere que ela está envolvida em esportes ou é vaidosa? Além disso, sapatos muito grandes sugerem que essa pessoa trabalha em um circo.

Então é isso. Sr. D escancarou as portas da indústria da clarividência. Aprender a fazer leitura paranormal não é uma questão de frequentar cursos de treinamento em vidência ou ingressar na faculdade para médiuns. Ao contrário, trata-se de um caso de bajulação, declarações ambíguas, comentários vagos, abordagem de uma variedade de temas, previsão do provável e transformação do fracasso em sucesso. Gostaríamos de pensar que o Sr. D seria o único envolvido em falcatruas. Gostaríamos, mas estaríamos errados. Na realidade, há uma indústria secreta completa dedicada à leitura fria. Livros com títulos como *Cashing in on the Psychic* [Lucrando com o paranormal], *Money-making Cold Reading* [Leitura fria para ganhar dinheiro] e *Red Hot Cold Readings* [A leitura fria superquente] estão amplamente disponíveis; assim como DVDs, cursos de treinamento e convenções, tudo dedicado a ludibriar todas as pessoas o tempo todo.

Isso significa que todos os videntes e médiuns são falsos? Não. Na realidade, um número muito maior de médiuns e videntes estão usando as técnicas descritas anteriormente sem perceberem. Lamar Keene se refere a essas pessoas como "olhos-fechados" — pessoas que não possuem qualquer faculdade paranormal, mas que, sem se darem conta disso, enganam-se e enganam os outros.

A leitura fria também explica por que os videntes têm sistematicamente fracassado nos testes científicos de seus poderes. Isolados de seus clientes, são incapazes de fazer deduções a partir da forma como eles se vestem ou se comportam. Ao apresentar a todos os voluntários envolvidos no teste todas as leituras, eles ficam impedidos de atribuir significado às próprias leituras e, consequentemente, não podem distingui-las das leituras feitas para outros. Como resultado, o alto grau de acerto que os videntes conseguem diariamente desmorona e a verdade emerge — seu sucesso depende de uma aplicação fascinante da psicologia e não da existência de faculdades paranormais. Agora que você conhece as técnicas, ir a um vidente ou assistir a um na televisão deveria ser uma experiência muito diferente. Da mesma forma que um amante de música aprecia as nuances de Mozart ou Beethoven, você também estará ouvindo os videntes pescando informações, ampliando suas declarações e forçando seus clientes a fazerem o trabalho por eles.

Aproveite o show.

2. Experiências fora do corpo

No qual conheceremos os cientistas que tentaram fotografar a alma; descobriremos como um elástico revela a verdade sobre a projeção astral; aprenderemos como deixar nossos corpos; e perceberemos como nossos cérebros decidem onde estamos neste exato momento.

Lembro-me como se fosse ontem. Fui internado em um hospital para fazer uma pequena cirurgia e era a noite anterior à operação. Ao relaxar para dormir, algo muito estranho aconteceu. Senti que estava me erguendo lentamente de minha cama, flutuando em direção ao teto e me virei e vi meu corpo dormindo profundamente. Alguns segundos mais tarde, saí flutuando pela porta e voei em alta velocidade pelos corredores do hospital, aterrissando por fim dentro de uma sala de operações. A equipe cirúrgica se esforçava para tentar remover uma garrafa de ketchup de...

...Na realidade, não posso continuar com a história. Não é que se trate de uma memória muito dolorosa, mas simplesmente me sinto mal por inventar tudo isso. Nunca tive uma experiência fora do corpo. Desculpe-me por fazê-lo perder seu tempo — é que por anos fui forçado a pacientemente ouvir pessoas descrevendo seus voos de fantasia e, então, pareceu-me catártico produzir um para mim mesmo.

Embora fictícia, minha experiência contém todos os elementos associados a uma experiência fora do corpo (EFC) "genuína".

Durante esses episódios, as pessoas sentem como se tivessem deixado o corpo e saíssem voando, e muitos ficam convencidos de que descobriram alguma informação que jamais poderiam ter de outra forma. Muitos relatam terem visto os próprios corpos durante a experiência, com alguns comentários sobre um tipo estranho de "fio astral" ligando seus corpos flutuantes ao seu eu real. Segundo as pesquisas, de dez a vinte por cento da população teve uma EFC, muitas vezes quando em um estado de tranquilidade extrema, anestesiados, sob alguma forma de privação sensorial (como estar em um tanque de flotação) ou sob efeito de maconha (trazendo um novo significado para o termo "ficar alto").[1] Se a experiência ocorre quando uma pessoa está em uma situação de ameaça à vida, ela também pode envolver a sensação de passar por um túnel, ver uma luz brilhante e sentir uma imensa serenidade (costuma-se referir a essas sensações como experiências de quase-morte, ou "EQM"). Experiências como essas, de fato, parecem surpreendentemente benéficas, com a grande maioria daqueles que passaram por uma EFC ou EQM relatando que o evento teve um impacto positivo em suas vidas.[2]

Qual é a explicação para essas sensações estranhas? A alma das pessoas de fato é levada para fora de seus corpos terrestres? Ou esses momentos de transcendência são o resultado de ardis praticados por nossos cérebros? E, se for esse o caso, o que isso diz sobre onde estamos no restante do tempo?

As primeiras tentativas de responder essas perguntas envolveram um pequeno grupo de cientistas estranhos fazendo um pacto com o Anjo da Morte em uma busca bizarra pela alma.

Peso morto

Em 1861, o joalheiro de Boston e fotógrafo amador entusiasta William Mumler fez uma descoberta notável.[3] Quando um de seus autorretratos surgiu da bandeja de revelação fotográfica, ele ficou impressionado ao ver a imagem fantasmagórica de uma jovem flutuando de maneira sobrenatural ao seu lado. Certo de que a figura não estivera presente quando ele tirou a fotografia, Mumler achou que tudo não passava de uma dupla exposição. No entanto, ao mostrar a imagem para seus amigos, eles chamaram a atenção para o fato de que a figura apresentava uma semelhança misteriosa com a prima falecida de Mumler e ficaram convencidos de que ele havia, sem querer, encontrado uma maneira de fotografar os mortos. A fotografia de Mumler rapidamente tornou-se manchete de jornais, com muitos jornalistas adotando uma postura pouco cética e promovendo-a como a primeira imagem de um espírito na história.

Percebendo uma oportunidade comercial, Mumler imediatamente fechou sua joalheria e começou a trabalhar como o primeiro fotógrafo de espíritos do mundo. Em sessão após sessão, ele trabalhou arduamente para garantir que os espíritos aparecessem no momento correto e logo o som de seu flash de magnésio foi superado apenas pelo barulho de sua caixa registradora. Porém, após alguns anos extremamente bem-sucedidos, começaram a surgir problemas. Diversos clientes com olhos de águia observaram que alguns dos supostos "espíritos" em suas fotografias eram bastante semelhantes às pessoas que haviam sido fotografadas por Mumler em sessões anteriores. Outros críticos foram além, acusando--o de arrombar casas, roubar fotografias de falecidos e, depois, usá-las para criar suas imagens. As provas se amontoaram e, por fim, Mumler foi levado a julgamento, acusado de fraude. O caso acabou sendo muito divulgado e envolveu diversas testemunhas bem conhecidas, inclusive o famoso apresentador Phineas Taylor "um trouxa nasce a cada minuto" Barnum, que acusou Mumler de tirar vantagem dos incrédulos (como se ele pudesse falar sobre isso). Embora inocentado, Mumler teve a reputação arruinada. Ele nunca se recuperou das imensas despesas legais necessárias para se defender e morreu, pobre, em 1884.

Ironicamente, a noção de fotografia dos espíritos sobreviveu a sua morte. Um defensor ardente da nova moda foi o pesquisador francês Dr. Hyppolite Baraduc, que tinha uma explicação incomum para o fenômeno.[4] Ciente de que muitos dos supostos espíritos tinham uma semelhança extraordinária com os vivos e ansioso para não desprezar o empreendimento todo como conversa fiada, ele acreditava que os modelos estavam produzindo imagens usando seus poderes paranormais. Empolgado com essa ideia, conduziu uma série de estudos nos quais pedia que pessoas segurassem chapas fotográficas não reveladas e se concentrassem em uma imagem. Quando várias chapas revelaram bolhas e formas estranhas, Baraduc correu para Académie de Médecine de Paris e anunciou suas descobertas.

Ignorando os que acreditavam que seus resultados eram apenas artefatos fotográficos, Baraduc seguiu em frente e começou a fazer experimentos com outras formas de fotografia sobrenatural. Embora ainda cético com relação à fotografia de espíritos de tendência convencional, ele desejava saber se seria possível fotografar pessoas recém-mortas e capturar suas almas enquanto deixavam os corpos. Ele teve a primeira oportunidade de fotografar os mortos quando André, seu filho de 19 anos de idade, faleceu após contrair tuberculose, em 1907. Poucas horas após a morte do rapaz, Baraduc fez o que qualquer pai amoroso e cientista dedicado teria feito — tirou uma fotografia do corpo sem vida do filho deitado no caixão e examinou a imagem resultante em busca de comprovação da alma. Ficou impressionado ao descobrir que a imagem mostrava uma "massa sem forma, nebulosa, como uma onda, irradiando em todas as direções com força considerável". Ignorando a possibilidade de isso ser algum tipo de artefato fotográfico, ou até mesmo o resultado de ele projetar fisicamente seus pensamentos na imagem, aguardou ansiosamente por outra oportunidade para testar suas hipóteses. E não precisou esperar muito.

Apenas seis meses após a morte do filho, a esposa de Baraduc ficou seriamente doente e, evidentemente, não sobreviveu por muito mais tempo. Ávido para aproveitar ao máximo essa chance, ele montou seu equipamento fotográfico ao lado da cama dela e, pacientemente, esperou por sua morte. Sua esposa suspirou três vezes ao falecer, e Baraduc conseguiu tirar uma fotografia durante um de seus derradeiros suspiros. A imagem mostrava três "globos" luminosos brancos flutuando acima de Madame Baraduc. Exaltado, ele fotografou o cadáver 15 minutos mais tarde e uma terceira vez, aproximadamente uma hora depois disso. Os três globos misteriosos apareceram novamente na primeira dessas imagens e se juntaram em um único grande globo na segunda.

Baraduc estava certo de que fotografara a alma. Outros não estavam tão convencidos. Ao avaliar as imagens em seu livro recente *Ghosts Caught on Film* [Fantasmas captados em fotografias], Mel Willin observa que um fotógrafo profissional sugeriu que o efeito provavelmente fora causado por minúsculos furos de alfinete nos foles atrás da lente da máquina fotográfica.[5]

Baraduc não foi o único cientista pesquisador de almas a trabalhar com os moribundos e mortos. Logo após a virada do século, o físico americano Duncan MacDougall realizou uma série de estudos igualmente macabros e, atualmente, notórios em uma tentativa de descobrir o peso da alma humana.[6] Ele visitou um asilo para tuberculosos de seu bairro e identificou seis pacientes que estavam obviamente muito próximos da morte (quatro em decorrência da tuberculose, um da diabetes e um de causas indefinidas). Quando cada um deles parecia estar prestes a bater as botas, MacDougall rapidamente empurrava sua cama até uma balança industrial e esperava que ele morresse. As anotações de laboratório de uma de suas sessões fornecem uma descrição vívida das dificuldades envolvidas nessa tarefa:

> O paciente... perdeu peso vagarosamente ao ritmo de 28,34 gramas por hora devido à evaporação de umidade da respiração e à evaporação de suor. Durante as três horas e quarenta minutos, mantive o braço da balança ligeiramente acima do ponto de equilíbrio e próximo à barra limitadora superior para tornar o teste mais decisivo se a morte ocorresse. Ao fim de três horas e quarenta minutos ele faleceu e, de repente, no mesmo instante de sua morte, a ponta do braço caiu, batendo contra a barra limitadora inferior, produzindo um barulho audível, e lá permaneceu sem qualquer reação. A perda de peso foi avaliada em 21 gramas.

Após mais cinco pacientes terem ido ao encontro do criador, MacDougall calculou a perda de peso média no momento da morte e, orgulhosamente, anunciou que a alma humana pesava 21 gramas. Suas descobertas lhe garantiram um lugar na história e, talvez mais importante, em 2003 inspiraram o título de um sucesso arrasador de Hollywood, estrelado por Sean Penn e Naomi Watts.

Em um estudo posterior, ele colocou 15 cães em balanças e descobriu que não houve perda de peso, confirmando, dessa forma, sua convicção religiosa de que os animais não têm alma.

Quando as descobertas de MacDougall foram publicadas no *New York Times* em 1907, o pesquisador físico Augustus P. Clarke se esbaldou.[7] Clarke observou que, no momento da morte, acontece uma elevação repentina na temperatura corporal devido ao cessamento do resfriamento do sangue pelos pulmões, podendo o aumento de transpiração subsequente ser facilmente responsável pelas 21 gramas perdidas de MacDougall. Ele ressaltou, ainda, que os cães não têm glândulas sudoríparas (a causa de sua respiração ofegante) e, assim, não surpreende que seu peso não sofresse uma mudança rápida na hora da morte. Por isso, as descobertas de MacDougall foram destinadas à pilha grande de curiosidades científicas rotuladas "quase certamente não verdadeiras".

Alguns anos mais tarde, o pesquisador americano Dr. R. A. Watters conduziu várias experiências extraordinárias envolvendo cinco gafanhotos, três sapos e dois camundongos.[8] Em 1894, o físico escocês Charles Wilson trabalhava no topo do monte Ben Nevis quando experienciou um "fantasma de Brocken". Esse efeito ótico impressionante ocorre quando o sol brilha por trás de um alpinista e na direção de uma cadeia montanhosa coberta de neblina. Além de criar uma grande sombra do alpinista, a luz do sol frequentemente se refrata através das gotas de água na neblina, resultando em uma figura gigantesca cercada por anéis de luz coloridos. A experiência levou Wilson a meditar sobre o assunto, o que acabou resultando na criação de um dispositivo de detecção de radiação ionizante denominado câmera de nuvens. A câmera de nuvens de Wilson consiste de um recipiente de vidro lacrado cheio de vapor de água. Quando uma partícula alfa ou beta interage com o vapor, ela o ioniza, resultando em trilhas visíveis que permitem que os pesquisadores rastreiem o percurso das partículas.

Foi o potencial da câmera de nuvens que cativou Watters. No início da década de 1930, ele especulou que a alma poderia possuir uma "qualidade intra-atômica" que talvez se tornasse visível se um organismo vivo fosse exterminado dentro do dispositivo de Wilson. Watters não adotou a abordagem "mantenha tudo em família" de Baraduc nem compartilhou o ceticismo de MacDougall quanto à existência da alma nos animais e, portanto, administrou doses letais de anestésico em diversas pequenas criaturas (inclusive gafanhotos, sapos e camundongos), colocando-os logo em seguida em uma câmara de nuvens modificada. As fotografias resultantes dos animais moribundos de fato mostraram formas que pareciam nuvens pairando sobre os corpos das vítimas. Ainda mais impressionante para Watters foi o fato de que as formas frequentemente pareciam lembrar os próprios animais. Ele não só provara a existência de uma forma de espírito, mas também mostrara que as almas dos sapos, notavelmente, possuem a forma de sapos. O que restou de suas fotografias, hoje guardadas nos arquivos da Society for Psychical Research, em Cambridge, são pouco convincentes. Embora as imagens de fato mostrem grandes bolhas de neblina branca, suas formas somente se pareceriam com animais para aqueles que possuem uma imaginação das mais vívidas. Novamente, é o caso da mente humana vendo o que deseja.

A natureza ambígua das bolhas foi o menor dos problemas de Watter. Diversos críticos reclamaram que era impossível avaliar corretamente suas alegações espetaculares porque ele não descrevera seu aparato de forma suficientemente detalhada. Outros argumentaram que as imagens poderiam ser resultantes de ele haver deixado de retirar partículas de poeira da câmera. O último prego em seu caixão foi colocado quando um professor de física chamado Sr. R. J. Hopper matou diversos animais em sua câmera de nuvens especialmente construída e não conseguiu observar quaisquer equivalentes espirituais.

A busca por indícios físicos da existência da alma acabou não rendendo resultados expressivos. Os misteriosos globos brancos de Baraduc poderiam ter muito bem sido causados por buracos minúsculos nos foles de sua câmera; a perda de 21 gramas de MacDougall no momento da morte foi provavelmente o resultado de idiossincrasias no resfriamento do sangue; e as fotografias dos espíritos dos animais de Watters podem ser explicadas como uma combinação da poeira e da vontade de ver tais fenômenos mesmo onde não existem. Dada essa série espetacular de fracassos, não foi surpreendente que os cientistas rapidamente tenham deixado de fotografar e pesar os humanos e animais moribundos. No entanto, determinados a não abandonar a busca pela alma, eles adotaram uma abordagem completamente diferente para o problema.

Alguém aí quer jogar tênis?

O estranho caso dos tênis espirituais

Em quase todos os livros da Nova Era sobre experiências fora do corpo e de quase-morte, você encontrará material sobre Maria e o tênis gasto.

Em abril de 1977, uma operária migrante chamada Maria, do estado de Washington, sofreu um ataque cardíaco grave e foi levada às pressas para o Harborview Medical Centre. Após três dias no Hospital, ela teve uma parada cardíaca, mas foi rapidamente ressuscitada. Mais tarde naquele dia, encontrou-se com sua assistente social, Kimberly Clark, e explicou que algo muito estranho acontecera durante o segundo ataque cardíaco.[9]

Maria passou por uma clássica experiência fora do corpo. Enquanto a equipe médica trabalhava para salvar sua vida, ela se percebeu flutuando fora de seu corpo enquanto olhava de cima para a cena e via um papel com um gráfico saindo de uma máquina que monitorava seus sinais vitais. Alguns momentos mais tarde, ela se viu fora do hospital olhando as ruas vizinhas, os estacionamentos e o lado de fora do edifício.

Maria revelou para Clark informações que não poderia ter obtido se estivesse no leito, fornecendo descrições da entrada da unidade de pronto-socorro e da rua atrás do hospital. Embora esses dados estivessem corretos, Clark ficou inicialmente cética, presumindo que Maria adquirira a informação inconscientemente ao ser internada no hospital. No entanto, foi a revelação seguinte que a levou a questionar o próprio ceticismo.

Maria disse que, em um ponto de sua jornada etérea, fora transportada para o lado norte do edifício e que um objeto incomum no peitoril de uma janela do terceiro andar atraíra sua atenção. Usando seu poder mental para chegar mais perto, ela viu que o objeto era, na realidade, um tênis, e uma aproximação ainda maior revelou que o calçado estava bastante gasto e que os cadarços estavam enfiados por baixo da sola. Maria pediu a Clark para verificar se os tênis de fato existiam.

Clark saiu do edifício e olhou ao redor, mas não conseguiu ver nada extraordinário. Então, subiu até os quartos na ala norte do edifício e olhou pelas janelas. Aparentemente essa não foi uma tarefa fácil, pois as janelas estreitas significavam que ela precisou pressionar o rosto contra o vidro para enxergar os peitoris. Após pressionar muito o rosto, Clark ficou surpresa ao ver que havia, de fato, um tênis velho em cima de um dos peitoris.

"Quinze-zero" para os crédulos.

Ao alcançar o peitoril e retirar o calçado, Clark observou que de fato ele estava bem gasto e que os cadarços estavam enfiados embaixo da sola.

"Trinta-zero".

Além disso, ela observou que a posição dos cadarços só poderia ser vista por alguém que estivesse olhando para os tênis do lado de fora do edifício.

"Quarenta-zero."

Clark publicou a história extraordinária de Maria em 1985 e, desde então, o caso tem sido citado em inúmeros livros, artigos de revistas e na internet como comprovação irrefutável de que o espírito pode deixar o corpo.

Em 1996, os cientistas céticos Hayden Ebbern, Sean Mulligan e Barry Beyerstein, da Simon Fraser University, no Canadá, decidiram investigar a história.[10] Dois deles visitaram o Harborview Medical Centre, entrevistaram Clark e localizaram o peitoril da janela que Maria, aparentemente, vira muitos anos antes. Eles colocaram um de seus próprios calçados no peitoril, fecharam a janela e recuaram alguns passos. Ao contrário dos comentários de Clark, eles não precisaram apertar os rostos contra o vidro para ver o sapato. Na realidade, o sapato estava facilmente visível de dentro do quarto e poderia até ter sido notado por um paciente deitado na cama.

72

"Quarenta-quinze".

Em seguida, os céticos deram uma volta pelo lado de fora do edifício e observaram que o calçado de teste era surpreendentemente fácil de ser localizado a partir do terreno do hospital. Na realidade, quando eles retornaram ao local, uma semana mais tarde, o sapato havia sido retirado, refutando ainda mais a noção de que era difícil de ser visto.

"Quarenta-trinta".

Ebbern, Mulligan e Beyerstein acreditam que Maria pode ter ouvido por acaso algum comentário sobre o calçado enquanto estava sedada ou meio adormecida durante seus três dias de internação e, então, incorporou essa informação à sua experiência fora do corpo. Eles também assinalaram que Clark não publicou sua descrição do incidente até sete anos após o acontecimento, havendo, portanto, tempo suficiente para que o caso tivesse sido exagerado em virtude de seus sucessivos relatos. Dado que aspectos tão importantes da história eram extremamente questionáveis, o trio entendeu que havia poucos motivos para acreditar em outros elementos do caso, tais como Maria dizendo que o calçado estava bastante gasto antes de sua descoberta e que o cadarço estava enfiado sob a sola.

"Empate".

Apenas algumas poucas horas no hospital revelaram que o relatório da experiência notória de Maria não foi nem um pouco aquilo que haviam dito. Apesar disso, a história foi repetida incontáveis vezes por escritores que não se preocuparam em conferir os fatos ou não estavam dispostos a apresentar aos seus leitores uma perspectiva mais cética da história. Aqueles que acreditavam na existência da alma teriam de produzir provas mais convincentes e irrefutáveis.

"Bolas novas, por favor."

UM EXERCÍCIO RÁPIDO DE VISUALIZAÇÃO

Chegou a hora de fazer um exercício simples de duas partes. Ambas exigirão que você escreva neste livro. Você pode relutar um pouco em fazê-lo, mas é importante por três razões. Primeira, você precisará se referir aos números mais tarde neste capítulo, além de ser útil ter um registro permanente deles. Segunda, se você está em uma livraria, ficará moralmente compelido a comprar o livro. Terceira, se você já comprou o livro, as chances de conseguir um preço de revenda razoável no eBay diminuirão consideravelmente. OK, vamos começar.

Parte Um

Dê uma olhada ao seu redor. Talvez você esteja em casa, deitado em um parque ou sentado no ônibus. Seja lá onde estiver, simplesmente dê uma olhada em volta. Agora, imagine como seus arredores se pareceriam se você estivesse flutuando fora de seu corpo, cerca de dois metros acima de onde de fato está e olhando para baixo para si mesmo. Mantenha essa imagem na sua imaginação. O quanto essa imagem é nítida? Se você tivesse de lhe atribuir um número de um (não existe quase nenhuma imagem) a sete (uma imagem muito clara e detalhada), qual número você daria? Agora, anote o número, com tinta azul ou preta inapagável, na linha abaixo:

Seus pontos: _____

Agora, olhe em torno, veja onde você de fato está e novamente se imagine flutuando alto, acima de seu corpo. Em seguida, volte para seu lugar real e, depois, de volta para ver o mundo de cima de sua cabeça. Agora, pontue a facilidade com que você conseguiu mudar de uma localização para a outra atribuindo um número entre um ("Poxa, isso foi difícil") e sete ("Muuiiito fácil"). Novamente, anote o número abaixo:

Seus pontos: _____

Parte Dois

Avalie o grau com que as afirmações seguintes descrevem você ao atribuir a cada uma um número entre um ("De jeito nenhum") e cinco ("Hum, é como se você me conhecesse há anos").[11]

PONTUAÇÃO

1. Enquanto assisto a um filme, sinto como se fizesse parte dele. □

2. Posso me lembrar de eventos passados de minha vida com tal clareza que é como se os estivesse vivendo de novo. □

3. Posso ficar tão absorvido ao ouvir música que não presto atenção a mais nada. □

4. Acredito que os furões trabalham com muito empenho. □

5. Gosto de olhar para as nuvens e tentar ver formas e rostos nelas. □

6. Frequentemente fico absorvido por um livro bom e perco a noção do tempo. □

Como se sentir uma escrivaninha

O caso infame dos tênis no peitoril fornece pouca comprovação convincente para a noção de que as pessoas são capazes de flutuar fora de seus corpos. Pior ainda, diversos pesquisadores investiram uma quantidade considerável de tempo e esforço conduzindo mais testes rigorosos dessa noção e também fracassaram. Por exemplo, o parapsicólogo Karlis Osis testou mais de cem pessoas que afirmavam ter o poder de induzir uma EFC de acordo com sua vontade, pedindo a cada um para deixar seu corpo; viajar para um ambiente distante; e identificar a imagem aleatoriamente selecionada que fora colocada lá.[12] A grande maioria dos participantes estava convencida de que fizera a viagem, mas, como um grupo, eles não pontuaram melhor do que se esperaria por casualidade. Da mesma forma, o pesquisador John Palmer e seus colegas da Universidade de Virginia, em Charlottesville, usaram uma variedade de técnicas baseadas em relaxamento para treinar pessoas para terem EFCs e, depois, pediram a elas para usar sua habilidade recém-descoberta para descobrir a identidade de um alvo distante.[13] Em uma série de estudos envolvendo mais de 150 participantes, as experiências não conseguiram detectar qualquer comprovação confiável de percepção extrassensorial.

Em resumo, mais de cem anos de pesquisas científicas sobre a alma resultaram em fracasso. Apesar das tentativas de Baraduc de fotografar os espíritos do filho e de sua mulher falecidos; das de MacDougall de pesar os mortos; e das de Watters de massacrar vários gafanhotos, nenhuma comprovação foi encontrada. Como consequência, os pesquisadores mudaram de direção e focaram a atenção nas informações fornecidas por aqueles que alegavam ter deixado seus corpos. Os melhores estudos de casos anedóticos acabaram sendo um tanto duvidosos e experiências envolvendo centenas de EFCs tentando identificar milhares de alvos escondidos não conseguiram produzir resultados convincentes.

Depois de tudo isso, poderia parecer que as experiências fora do corpo não têm nada a oferecer à mente curiosa. No entanto, trabalhos subsequentes adotaram uma abordagem muito diferente do problema e, ao fazê-lo, solucionaram o mistério e forneceram um insight importante para o funcionamento mais profundo do cérebro.

Há uma piada antiga sobre um homem que tenta localizar determinada sala no departamento de filosofia de uma universidade. Ele se perde e, por fim, encontra por acaso um mapa do edifício. No mapa, ele vê uma grande seta vermelha apontando para um corredor particular e, na seta, há a seguinte pergunta "Você está aqui?" A piada não é das piores. Porém, mais importante, ela levanta uma questão relevante — como você sabe onde está? Ou, adotando uma linguagem ligeiramente mais filosófica — por que você acha que está dentro de seu próprio corpo?

De muitas formas, isso parece uma pergunta estranha. Afinal, parecemos estar dentro de nossos próprios corpos e isso é o suficiente. No entanto, a pergunta é muito mais complexa. Talvez os maiores insights tenham vindo de uma experiência inovadora que você pode recriar em sua própria casa usando apenas uma mesa, um livro grande, uma toalha, uma mão de borracha e um amigo de mente aberta.[14]

Comece sentando-se à mesa e colocando ambos os braços sobre ela. Em seguida, mova o braço direito cerca de quinze centímetros para a direita e coloque a mão de borracha onde estava sua mão direita (isso pressupõe que a mão falsa é a mão direita — se não, use sua mão esquerda durante a demonstração). (Ver imagem 02 na página I)

Agora coloque o livro em pé sobre a mesa entre a sua mão direita e a mão falsa, assegurando-se de que ele impeça que você veja sua mão direita. Em seguida, use a toalha para cobrir o espaço entre sua mão direita e a mão de borracha (ver imagem 03 na página I).

Finalmente, peça a seu amigo para se sentar à sua frente, estender os dedos e usá-los para afagar sua mão direita e a mão de borracha no mesmo lugar e ao mesmo tempo. Após cerca de um minuto de carícias, você começará a sentir que a mão de borracha é de fato parte de você. Essa sensação tem consequências interessantes para sua mão real, que está escondida. Os pesquisadores monitoraram a temperatura da pele das mãos das pessoas durante o estudo e descobriram que, quando elas acreditam que a mão de borracha faz parte delas, a mão escondida se torna cerca de meio grau mais fria — é como se o cérebro cortasse o suprimento de sangue para a mão não visível, uma vez que ele acredita que ela não faz mais parte do corpo.[15]

É uma ilusão poderosa. Em uma série semelhante de estudos conduzidos por Vilayanur Ramachandran e descritos em seu livro *Phantoms in the Brain* [Fantasmas no cérebro], foi solicitado às pessoas que colocassem a mão esquerda por baixo de uma mesa. Em seguida, um pesquisador acariciava a mão escondida e a que estava sobre a mesa simultaneamente.[16] Novamente, as sensações de si mesmo mudaram, com cerca de cinquenta por cento das pessoas sentindo como se o tampo da mesa de madeira tivesse se tornado parte deles.

Para explicar o que está acontecendo aqui, vamos usar uma analogia simples. Imagine-se andando por uma cidade nova e repentinamente percebendo-se perdido. A única saída é procurar por sinalizações. Da mesma forma, enquanto seu cérebro está tentando decidir onde "você" está, ele precisa confiar ao que seria equivalente às sinalizações, ou seja, ele precisa confiar nas informações fornecidas por seus sentidos.

Na maioria das vezes isso funciona muito bem. Seu cérebro pode, por exemplo, ver sua mão, sentir a pressão da ponta de seu dedo e, então, presumir corretamente que "você" está dentro de seu braço. No entanto, da mesma forma que as pessoas, às vezes, mexem nas sinalizações e as apontam na direção errada, de vez em quando seu cérebro também errará. A experiência da mão de borracha é uma dessas situações. Durante o estudo, o cérebro "sente" sua mão esquerda sendo acariciada, "vê" uma mão de mentira ou uma mesa de madeira sendo submetida a carícias simultâneas, conclui que "você" deve, por isso, estar localizado na mão de mentira ou na mesa e constrói uma sensação de si que é consistente com essa ideia. Em resumo, a sensação de onde você se encontra não está programada em seu cérebro. Ao contrário, é o resultado do uso constante das informações fornecidas por seus sentidos para elaborar uma hipótese sensata. Por causa disso, a sensação de "você" dentro de seu corpo está sujeita a mudanças em um espaço de tempo muito curto.

O trabalho de Ramachandran tem implicações práticas e teóricas importantes. A maioria das pessoas que teve um braço ou uma perna amputado frequentemente continua a sentir níveis excruciantes de dor no membro imaginário. Ramachandran questionou se essa dor se devia, em parte, ao cérebro delas ter ficado desorientado por ainda estar enviando sinais para mover o membro faltante, sem, contudo, ver o movimento esperado. Para testar sua teoria, ele e seus colegas realizaram uma experiência incomum com um grupo de amputados que perderam um braço.[17] O time pesquisador construiu uma caixa de papelão com sessenta centímetros de cada lado que abria em cima e na frente. Em seguida, colocou um espelho vertical no meio da caixa, separando-a, portanto, em dois compartimentos. A cada participante foi solicitado que colocasse o braço em um dos compartimentos e se orientasse em seguida de forma que pudesse ver um reflexo de seu braço no espelho. A partir da perspectiva do amputado, era como se ele estivesse vendo tanto o braço real quanto o amputado. Ao amputado foi, então, solicitado que executasse um simples movimento com ambas as mãos ao mesmo tempo, tal como cerrar os punhos ou movimentar os dedos. Em resumo, a caixa de Ramachandran criou uma ilusão de movimento no membro ausente. Surpreendentemente, a maioria dos participantes relatou uma redução na dor associada ao seu membro fantasma, tendo alguns deles até perguntado se poderiam levar a caixa para casa.

Uma coisa é convencer as pessoas de que parte delas habita uma mão falsa ou um tampo de mesa, mas é possível usar a mesma ideia para mover uma pessoa totalmente para fora de seu corpo? A neurocientista Bigna Lenggenhager, da École Polytechnique Fédérale de Lausanne, na Suíça, decidiu investigar.[18]

Se você fosse participar de um dos estudos de Lenggenhager, seria levado para seu laboratório; solicitado a ficar em pé no centro da sala e a colocar um par de óculos de realidade virtual. Um pesquisador, então, colocaria uma câmera alguns metros atrás de você e enviaria a imagem para seus óculos, levando-o a ver uma imagem de suas costas alguns metros à sua frente. Em seguida, uma vareta animada apareceria na imagem à sua frente e vagarosamente acariciaria suas costas virtuais. Ao mesmo tempo, pesquisadores se aproximariam de você por trás e vagarosamente acariciariam suas costas com uma caneta iluminadora de texto, tomando cuidado para que as verdadeiras carícias fossem congruentes com as virtuais. A organização da experiência é idêntica à do estudo da mão falsa, mas com o "você virtual" tomando o lugar da mão falsa e uma caneta iluminadora de texto substituindo a mão de seu amigo. Da mesma forma que aquela carícia da mão falsa produziu a estranha sensação de que parte de você habitava a mão, a experiência de Lenggenhager também resultou em pessoas sentindo como se seus corpos inteiros estivessem de fato em pé alguns metros à frente deles.

As experiências com a mão falsa e a realidade virtual demonstram que a sensação usual de estar dentro de seu corpo é construída pelo cérebro a partir de informações sensoriais. Quando essas informações são alteradas, é relativamente fácil fazer as pessoas sentirem como se estivessem fora de seus corpos. É lógico que as pessoas não têm acesso a mãos de borracha e não estão acopladas a sistemas de realidade virtual quando têm experiências fora do corpo. No entanto, muitos pesquisadores hoje acreditam que essa ideia estranhamente contrária à nossa intuição é essencial para a compreensão da natureza desses casos.

ESPELHO, ESPELHO MEU

O neurocientista Vilayanur Ramachandran e seus colegas criaram uma forma simples de replicar o experimento de Lenggenhager sem a necessidade de um sistema de realidade virtual complicado e caro.[19] Na realidade, você precisa apenas de dois espelhos grandes e seu dedo. Coloque os dois espelhos de forma que eles fiquem um na frente do outro a cerca de um metro de distância. Em seguida, posicione um deles em um ângulo de forma que você possa olhar para um dos espelhos e ver o reflexo da parte de trás de sua cabeça (veja a imagem 04 na página II). Finalmente, de forma suave, acaricie sua bochecha com o dedo e olhe para a imagem no espelho.

Essa montagem bastante incomum replica a ilusão criada pelo sistema de realidade virtual de Lenggenhager. Seu cérebro "sente" sua bochecha sendo acariciada; "vê" uma pessoa em pé à sua frente sendo submetida às carícias simultâneas; conclui que "você" deve, então, estar em pé naquele lugar; e constrói uma sensação de si que é consistente com essa ideia.

Ao participar da demonstração, Ramachandran sentiu como se estivesse tocando em um corpo estranho ou androide que estava fora de seu próprio corpo. Muitos de seus colegas tiveram sensações semelhantes, tendo alguns deles relatado que desejaram cumprimentar a pessoa no espelho.

No começo deste livro, descrevi como ver a psicóloga Sue Blackmore na televisão me fez perceber que estudar o sobrenatural poderia revelar insights importantes sobre nossos cérebros, comportamentos e crenças. Blackmore investigou muitos aspectos da paranormalidade ao longo dos anos, porém grande parte de sua obra focou na ciência secreta por trás das experiências fora do corpo.

Bruxaria, LSD e cartas de tarô

O interesse de Sue Blackmore na paranormalidade data de 1970, quando ela era aluna da Universidade de Oxford e teve uma dramática experiência fora do corpo. Após muitas horas fazendo experimentos com um tabuleiro Ouija e, em seguida, relaxando com alguns cigarros de maconha, Sue sentiu elevando-se para fora de seu corpo, flutuando até o teto, voando pela Inglaterra, atravessando o Atlântico e pairando acima de Nova York. Por fim, ela viajou de volta para Oxford, entrou em seu corpo pelo pescoço e, finalmente, expandiu-se para encher o universo todo. Fora isso, foi uma noite tranquila.

Ao retornar à realidade, ela ficou fascinada com as experiências estranhas, fez cursos para se tornar uma bruxa boa e, por fim, decidiu dedicar-se à parapsicologia. Foi reconhecida com um doutorado por seu trabalho que examinava se as crianças tinham poderes telepáticos (não têm); fez várias viagens de LSD para ver se elas melhoravam suas habilidades paranormais (não melhoraram); e aprendeu a ler tarô para descobrir se as cartas poderiam prever o futuro (não previram). Após vinte cinco anos de resultados decepcionantes, Sue finalmente desistiu e tornou-se uma cética. Por muitos anos examinou a psicologia das experiências e crenças paranormais, tentando descobrir por que as pessoas vivem sensações aparentemente sobrenaturais e acreditam nessas coisas estranhas. Mais recentemente, ela voltou a atenção para o mistério da consciência, focando nas formas que o cérebro usa para criar uma sensação de si (embora, para minha decepção, a seção "Quem sou eu" em sua página da internet apresente uma simples biografia).

Uma das primeiras investigações de Blackmore abordou uma questão que surge frequentemente quando falo sobre paranormalidade — por que os gêmeos idênticos frequentemente parecem ter uma estranha ligação paranormal entre si? Muitos proponentes da habilidade paranormal acreditam que essa ligação se deve à telepatia. Em contraste, os céticos argumentam que os gêmeos frequentemente pensam de formas muito semelhantes porque foram criados no mesmo ambiente e têm a mesma constituição genética e que tal semelhança fará com que eles tomem as mesmas decisões e, então, pareçam ler a mente um do outro.

Para ajudar a resolver a questão, Blackmore reuniu seis pares de gêmeos e seis pares de irmãos e conduziu uma experiência em duas partes.[20] A primeira parte foi um teste de telepatia convencional. Um membro de cada par desempenhou o papel do "emissor", enquanto o outro foi o "receptor". Ao emissor foram apresentados diversos estímulos selecionados aleatoriamente (tais como um número entre um e dez, um objeto ou uma fotografia) e lhe foi solicitado que transmitisse fisicamente a informação para o receptor. Nenhuma comprovação de telepatia surgiu dos gêmeos ou dos irmãos.

Na segunda parte da experiência, Blackmore pediu ao emissor para transmitir o primeiro número que viesse à sua mente, fizesse qualquer desenho que lhe apetecesse e escolhesse uma entre quatro fotografias e a enviasse. Os resultados repentinamente mudaram. Conforme previsto pela hipótese de que a "telepatia dos gêmeos resulta da semelhança entre eles", houve uma melhora repentina no desempenho dos gêmeos. Por exemplo, ao serem solicitados a pensar em um número entre um e dez, vinte por cento dos testes que envolviam gêmeos produziram o mesmo número comparado com apenas 5% dos testes com irmãos. No caso dos desenhos, os gêmeos novamente pontuaram bem, exibindo uma taxa de sucesso de 21% comparada com os 8% dos irmãos.

Em resumo, os indícios demonstram que a telepatia dos gêmeos se deve às formas extremamente semelhantes com que pensam e se comportam, e não à percepção extrassensorial.

Entrevista com Sue Blackmore:
www.richardwiseman.com/paranormality/SueBlackmore.html

No entanto, Blackmore é talvez mais conhecida nos círculos dos céticos por seu trabalho explicando as experiências fora do corpo. Ela tomou como ponto de partida a noção de que o sentimento de estar localizado dentro do próprio corpo é uma ilusão criada pelo cérebro com base nas informações sensoriais recebidas. Então, da mesma forma que um conjunto bastante estranho de circunstâncias envolvendo uma mão falsa ou um sistema de realidade virtual pode fazer com que as pessoas acreditem que estão em outro lugar, Blackmore conjecturava se um conjunto igualmente estranho de circunstâncias poderia fazer com que as pessoas pensassem que flutuaram para fora de seus corpos. Sue focou a atenção em dois elementos que eram centrais para a maioria das EFCs.

O primeiro princípio pode ser ilustrado com a ajuda da imagem 05, na página II.

Concentre o olhar no ponto preto no centro da imagem e olhe fixamente para ele. Contanto que você seja capaz de manter os olhos e a cabeça relativamente estáticos, descobrirá que, após cerca de trinta segundos mais ou menos, a área cinza em torno do ponto se dissipará vagarosamente. Movimente a cabeça ou os olhos e ela logo reaparecerá. O que está acontecendo aqui? Trata-se de um fenômeno conhecido como "habituação sensorial". Apresente a alguém um som, uma imagem ou um aroma constante e algo muito peculiar acontece. Elas lentamente ficam cada vez mais acostumadas com ele, até que, por fim, ele desaparece de suas consciências. Por exemplo, se você anda por uma sala em que há um cheiro de café torrado fresco, rapidamente detectará o aroma bastante agradável. No entanto, fique na sala por alguns minutos e o perfume parecerá desaparecer. Na realidade, a única forma de acordar novamente o aroma é deixar a sala e entrar nela novamente. No caso da última ilustração, seus olhos lentamente deixaram de enxergar a área cinza porque ela era imutável. Esse mesmo exato conceito pode resultar na assim chamada "esteira mecânica hedonística" — situação em que as pessoas rapidamente ficam acostumadas com a casa ou carro novo e sentem a necessidade de comprar uma casa ainda maior ou um carro ainda melhor.

Blackmore especulou que esse processo também era central para as EFCs. As pessoas costumam experimentá-las quando estão em situações nas quais seus cérebros estão recebendo dos sentidos uma quantidade pequena de informações imutáveis. Muitas vezes, elas são privadas de qualquer informação visual porque os olhos estão fechados ou porque estão no escuro. Além disso, elas, em geral, não têm qualquer informação tátil porque estão deitadas em uma cama, relaxando na banheira ou sob o efeito de determinadas drogas. Nessas circunstâncias, o cérebro fica rapidamente "cego" para a pequena quantidade de informação que está recebendo e, portanto, encontra dificuldades para produzir uma imagem coerente do onde "você" está.

Como a natureza, os cérebros abominam o vácuo e, portanto, começam a gerar imagens de onde estão e do que estão fazendo. Isso é parte da razão por que as pessoas ficam mais propensas a ter imagens passando por suas mentes quando fecham os olhos, estão no escuro ou sob o efeito de drogas. Blackmore postula que determinados tipos de pessoas acharão naturalmente fácil imaginar o mundo quando flutuam fora de seus corpos; elas também ficam tão absortas em seu imaginário que confundem imaginação com realidade; são esses indivíduos que estariam mais propensos a experimentar EFCs.

Para testar sua teoria, Blackmore realizou várias experiências.[21] Na realidade, você já participou de uma versão delas. Algumas páginas atrás, eu pedi que se imaginasse a cerca de dois metros acima de onde de fato está e avaliasse a clareza de suas imagens e a facilidade com que mudou de uma perspectiva para outra. Sue apresentou essa tarefa para dois grupos de pessoas — aqueles que tinham vivido uma experiência fora do corpo e os que não tinham — e obteve resultados muito diferentes. Quem já havia se sentido flutuando fora do próprio corpo tendeu a relatar imagens muito mais vívidas e achou muito mais fácil trocar entre as duas perspectivas.

Blackmore também especulou que as pessoas que relataram EFCs tendiam a ficar absortas em suas experiências, de forma que encontraram dificuldades em separar fato real de fantasia. Eu também lhe pedi que avaliasse o grau em que cada uma de seis declarações se aplicava a você. Cinco delas são os tipos de itens que encontrados em questionários padrão elaborados para medir o grau em que alguém fica absorto em suas experiências (Acrescentei o item sobre os furões trabalhando muito arduamente de brincadeira). As pessoas que obtêm pontuações altas nos questionários de concentração tendem a perder a noção do tempo quando assistem a filmes e programas de televisão, ficam confusas sobre terem de fato realizado ou apenas imaginado uma ação e são mais facilmente hipnotizadas (no caso das cinco perguntas apresentadas no início deste capítulo, um total de vinte ou mais constituiria uma pontuação alta). Em comparação, aqueles com pontuação mais baixa são mais realistas, práticos e raramente confundem imaginação com realidade (uma pontuação baixa seria dez ou menos). As experiências de Blackmore envolveram pedir a EFCs e a não EFCs para preencher questionários de concentração: os EFCs consistentemente obtinham pontuações muito mais altas.

Em resumo, os dados de Blackmore sugerem que as pessoas que experienciam EFCs têm uma tendência muito maior a gerar naturalmente os tipos de imagens associadas à experiência e têm dificuldades para identificar a diferença entre realidade e imaginação. Coloque essas pessoas em uma situação na qual seus corpos recebem apenas uma pequena quantidade de informações imutáveis sobre onde de fato estão e, exatamente como quem participou dos experimentos da mão falsa e da realidade virtual, elas podem terminar acreditando que não estão mais localizadas dentro de seus corpos.

COMO DEIXAR SEU CORPO

Compreender as causas verdadeiras das experiências fora do corpo pode ajudá-lo a se tornar um voador frequente. A primeira parte do processo envolve desenvolver três habilidades psicológicas importantes: relaxamento, visualização e concentração. Examinemos cada uma por vez.

Relaxamento

O "relaxamento progressivo dos músculos" envolve retesar diversos grupos de músculos e, em seguida, aliviar essa tensão. Para experimentar a técnica, tire os sapatos, afrouxe qualquer roupa apertada e sente-se em uma cadeira confortável em um ambiente tranquilo. Foque a atenção no seu pé direito. Suavemente inspire e aperte os músculos em seu pé o máximo possível por cerca de cinco segundos. Em seguida, expire e solte toda a tensão, fazendo com que os músculos se tornem relaxados e frouxos. Circule pelo seu corpo realizando o procedimento na seguinte ordem:

1. Pé direito
2. Parte inferior da perna direita
3. Perna direita inteira
4. Pé esquerdo
5. Parte inferior da perna esquerda
6. Perna esquerda inteira
7. Mão direita
8. Antebraço direito
9. Braço direito inteiro
10. Mão esquerda
11. Antebraço esquerdo
12. Braço esquerdo inteiro
13. Abdômen
14. Peito
15. Pescoço e ombros
16. Rosto

Cada vez, retese a parte do corpo apropriada durante cerca de cinco segundos e, em seguida, relaxe a tensão.

Visualização

Induzir uma experiência fora do corpo exige uma boa capacidade de visualização. Se você for naturalmente bom para imaginar cenas e quadros, então, isso é excelente. Se não, tente o seguinte exercício.

Imagine-se entrando em sua cozinha, pegando uma laranja no armário e colocando-a em um prato verde. Em seguida, pense em cravar as unhas na casca macia da laranja e em começar a descascá-la. Visualize o suco saindo da laranja e escorrendo pelos dedos. Imagine-se retirando toda a casca e colocando-a no prato. Na sua imaginação, separe cada um dos gomos e coloque-os no prato também. Agora, olhe para as partes suculentas. Você está salivando? As cores são brilhantes ou opacas? Cada etapa do processo foi vívida e envolveu todos os seus sentidos?

Repita o exercício de vez em quando, tentando fazê-lo parecer mais realístico a cada vez.

Concentração

A capacidade de focar os pensamentos também é importante para a criação de uma experiência fora do corpo. Esse exercício simples ajudará a avaliar e, caso necessário, a melhorar suas habilidades de concentração.

Tente contar de um a vinte mentalmente, passando para cada número novo após alguns segundos. No entanto, no momento em que qualquer outro pensamento ou imagem entrar em sua mente, comece a contagem novamente. No início, você provavelmente achará muito difícil realizar essa tarefa simples, mas com o tempo aprenderá a focar os pensamentos e, em breve, contará até vinte sem qualquer distração.

Reunindo tudo

OK, chegou a hora de tentar induzir uma experiência fora do corpo. Sente-se na cadeira mais confortável de sua casa. Em seguida, levante-se e dê uma olhada em volta. Como parece o ambiente a partir desse lugar? Lembre-se do máximo de detalhes possível, incluindo, por exemplo, a posição de qualquer mobília, a cena do lado de fora da janela e quaisquer quadros nas paredes. Em seguida, lentamente dirija-se para outro ambiente. Novamente, observe o máximo possível durante seu trajeto, inclusive a cor das paredes, a mobília e os objetos que encontrar e o tipo de piso em que está andando. Para ajudar o processo, escolha seus pontos chave ao longo do percurso e lembre-se deles com o máximo de detalhes possível.

Agora, volte ao ambiente original e sente-se na cadeira. Realize o "Exercício de relaxamento progressivo". Quando se sentir completamente relaxado, imagine um dublê seu em pé na sua frente. Para evitar a tarefa difícil (e para muitos, desagradável) de visualizar o próprio rosto, imagine que seu dublê está em pé de costas para você. Tente formar uma imagem de suas roupas e de sua postura. Agora, pense novamente no que você viu quando estava de fato em pé naquela posição e imagine-se passando do seu corpo para o do outro. Não se preocupe se não conseguir da primeira vez. Trata-se de uma tarefa complicada que, em geral, requer alguma prática.

Uma vez que você consiga se sentir como se tivesse deixado o próprio corpo e entrado na mente de seu dublê imaginário, tente dar alguns passos ao longo do percurso que mapeou, parando em cada um dos quatro pontos para admirar a vista. Se tiver dificuldades com o movimento, alguns pesquisadores recomendam aumentar a motivação não ingerindo qualquer líquido durante algumas horas antes da experiência e colocando um copo de água no ambiente que pretende visitar. Além disso, não tenha medo da experiência — lembre-se, você pode voltar rapidamente a seu corpo a qualquer momento. Depois que se acostumar a induzir uma experiência fora do corpo, você poderá voar pelo mundo quando quiser, limitado apenas por sua imaginação e sem sentir culpa por deixar sua pegada de carbono.

Durante décadas, um pequeno número de cientistas dedicados tentou provar que a alma pode deixar o corpo. Eles tiraram fotografias de membros familiares recém-falecidos; pesaram os mortos; e pediram aos que tiveram EFCs para tentar ver imagens escondidas em locais distantes. As tentativas fracassaram porque somos um produto de nosso cérebro e, por isso, não podemos existir fora de nosso crânio. Uma pesquisa subsequente sobre experiências fora do corpo focou em encontrar uma explicação para essas sensações estranhas. Esse trabalho revelou que o cérebro depende constantemente das informações de seus sentidos para construir a sensação de que se está dentro do próprio corpo. Engane seus sentidos com a ajuda de mãos de borracha e sistemas de realidade virtual e, repentinamente, você poderá se sentir como se fizesse parte de uma mesa ou como se estivesse em pé alguns centímetros à frente de seu corpo. Prive o cérebro desses sinais e ele não terá ideia alguma de onde você está. Junte essa sensação de estar perdido com imagens vívidas de voar por aí e o cérebro se convencerá de que você está flutuando para longe de seu corpo.

O cérebro automática e inconscientemente realizará a tarefa muito importante de se perguntar "onde estou?" a cada instante de sua vida consciente. Sem ela, você sentiria que é parte da cadeira em que está sentado em um momento e do chão no momento seguinte. Com ela, tem-se a sensação estável de estar constantemente dentro do próprio corpo. As experiências fora do corpo não são paranormais e não fornecem comprovações da existência da alma. Ao contrário, elas revelam algo muito mais extraordinário sobre o funcionamento usual do cérebro e do próprio corpo.

3. A mente sobre a matéria

No qual descobriremos como um homem enganou o mundo;
aprenderemos a envergar metais com o poder de nossas
mentes; investigaremos gurus na Índia e descobriremos
por que, às vezes, não podemos ver o que está
acontecendo diante de nossos olhos.

Nascido em Nova Jersey em 1959, James Alan Hydrick teve uma
infância difícil.[1] Aos três anos, sua mãe alcoólatra largou a família,
deixando o marido igualmente alcoólatra como único responsável
pela criação do filho. Com seis anos, a situação ruim tornou-se
ainda pior quando seu pai foi acusado de roubo à mão armada e
condenado a dois anos de prisão. Esse fato, combinado com rumores de que Hydrick fora vítima de abusos físicos, fez com que
o serviço de assistência social o transferisse para um lar adotivo.
Infelizmente, seu comportamento acabou sendo problemático e ele
foi transferido de uma família adotiva para outra.

Aos 18 anos, foi acusado de sequestro e roubo e passou algum
tempo na penitenciária de Los Angeles. Enquanto esteve lá, desenvolveu um interesse ávido por artes marciais e trabalhou arduamente para dominar diversas técnicas de luta. Por volta da mesma
época, também pareceu manifestar poderes de telecinesia. No que
se tornaria sua mais conhecida demonstração, Hydrick equilibrava
um lápis longitudinalmente sobre a borda de uma mesa e "manda-

va" que ele se movesse. Com a cabeça virada para a direção oposta e as mãos distantes da mesa, o lápis virava lentamente, depois parava e revertia a direção. Em outras ocasiões, ele abria a Bíblia do presídio e pedia a Jesus para manifestar sua presença. As páginas do bom livro viravam uma após a outra como se estivessem sendo manuseadas por uma mão fantasma.

Ao ser libertado da prisão, Hydrick viajou para Salt Lake City, fundou o "Institute of Shaolin Kung Fu" e se ofereceu para ajudar outros a aprenderem artes marciais e a desenvolverem habilidades de telecinesia. Além de movimentar lápis e fazer virar páginas de Bíblias, Hydrick acrescentou outros truques a seu repertório paranormal, inclusive fazendo os pesados sacos de pancada no ginásio de seu instituto balançarem sem serem tocados.

Em dezembro de 1980, ele foi convidado para demonstrar os poderes no programa de televisão da ABC *That's Incredible!* [Isso é incrível!]. Toda semana, o show apresentava uma mistura bizarra de truques e atuações, inclusive um engolidor de espadas recordista, um grupo de ratos que jogavam basquetebol em uma miniquadra especialmente construída e um homem que estava disposto a ser arrastado pelo chão sobre uma bandeja de metal a mais de 160 quilômetros por hora. O programa atraiu uma plateia imensa e representou uma oportunidade de ouro para Hydrick atingir grande sucesso.

Ele, que a essa altura adotara o nome de palco de sonoridade misteriosa "Song Chai", abriu sua participação realizando o truque de telecinesia de virar páginas. Tudo deu certo, com a plateia do estúdio de televisão gritando "Isso é incrível!" no momento correto e a frase aparecendo em letras maiúsculas grandes por toda a tela para ajudar aqueles com dificuldades de raciocínio. Em seguida, ele conversou sobre suas habilidades com os apresentadores e realizou o truque do lápis. A plateia ficou impressionada.

Então, aconteceu. O apresentador John Davidson, que estava sentado próximo a Hydrick durante a demonstração do lápis, disse que achou tê-lo ouvido soprar o lápis. Hydrick pareceu ofendido e negou a acusação. Um silêncio dramático tomou conta da plateia, aparentemente enquanto ela se preparava para gritar "Na verdade, se esse é o caso, isso não é tão incrível assim!" De costas para a parede, Hydrick se virou para Davidson e perguntou "Você quer colocar a mão na minha boca?" Davidson concordou, e a plateia segurou a respiração enquanto Hydrick se concentrava em fazer o lápis se mover. Alguns segundos mais tarde, o lápis rodou lentamente. Davidson pareceu estupefato e a plateia foi ao delírio.

As notícias sobre as habilidades extraordinárias de Hydrick rapidamente se espalharam, tendo um tabloide nacional chegado ao ponto de rotulá-lo "O paranormal mais importante do mundo". Ele parecia destinado a um lugar na galeria da fama dos paranormais. E é bem possível que tivesse alcançado esse sucesso, não fosse por James "O Incrível" Randi.

Essa é minha fala

No capítulo 1, aprendemos como o mágico e arquicético James Randi dedicou a vida a desmentir os mitos paranormais, oferecendo 1 milhão de dólares para qualquer um que pudesse demonstrar a existência de faculdades paranormais em condições cientificamente controladas (o dinheiro ainda não foi entregue a ninguém).

As demonstrações impressionantes de Hydrick em *That's Incredible!* chamaram a atenção de Randi e ele desafiou o jovem paranormal a realizar seus feitos em condições mais controladas. Em fevereiro de 1981, os dois travaram um duelo em outro programa de televisão de entretenimento chamado *That's My Line* [Essa é minha fala]. No começo do segmento, o apresentador Bob Barker apresentou Hydrick e perguntou-lhe como ele havia desenvolvido seus poderes paranormais. Hydrick pareceu haver esquecido o tempo em que passara atrás das grades, explicando que um sábio chinês chamado Mestre Wu o ensinara a atingir o quarto nível da consciência (o qual, aparentemente, também envolve a capacidade de ser extremamente econômico com a verdade sobre seus supostos poderes paranormais). Ele, então, demonstrou suas habilidades extraordinárias de movimentar lápis e a plateia aplaudiu. Em seguida, Barker colocou um catálogo telefônico aberto sobre a mesa, e Hydrick convidou o grande telefonista no céu para ajudar a virar as páginas. Após diversas tentativas abortadas e 25 minutos a menos de tempo instigante no ar, ele fez com que uma página do livro virasse.

Na segunda parte do segmento, Barker apresentou Randi, que destrancou um baú grande no fundo do palco e retirou sua arma secreta — um tubo de flocos de isopor. Randi espalhou os flocos em torno do catálogo telefônico aberto e desafiou Hydrick a novamente virar uma das páginas usando o poder da mente. Randi explicou que suspeitava de que Hydrick virara as páginas sopran-do-as secretamente e que os flocos de isopor voariam se ele tentasse isso novamente.

Sob os olhares vigilantes de três peritos científicos independentes, Hydrick tentou movimentar uma página. Após 40 minutos de acenos de mão e cenho franzido, e com a plateia ficando cada vez mais zangada e impaciente, ele admitiu a derrota. Segundo Hydrick, os flocos de isopor e as luzes do estúdio geravam eletricidade estática, a qual estava empurrando a página para baixo e afetando seu desempenho paranormal. Tanto Randi quanto o grupo de peritos concordou que isso soava como completa tolice. Hydrick disse veementemente que seus feitos não eram causados por trapaças e, novamente, tentou mover a página usando seus poderes de telecinesia. Novamente, suas habilidades o abandonaram. Barker, Randi e o grupo independente negaram os poderes de Hydrick e a plateia finalmente teve tempo para ir jantar.

A aparição de Hydrick em *That's My Line* não foi uma boa iniciativa em termos profissionais. Embora seus incentivadores mais dedicados pudessem ter se convencido de que seu herói havia apenas ficado nervoso por causa da introdução repentina dos observadores céticos e dos flocos de isopor, a maioria dos espectadores deixou o programa com a distinta impressão de que a fala de Hydrick era fraudulenta. Ele sabia que precisava de um salvador. Um homem que poderia tanto promover suas habilidades quanto limpar sua alma pública da suposta fraude. Entra o terceiro e derradeiro personagem na história — Danny Korem: ex-mágico, investigador paranormal e judeu messiânico autodeclarado.

Exagero paranormal

Hoje, Danny Korem é presidente da Korem & Associates, uma empresa especializada em "definição rápida e objetiva de perfis comportamentais". Segundo a página deles na internet, seu programa de treinamento singular pode ajudar as pessoas a julgarem corretamente a motivação, a personalidade e o estilo de comunicação de terceiros em segundos. No entanto, na década de 1980, Korem tinha uma vida um tanto diferente.

Ele ganhara uma reputação considerável como mágico habilidoso e tinha, segundo seu atual currículo on-line, "lido ou escrito críticas de mais de 10.000 livros, manuscritos e periódicos sobre farsa". Desenvolvera também um ávido interesse pela paranormalidade e, como Randi, escrevera extensivamente sobre os ardis do ramo paranormal. No entanto, ao contrário de Randi, Korem acreditava piamente em Deus e escrevera, em coautoria, um livro intitulado *Fakers* [Falsificadores] para ajudar as pessoas a separarem os fenômenos sobrenaturais falsos dos reais. (Em uma seção, Korem escreve: "Conforme dito no capítulo 10, os espíritos dos mortos não podem voltar, por causa das leis espirituais criadas pelo Senhor"[2]).

Na primeira parte desse livro genuinamente informativo, mas profundamente estranho, Korem explica a base psicológica para muitos fenômenos aparentemente paranormais, inclusive a inclinação de mesas, o tabuleiro Ouija e o caminhar sobre o fogo. Na segunda parte, discute fenômenos sobrenaturais "genuínos", explicando, por exemplo, que demônios estão espalhados sobre a face do planeta e, portanto, podem parecer capazes de prever o futuro ao fazer uso de informações recebidas de um grande número de fontes excelentes ("os anjos nunca receberam tais poderes"). Em um nível mais realista, o autor também oferece conselhos práticos para aqueles que tentam separar casos de possessão genuína daqueles em que uma pessoa precisa de cuidados psiquiátricos (como ele observa, "a palavra chave é *equilíbrio*").

Korem ficou fascinado com Hydrick e marcou um encontro. Decidiu não contar sobre sua experiência com mágica ("não tomar seu santo nome em vão") e, em vez disso, posou como um produtor de documentários ávido para fazer um filme sobre a vida e os poderes de Hydrick. Indubitavelmente ansioso para se recuperar dos danos causados por sua aparição em *That's My Line*, Hydrick concordou em participar. Após cuidadosamente observar Hydrick apresentando as demonstrações de virada de páginas e movimentação de lápis, Korem ficou convencido de que Randi estava certo: Hydrick não estava usando qualquer tipo de telecinesia, mas, ao contrário, soprando os objetos de uma forma extremamente hábil e difícil de ser vista. Em vez de confrontá-lo diretamente, o ex-mágico voltou para casa e trabalhou arduamente para duplicar todos os métodos de Hydrick ("não cobiçar as coisas alheias"). Após muito bufar e soprar, sentiu-se pronto para passar à etapa seguinte de seu plano astucioso.

Korem perguntou se poderia filmar Hydrick exibindo seus poderes. Ele concordou e apareceu feliz para uma sessão de gravação, demonstrando suas habilidades para movimentar lápis e virar páginas. Foi então questionado se ele se importaria de tentar transferir seus poderes extraordinários para Korem. Esse não era um pedido novo para Hydrick. Na realidade, ele frequentemente dizia que era capaz de fazer os poderes paranormais latentes das pessoas se manifestarem e, então, soprava quando elas movimentavam as mãos em volta do objeto, dando assim a impressão de que realmente tinham habilidades. Hydrick colocou as mãos sobre as mãos de Korem e se concentrou por alguns momentos. Korem, então, inclinou-se para a frente e usou o poder da respiração para movimentar um lápis. Hydrick pareceu confuso e surpreso.

Em seguida, Korem marcou uma entrevista com Hydrick. Colocando sua vida em risco, ele disse ao especialista em artes marciais que descobrira seus métodos e que a trapaça estava encerrada. Hydrick calmamente confessou tudo. Explicou que, aos nove anos de idade, vira um mágico americano chamado Harry Blackstone Junior e ficara fascinado pela psicologia da farsa. Na mesma época, seu pai o trancava repetidamente em um armário como castigo pelo mau comportamento, e, assim, ele criou o imaginário Mestre Wu para lhe fazer companhia. Hydrick admitiu que Korem e Randi estavam certos — todas as suas supostas demonstrações de telecinesia haviam sido realizadas por meio de correntes de ar. (A única exceção foi o movimento dos sacos de pancada — isso era por estarem pendurados em um teto metálico que se expandia sob o calor do sol.) No final da entrevista, Korem perguntou a por que ele sentira necessidade de fingir possuir poderes paranormais. Hydrick explicou que ansiava pela atenção que não recebera na infância e, após uma vida sendo tachado de burro, desejava mostrar que era capaz de enganar o mundo.

Logo após gravar sua confissão, Hydrick foi preso por furto e arrombamento. Depois, escapou da prisão; foi preso novamente; fugiu de novo; e foi preso outra vez. Após sua soltura no final, em 1988, mudou-se para a Califórnia e logo atraiu a atenção da polícia quando começou a usar os truques paranormais para fazer amizade com um grupo de rapazes. Após o surgimento de indícios de assédio sexual, a polícia agiu e emitiu um mandado para prendê-lo.[3] Hydrick fugiu, mas então aceitou um convite para aparecer em um programa de televisão em rede nacional e foi reconhecido por um integrante da polícia californiana que não estava em serviço. Foi preso novamente. Ainda incapaz de se desvencilhar de sua reputação de paranormal, Hydrick deixou os guardas que o levavam de volta à Califórnia preocupados quando acharam que ele estava usando seus poderes sobrenaturais para fazer balançar o furgão e, mais tarde, advertiram à equipe da prisão para não olhá-lo diretamente nos olhos porque ele poderia enfeitiçá-los. Alguns meses mais tarde, Hydrick foi julgado por diversas acusações de assédio sexual de crianças e condenado a 17 anos de cadeia.

Em 2002, um programa de televisão inglês listou os cinquenta maiores truques de mágica no mundo. As demonstrações de movimentação de lápis e páginas de Hydrick foram classificadas em 34º lugar, vencendo os supostos entortamentos de metal de Uri Geller por cinco posições.

O TESTE DO PINÓQUIO

Os paranormais falsos possuem uma faculdade inata para enganar os outros. Faça este teste simples para descobrir se você também é um mentiroso nato.[4]

Imagine-se sentado à mesa diante de um amigo. As quatro cartas a seguir estão colocadas para cima na mesa em frente a vocês dois, mas há uma barreira diante de uma das cartas (nesse caso, a que tem um triângulo) de forma que seu amigo não pode vê-la, mas você pode.

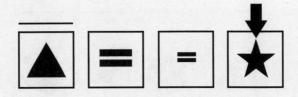

O objetivo é pedir a seu amigo que escolha a carta com a estrela (mostrada pela seta), mas sem fornecer qualquer informação sobre o símbolo escondido. Você não tem permissão para mencionar a posição da carta, então você diria algo como "Por favor, escolha a carta com a estrela" e seu amigo se inclinaria para a frente e escolheria a carta correta. Entendeu? OK, agora experimente mostrar os cinco conjuntos de cartas a seguir.

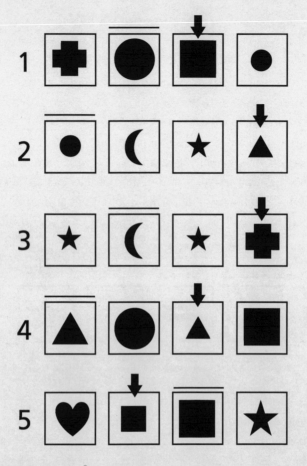

Terminou? O teste reflete seu comportamento no quarto e no quinto conjunto de cartas. Os bons enganadores pensam naturalmente em como qualquer situação se parece do ponto de vista de outra pessoa. Na terceira tentativa, você verá um pequeno triângulo e será solicitado a esconder o triângulo grande. No entanto, da perspectiva de seu amigo, há apenas um triângulo — o pequeno. Por isso, se você disser "Por favor, escolha a carta com o triângulo menor", isso dará a seu amigo uma dica de que a carta escondida tem um triângulo maior. Como você se desempenhou? O mesmo se aplica ao conjunto final de cartas. Você pediu ao seu amigo para escolher a carta com o "quadrado" ou com o "quadrado pequeno"?

Faça o teste com seus amigos, colegas e familiares para identificar aqueles com tendências para enganar com naturalidade!

Enganando todas as pessoas o tempo inteiro

Os mágicos e falsos paranormais enganam consistentemente um dos mais sofisticados, complexos e impressionantes triunfos evolutivos no mundo — o cérebro humano. Eles enfrentam um adversário formidável. Os cérebros colocaram a humanidade na lua; ajudaram a livrar o mundo de grandes doenças; e revelaram as origens do universo. Como, então, pessoas como Hydrick enganam essas máquinas pensadoras tão afiadas?

A maioria dos mágicos acredita que a resposta reside em seu conhecimento secreto sobre como falsear o impossível e, portanto, fazem questão de manter em segredo seus métodos. No entanto, como o ilusionista Jim Steinmeyer tão eloquentemente colocou em seu livro *Art & Artifice and Other Essays on Illusion* [Arte e artifício e outros ensaios sobre a ilusão], eles estão guardando um cofre vazio.[5] Da mesma forma que Hydrick soprava objetos na frente dele, os métodos empregados pelos mágicos frequentemente se resumem a pouco mais do que prestidigitação, um elástico ou um alçapão escondido. Os segredos reais da mágica são psicológicos, não físicos. Como a maioria dos falsos videntes, Hydrick empregava cinco princípios psicológicos diferentes para transformar o ato de soprar em um suposto milagre. Cada princípio é projetado para agir como um muro que evita que as pessoas entrem no santuário interior do executor e descubram o que de fato está acontecendo. Compreenda os princípios e você entenderá como ele e outros enganaram o mundo.

A primeira questão mais importante é vender o pato.

Vendendo o pato

Imagine que você realmente gosta de patos. Na realidade, você não só gosta deles, você os adora. Ama o formato de seus bicos; o barulho bobo que eles fazem de "quac"; adoraria ter um pato de estimação; e acha bonitinha a forma como seus amigos rapidamente baixam a cabeça sempre que você os menciona. Agora, imagine que alguém lhe mostra a seguinte imagem abaixo.

Não seria nada surpreendente se você visse a cabeça de um pato olhando para a esquerda. Na realidade, você pode ficar tão absorvido pela imagem do pato que não consegue de jeito nenhum ver o lindo coelho olhando para a direita. Os paranormais falsos trabalham de uma forma semelhante. Frequentemente as pessoas querem acreditar na realidade dos poderes paranormais, talvez porque eles injetam uma sensação de mistério em um mundo de outra forma tedioso; mostram que a ciência não tem todas as respostas; sugerem que a consciência humana é uma força a ser reconhecida; ou oferecem o potencial de solucionar problemas sérios com o toque de uma varinha de condão.

No início da década de 1980, os psicólogos Barry Singer e Victor Benassi, da California State University, conduziram uma experiência, que acabou se tornando clássica, demonstrando o poder desse princípio.[6] Eles pediram a um jovem mágico chamado Craig para vestir uma túnica roxa, sandálias e um medalhão "espalhafatoso" e, em seguida, realizar truques mágicos para grupos de estudantes. Algumas vezes os psicólogos apresentaram Craig como um mágico e, em outras, disseram que ele alegava possuir poderes paranormais genuínos. Em ambos os casos, Craig simplesmente realizou uma série de truques de mágica básicos que aparentemente envolviam ler a mente das pessoas e dobrar metais. Após seu desempenho, foi perguntado a todos os estudantes se eles acreditavam que Craig possuía faculdades paranormais. Uma impressionante taxa de 77% dos integrantes do grupo "Craig é um paranormal" pensaram ter visto uma demonstração de fenômenos paranormais genuínos. No entanto, mais surpreendente, 65% por cento daqueles no grupo "Craig é um mágico" também acharam que ele era paranormal. Parece que quando as pessoas estão avaliando como perceber o impossível, uma túnica roxa, sandálias e um medalhão fazem milagre.

Da mesma forma que um amor profundo por patos pode levar as pessoas a deixarem de ver o coelho completamente, então uma necessidade forte de acreditar nos poderes paranormais pode fazer algumas pessoas observarem indivíduos como Hydrick e ficarem totalmente cegos à possibilidade de trapaça.

Hydrick fez de tudo para vender ao mundo um pato. Evocou imagens do oriente misterioso ao usar roupas de artes marciais, ocasionalmente se chamou "Song Chai" e inventou histórias sobre seus encontros com Mestre Wu. Tivesse colocado um chapéu, anunciado ser "Jimbo, o Mágico" e falado sobre o tempo que passou com David Copperfield, tudo teria sido muito diferente.

Tratava-se também dos tipos de faculdades que ele parecia possuir. No início de sua carreira, Hydrick testou diversos tipos de demonstrações. Em certo ponto, ele aparentemente cortava um pedaço de barbante ao meio, colocava as pontas dentro da boca, alegava estar reorganizando os átomos e, em seguida, mostrava que os dois pedaços haviam se juntado de novo magicamente. Quando realizou a demonstração, as pessoas (muito corretamente) pensaram que parecia um truque de mágica e, então, ele foi rapidamente abolido do repertório. Cortar e restaurar um pedaço de barbante deflagrou sirenes mentais do tipo "esse é um truque de mágica" e estimulou as pessoas a saírem em busca de um coelho. Em contrapartida, movimentar um lápis com o poder da mente se enquadra nas pressuposições das pessoas sobre o paranormal e os estimula a ver o pato.

Hydrick também agiu como se seus poderes fossem genuínos. A maioria das pessoas que acredita na realidade da psicocinese acha que tais habilidades tanto minam a energia quanto são difíceis de se encontrar. Hydrick explorou essas ideias, agindo frequentemente como se as demonstrações drenassem suas fontes mentais, gastando muito tempo para virar uma página ou mover um lápis e, às vezes, até fracassando completamente. Ele poderia ter movido os objetos com facilidade e sem o menor esforço sempre que desejasse, mas isso teria parecido um truque de mágica.

Por fim, ele frequentemente parecia despertar as faculdades paranormais latentes das pessoas, fazendo-as acreditar que seus poderes mentais eram responsáveis por mover o lápis. Essa é uma tática frequentemente usada pelos falsos paranormais porque tem um apelo emocional enorme. Muitas pessoas desejam acreditar que de fato possuem poderes incríveis e, então, quando parecem encontrar comprovação para esse conceito que aumenta seu ego, elas ficam muito relutantes em olhar por trás das cortinas e descobrir o que efetivamente está acontecendo.

Hydrick andava como um pato e soava como um. Por causa disso, muitas pessoas presumiram que ele era mesmo um pato e nem consideraram a possibilidade de charlatanismo.

Embora algumas pessoas que o observavam nem mesmo pensassem sobre a possibilidade de falsificação, muitas outras teriam sido muito mais céticas. Talvez elas não acreditassem nas faculdades paranormais, ou acreditavam nelas, mas estavam céticas com relação à alegação específica de Hydrick. Seja qual for o ponto de vista, ele enganou algumas dessas pessoas usando um segundo princípio.

Pegando a estrada menos viajada

Chegou a hora de dois quebra-cabeças. Eis o primeiro. Você pode acrescentar apenas uma linha para tornar a declaração a seguir correta?

$$I0 \; I0 \; II = I0:50$$

Agora, o segundo quebra-cabeças. A ilustração abaixo mostra o número nove representado como um numeral romano. Você pode converter isso no número seis ao acrescentar apenas uma única linha?

$$IX$$

Provavelmente você presumiu que a resposta para o primeiro quebra-cabeça exigiria algum raciocínio matemático inteligente e que a solução para o segundo envolveria numerais romanos. Os quebra-cabeças são especificamente projetados para fazê-lo pensar assim. Na realidade, a solução para o primeiro quebra-cabeça envolve tempo, não matemática. Para tornar a declaração correta, tudo que você tem de fazer é adicionar uma pequena linha sobre o segundo "I", convertendo então o número "10" na palavra "TO" (PARA, em inglês):

$$I0 \; TO \; (PARA) \; II = I0:50$$

Agora, a equação é "dez para as onze horas é o mesmo que dez horas e cinquenta minutos". Para resolver o segundo quebra-cabeça, você desenha um "S" na frente do IX para transformá-lo na palavra "SIX" [Seis em inglês].

Muitas pessoas encontram dificuldades para resolver esses tipos de quebra-cabeças porque eles exigem pensamento lateral. O mesmo princípio as impede de descobrir como Hydrick realizou seus milagres. Pergunte às pessoas como elas conseguem fazer um lápis se mover misteriosamente e elas levantarão diversas hipóteses. Elas podem, por exemplo, sugerir amarrar um fio fino a ele. Ou poderiam pensar em colocar uma barra de metal em seu interior e movimentar um imã debaixo da mesa. Ou, elas podem até sugerir fazer uma experiência com a eletricidade estática. No entanto, as pessoas simplesmente não costumam pensar em secretamente soprar o lápis. Da mesma forma que a maioria das pessoas luta com os quebra-cabeças acima porque não pensam na equação como se referindo à hora ou em como uma linha na forma da letra "S" formaria a palavra SIX, então Hydrick enganou alguns céticos usando um método que não ocorreu às mentes não laterais deles.

É claro que esse princípio não enganaria todo mundo. Afinal, algumas pessoas têm uma capacidade natural de pensar de forma pouco convencional, enquanto outras sabem algo sobre os truques e, então, levariam em consideração a opção de "soprar". Para esse osso duro de roer, Hydrick precisou empregar o princípio a seguir.

Escondendo suas pistas

Assistir a filmes de Hydrick em ação é fascinante e revela o quanto ele era hábil. Ele usa duas técnicas principais para desencorajar a brigada que pergunta se "ele não acabou de soprar ali?". Primeiro, ele passou meses aprendendo como controlar cuidadosamente a respiração, o que lhe permitiu produzir baforadas de ar extremamente precisas que levavam alguns momentos para atingir os objetos. O pequeno atraso entre a baforada e o impacto dava a ele tempo para virar a cabeça, assegurando então que não estava olhando diretamente para o objeto quando este se movia. Segundo, ele não soprava diretamente nos objetos, mas sobre a superfície da mesa. Assim, as correntes de ar viajavam ao longo do tampo, atingindo os objetos e fazendo com que eles se movimentassem. Essa técnica assegurava que nunca houvesse um caminho direto entre a boca de

Hydrick e o objeto. Juntas, essas técnicas eram extremamente enganadoras e permitiam que ele escondesse suas pistas e estimulasse os que consideravam a hipótese do "sopro" a descartarem a ideia.

Quando se apresentou em *That's incredible!*, Hydrick encontrou o tipo mais difícil de espectador — o cético informado. O apresentador John Davidson suspeitara de que ele poderia ser um trapaceiro, concluíra que ele estava soprando nos objetos e não se deixou enganar pela virada de cabeça e pelo sopro no tampo da mesa. Para enganar Davidson, Hydrick usou uma quarta técnica, especialmente enganadora.

Mudando de caminho

Nossos cérebros têm uma capacidade muito reduzida de lidar com problemas nos quais a resposta correta muda de um momento para o outro e, em vez disso, gostam de pensar que existe uma solução única para todos os casos. Os paranormais falsos, como Hydrick, exploram essa premissa mudando seus métodos ao repetirem uma demonstração. Se uma demonstração nos leva a descartar um método e uma segunda nos leva a descartar um segundo método, os espectadores presumem que nenhum deles é responsável pelo efeito conseguido e, então, concluem em favor de um milagre.

O desempenho de Hydrick em *That's incredible!* é uma demonstração clássica de mudança de caminho. Quando Davidson expressou seu ceticismo, Hydrick solicitou que o apresentador colocasse a mão sobre a sua boca e, mesmo assim, o lápis rodou. Por quê? Porque Hydrick executou um rápido golpe de caratê no ar e as correntes resultantes fizeram o lápis se mover. Ele mudou o caminho e tanto Davidson quanto os espectadores foram totalmente ludibriados.

Hydrick enganou pessoas diferentes por razões diferentes. Alguns acreditaram que ele era paranormal e, assim, a ideia de uma trapaça nunca entrou em suas mentes de amantes de patos. Outros consideraram a possibilidade de estarem observando um truque, mas não pensaram no método correto. Alguns pensaram no método correto, mas as viradas de cabeça e as baforadas indiretas os levaram a pensar que estavam errados. Uma minoria pensou na solução correta e não foi enganada por seu desempenho hábil, mas ficou confusa quando ele mudou seus métodos durante as demonstrações repetidas. No entanto, embora extremamente efetivos, todos esses princípios teriam uma grande probabilidade de fracasso se não fosse pelo quinto e mais importante fator. Porém, agora, passemos a um truque divertido...

A PSICOLOGIA DO ENTORTAMENTO DE COLHERES

Chegou a hora de aplicar alguns dos princípios ardilosos já abordados para enganar seus amigos e familiares. Você deseja parecer entortar uma colher com o poder de sua mente? Experimente seguir os seguintes passos...

1. Quando sair para ir a um restaurante ou para jantar na casa de um amigo, retire secretamente uma das colheres da mesa, coloque-a no bolso e vá ao lavabo.
2. Uma vez escondido, entorte cuidadosamente a parte côncava da colher próxima ao cabo e, depois, faça-a voltar à posição inicial. Repita esse processo várias vezes. Duas coisas começarão a acontecer. Primeiro, o metal em torno da curvatura começará a ficar muito quente — cuidado para não queimar os dedos. Segundo, a colher acabará desenvolvendo uma linha de fratura muito fina no ponto da curvatura. Assim que vir a linha, pare de entortar, pois até um movimento muito pequeno fará a colher quebrar no meio. Você acaba de criar o que os paranormais falsos denominam uma colher "pré-estressada".
3. Coloque a colher pré-estressada de volta no bolso e retorne para a mesa.
4. Quando as pessoas estiverem envolvidas em uma conversa animada, secretamente retire a colher de seu bolso e coloque-a no colo. Depois, quando o grupo estiver envolvido em uma conversa ainda mais animada, pegue a colher do colo e coloque-a secretamente de volta na mesa.
5. Quando a conversa deixar de ser animada, levante o tópico sobre psicocinese e alegue que, quando criança, você conseguia entortar metais com o poder de sua mente. Explique que há anos você não faz isso, mas está disposto a tentar. Se ninguém se interessar, pegue seu casaco e vá procurar um grupo de pessoas mais interessantes.

6. Presumindo que haja algum interesse em suas mentiras, segure a colher pré-estressada com o dedo indicador e o polegar da mão direita no ponto da fratura. Ao dar uma leve sacudida na colher com a mão esquerda, você descobrirá que ela quebra no meio facilmente. Segure os dois pedaços juntos entre seu polegar e o dedo indicador como se a colher ainda estivesse inteira. Em seguida, relaxe lentamente sua compressão e faça com que ela pareça entortar antes de finalmente quebrar em dois pedaços.

7. Deixe as duas partes da colher caírem sobre a mesa com um barulho dramático. Se você estiver na casa de um amigo, é hora de lhe perguntar se os talheres são especialmente caros ou possuem valor sentimental. Seja qual for a resposta, você agora tem duas opções. Pode explicar como realizou o truque e fazer seus amigos tentarem o mesmo com os talheres restantes. Ou pode alegar que foi um milagre, explicar que está pensando em fundar um culto e perguntar aos convidados se eles estão interessados em aderir.

Esse truque é especialmente eficiente porque as pessoas presumem que a apresentação começa com você anunciando que está prestes a entortar uma colher com o poder de sua mente. Na realidade, ela começou quando você secretamente pegou a colher e fez a fratura nela. Essa técnica, chamada pelos mágicos de "direcionamento temporal equivocado", é responsável pelo sucesso de muitas ilusões e demonstrações de supostos poderes de psicocinese.

As pessoas frequentemente subestimam os esforços de alguns mágicos e paranormais falsos antes do começo de uma demonstração. Por exemplo, o mágico inglês David Berglas foi convidado uma vez para encenar uma demonstração particular em um apartamento no terceiro andar de um rico banqueiro londrino. Durante a apresentação, ele pegou emprestada com o anfitrião uma garrafa de leite vazia, amarrou nela um longo pedaço de barbante e, cuidadosamente, desceu-a pelo lado de fora da janela do apartamento. Em seguida, pegou uma pera da fruteira e, aparentemente, fez com que ela sumisse completamente. O banqueiro foi, então, solicitado a resgatar cuidadosamente a garrafa puxando o barbante e ficou surpreso ao descobrir que a pera estava agora dentro da garrafa, embora fosse grande demais para passar pelo gargalo. Essa trapaça aparentemente espontânea envolveu muito planejamento. Meses antes, Berglas achara uma pereira com frutos em desenvolvimento e colocara um dos troncos dentro de uma garrafa de leite vazia. Com o passar do tempo, a pera cresceu dentro da garrafa, dando a Berglas seu objeto de aparência impossível. Durante o truque, ele simplesmente pediu a um assistente para ficar na rua e trocar a garrafa que ele descera do apartamento por outra igual contendo a pera e, então, enganou seus convidados, que presumiram que o truque começara há apenas alguns momentos.

Em terra de cego

Antes de prosseguir para o quinto e último princípio de ilusionismo paranormal, é importante voltar no tempo e conhecer um dos experimentos mais controversos na história da ciência sobrenatural.

Em 1890, Sr. S.J. Davey anunciou que adquirira o dom da mediunidade e passou a convidar pequenos grupos de pessoas a sua casa em Londres para testemunharem suas faculdades extraordinárias. Cada grupo se reunia na sala de jantar e era convidado a se sentar em volta da mesa. Então, ele diminuía a intensidade de luz da lâmpada de gás e se juntava ao grupo.

Alguns convidados eram solicitados a levar consigo quadros de giz escolares, sobre os quais, no começo das sessões, Davey colocava um pedaço de giz. Em seguida, o quadro era acomodado embaixo de um dos cantos da mesa, com as bordas para fora. Ele, então, segurava uma das bordas e convidava um membro do grupo a segurar a borda oposta. Empurrando o quadro firmemente contra o lado inferior da mesa, Davey perguntava aos espíritos, "Vocês farão algo por nós?" Logo alguns misteriosos sons de arranhão eram ouvidos e, quando o quadro era retirado, a palavra "Sim" estava claramente escrita sobre a sua superfície.

Encorajado por seu sucesso, Davey partiu para a segunda parte da sessão. Após o grupo ter vasculhado a sala à procura de qualquer indício de trapaça, ele apagava as lâmpadas de gás e pedia para que todos dessem as mãos e se juntassem a ele para evocar os espíritos. Lentamente, uma luz azul clara se materializava acima da cabeça de Davey. Ela, então, se transformava em uma aparição de corpo inteiro que um convidado mais tarde descreveu como "apavorante por sua feiura". Após o desaparecimento desse espírito na escuridão, um segundo raio de luz surgia e vagarosamente se transformava em "um homem barbado de aparência oriental".

Esse novo espírito fazia uma saudação e se movimentava a apenas alguns centímetros dos presentes. Sua pele "não era escura, mas muito branca; a expressão era vazia e apática". O espírito, então, flutuava no ar e desaparecia pelo teto.

Noite após noite, as pessoas deixavam a casa de Davey convencidas de que haviam feito contato com o mundo dos espíritos. Na realidade, Davey não possuía a faculdade de evocá-los. Em vez disso, ele era um ilusionista que usara suas habilidades mágicas para fingir todo o fenômeno. No entanto, diferente de quase todos os outros médiuns falsos de sua época, Davey não estava interessado na fama ou na fortuna. Seus convidados eram participantes desavisados de uma experiência complexa e inteligentemente concebida.

Nos dias de Davey, muitos médiuns alegavam ser capazes de fazer os mortos escreverem em quadros de giz escolares e materializarem-se diante das pessoas. Os que participavam dessas demonstrações, frequentemente consideravam-nas convincentes e saíam certos de que a alma sobrevivia à morte do corpo. Davey era profundamente cético e acreditava que o público estava sendo ludibriado e depenado por trapaceiros inescrupulosos. Havia, no entanto, um pequeno problema. Muitos dos participantes das sessões espíritas descreviam terem testemunhado fenômenos incríveis que não poderiam ter sido causados por trapaças. Ele, então, decidiu conduzir suas próprias sessões para descobrir o que estava acontecendo.

Da mesma forma que Korem aprendeu a replicar os truques de Hydrick, assim também Davey estudou as maneiras sorrateiras dos falsos médiuns. Noite após noite, Davey realizou demonstrações para suas cobaias inocentes pedindo a cada um deles para lhe enviar um relato escrito da vigília. Solicitava que fornecessem o testemunho mais completo possível e descrevessem tudo que conseguissem lembrar. Ele ficou impressionado ao descobrir que as pessoas frequentemente esqueciam ou lembravam incorretamente de informações que eram centrais para suas trapaças.

A demonstração de escrita no quadro é um bom exemplo. Antes da sessão, Davey juntava um pequeno pedaço de giz a um dedal e colocava-o sub-repticiamente dentro do bolso. Quando um dos convidados sacava o quadro, Davey enfiava o dedal no dedo. Em seguida, enquanto o quadro era segurado por baixo da mesa, Davey escrevia a palavra "sim" em seu lado inferior. Ele, então, retirava o quadro e, ao mostrar apenas sua face superior, confirmava que não havia nenhuma mensagem escrita. Enquanto o quadro era recolocado sob a mesa, Davey virava-o, assegurando-se de que a escrita ficasse agora pressionada contra a parte inferior da mesa. Quando ele era retirado pela segunda vez, a palavra "sim" aparecia misteriosamente. Ao descreverem mais tarde a demonstração, as operações cruciais de remoção e substituição do quadro sumiam da memória dos participantes, pois os convidados acreditavam piamente que o quadro fora colocado debaixo da mesa e lá permanecido até que a escrita espiritual aparecesse.

Havia, também, a questão das supostas materializações. Antes dos convidados chegarem, Davey escondia uma grande quantidade de parafernália espiritual falsa em um dos armários da sala de jantar. Antes de apagar a lâmpada de gás, ele convidava o grupo para inspecionar cuidadosamente o ambiente da sessão. Quando via que alguém estava prestes a olhar dentro do armário que continha seus aparatos espirituais, rapidamente distraía a atenção do convidado, chamando-o para vasculhar sua pessoa em busca de qualquer parafernália escondida. Quando a sala ficava totalmente escura, um amigo de Davey, Sr. Munro, silenciosamente entrava, retirava os objetos escondidos no armário e os usava para fazer aparecer diversas formas falsas de espírito. A "aparição da feiura apavorante" era uma máscara envolta em musseline e tratada com pintura luminosa, enquanto o "oriental barbado" era o próprio Munro fantasiado ("um turbante era colocado em minha cabeça, uma barba teatral cobria meu queixo, musseline era colocada em volta de meus ombros") e com o rosto iluminado por uma luz fosforescente fraca. Mais tarde, Munro observou que, embora "a palidez de meu rosto fosse devido à farinha, a 'expressão vazia e apática' é natural em mim". Para criar a ilusão de que o espírito levitava e, depois, desaparecia, Munro ficava atrás da cadeira de Davey, levantava a luz bem alto sobre a própria cabeça e a apagava quando ela atingia o teto. Da mesma forma que as pessoas lembravam incorretamente da escrita no quadro, também ficavam convencidas de que haviam vasculhado totalmente a sala de jantar de Davey e esquecido completamente que não inspecionaram um dos armários.

Em 1887, Davey publicou um dossiê de 110 páginas catalogando um número imenso desses tipos de erro e concluindo que a memória das pessoas para eventos aparentemente impossíveis não é confiável. O relatório foi uma sensação.[7] Muitos espiritualistas importantes, inclusive o cocriador da teoria da evolução Alfred Russel Wallace, recusaram-se a acreditar nas suas descobertas.[8] Desesperado por entender como todos os seus truques eram realizados, Wallace declarou que, a menos que a trapaça inteira fosse explicada, ele seria forçado a concluir que Davey possuía poderes mediúnicos genuínos e estava enganando o público ao alegar ser um mágico. Davey contraiu febre tifoide e morreu em dezembro de 1890, com apenas 27 anos. Logo após sua morte, Munro e outros explicaram como haviam fingido todos os fenômenos, mas Wallace ainda assim não ficou contente.[9] Em um longo artigo, apresentou descrições detalhadas de outras sessões que presenciara, nas quais tais trapaças teriam sido impossíveis. Os defensores de Davey observaram que não havia razão para acreditar que o testemunho de Wallace era mais confiável do que o daqueles produzidos pelos participantes das sessões falsas de Davey.

Alterando o passado

As descobertas de Davey são um exemplo surpreendente do quinto e último princípio usado por Hydrick e por outros falsos paranormais para enganar o mundo. Muitas pessoas acreditam que a observação e a memória humanas funcionam como um gravador ou uma câmera filmadora. Nada poderia estar mais distante da verdade. Olhe para a imagem 06 na página II, de duas pessoas sentadas à mesa.[10]

Daqui a pouco, eu gostaria que você virasse a página e visse a imagem 07, na página III. Embora a nova fotografia pareça muito semelhante à desta página, uma grande parte da imagem foi alterada. Tente identificar a mudança. Para tornar as coisas o mais justas possível, sinta-se à vontade para passar de uma fotografia para outra. OK, vamos em frente.

A maioria das pessoas tem dificuldade para identificar a diferença, embora ela esteja bem na cara. Se você ainda não a identificou, deixe-me acabar com seu sofrimento. Na segunda fotografia, a barra no fundo é muito mais baixa. Não se sinta mal por não ter visto a mudança. Na realidade, a grande maioria das pessoas tem dificuldade para vê-la. Os psicólogos se referem a esses fenômenos bastante curiosos como "cegueira às mudanças" e esse efeito é o resultado direto da forma como funciona seu sistema de processamento visual.

Ao ver a fotografia pela primeira vez, você provavelmente teve a sensação de que a estava vendo em sua totalidade em um único momento. Essa é uma ilusão convincente gerada por seu cérebro. Na realidade, a capacidade de formar tal percepção instantânea exigiria muito poder mental. Em vez de desenvolver uma cabeça do tamanho de um planeta, seu cérebro usa um atalho simples para criar a sensação de percepção instantânea. A qualquer momento, seus olhos e cérebro têm apenas o poder de processamento para visualizar uma porção muito pequena do ambiente em que você está. Para compensar essa visão um tanto míope do mundo, seus olhos inconscientemente se lançam de um lugar para outro, construindo uma imagem mais completa do que a que está diante de você. Além disso, para ajudar a garantir que o tempo e a energia preciosos não são desperdiçados em detalhes triviais, seu cérebro rapidamente identifica aqueles que considera os aspectos mais significativos de seus arredores e foca quase toda sua atenção nesses elementos.

De forma conceitual, é como se você estivesse com uma lanterna em uma loja de doces escurecida e tivesse uma ideia aproximada de quais doces estão nas prateleiras ao mover rapidamente o foco de um lugar para o outro, concentrando-se, em seguida, nas jarras que contêm os seus tipos favoritos de guloseimas. No entanto, em vez de deixar você saber que não está olhando para a totalidade de seus arredores em um instante, seu cérebro cria uma imagem baseada na varredura inicial da área e lhe presenteia com o sentimento confortável de estar constantemente ciente daquilo que acontece ao seu redor.

No caso da imagem, estudos de acompanhamento dos movimentos dos olhos mostram que a barra recebe pouca atenção, com a maioria das pessoas focando nos rostos das duas pessoas (com cerca de 55% se perguntando que diabos a mulher viu naquele cara). No entanto, apesar desse olhar seletivo, seu sistema visual lhe dá a impressão de estar constantemente vendo o quadro inteiro, explicando assim o porquê de você não conseguir identificar a diferença.

Esse processo acontece a cada momento de sua vida consciente. Seu cérebro está constantemente escolhendo o que ele acredita serem os aspectos mais significativos de seus arredores e dedicando muito pouca atenção a todo o resto. Ao fazer ações importantes parecerem irrelevantes, os falsos paranormais são capazes de usar esse princípio para fazer com que aspectos importantes de suas apresentações desapareçam da mente dos espectadores. Por exemplo, ao retirar o quadro da área debaixo da mesa pela primeira vez, Davey parecia estar verificando a existência de uma mensagem de um espírito. Por isso, o movimento do quadro parecia irrelevante e, portanto, era rapidamente esquecido por seus convidados. Da mesma forma, ao realizar seus truques, Hydrick dava uma olhada rápida para os objetos, soprava disfarçadamente e, depois, desviava o olhar. Por parecer um olhar tão trivial, as pessoas o esqueciam e se convenciam posteriormente de que Hydrick não olhava diretamente para os objetos durante todas suas demonstrações.

Os primeiros quatro princípios da farsa paranormal — vendendo o pato; pegando a estrada menos viajada; escondendo seus rastros; e mudando o caminho — fazem com que as pessoas não descubram a solução para truques que estão acontecendo bem à frente de seus olhos. O quinto princípio — alterando o passado — faz com que elas sejam incapazes de lembrar corretamente o que aconteceu. Sem que os espectadores percebam, detalhes importantes desaparecem de suas mentes e eles são, então, deixados sem nenhuma explicação racional para o que testemunharam.

O GURU E A GELADEIRA

Há alguns anos, eu e um colega viajamos para a Índia, para investigar o Swami Premananda, um dos principais Godman.[11] Nascido em 1951, Premananda afirma que sua vocação religiosa tornou-se aparente quando, na adolescência, um roupão da cor amarelo-alaranjado repentinamente se materializou em seu corpo. Desde então, ele realiza seus supostos milagres quase que diariamente, materializando objetos em suas mãos e, regularmente, regurgitando pedras de formato oval. No início da década de 1980, Premananda criou um retiro religioso em uma parte remota do sul da Índia e, na época de nossa visita, essa vila autossuficiente era o lar do guru e de cerca de cinquenta de seus seguidores. Isolados do mundo, esse grupo alegre de discípulos dedicados tinha a convicção de que os milagres de seu líder eram genuínos e haviam dedicado suas vidas aos ensinamentos dele.

Meu primeiro contato com Premananda foi um tanto estranho. No primeiro dia de nossa visita, fui à loja do retiro para comprar uma bebida gelada. O proprietário disse que, infelizmente, sua geladeira quebrara e que ele estava esperando que Premananda resolvesse o problema. Imediatamente invoquei uma imagem mental dos seguidores de Premananda concentrados em uma sala de reunião com seu guru liderando o grupo de orações para a geladeira. Alguns momentos mais tarde, a porta da loja se escancarou e Premananda adentrou o recinto segurando uma bolsa de ferramentas. O Swami afastou a geladeira da parede, tirou uma chave inglesa da bolsa e começou a mexer na parte de trás do aparelho. Em minutos, a geladeira ganhou vida. Sentindo que seu trabalho ali terminara, o guru rapidamente arrumou as ferramentas, comprou uma barra de chocolate e partiu.

Naquela tarde fomos informados de que Premananda nos encontraria às seis horas da manhã seguinte para demonstrar seus poderes paranormais. Cedo, então, arrastei-me da tábua de madeira que constituía minha cama e me dirigi para o salão de

131

reuniões. Seis horas vieram e foram. Assim como as sete horas, seguidas das oito horas. Parecia que Premananda estava praticando o "jogo do guru"; testando nosso nível de devoção ao chegar várias horas após o que fora marcado. (Quando jogo o mesmo jogo com meus alunos, ele é denominado "comportamento pouco profissional".) Após quatro horas esperando naquele salão cada vez mais quente e úmido, decidi que já era o suficiente e me encaminhei para a saída. Como em um passe de mágica, a porta se abriu e Premananda adentrou, cercado por um pequeno grupo de seguidores.

O Godman sorriu e rapidamente fez um movimento de varredura com as mãos. Um pequeno fluxo de *vibhuti* — uma cinza fina usada nos cultos hindus — começou a cair da ponta de seus dedos. Alguns momentos mais tarde, as cinzas cessaram e Premananda pareceu arrancar duas pequenas bugigangas douradas do ar. Milagres terminados, entreguei minha máquina fotográfica Polaroid para um dos devotos e sugeri que todos nós saíssemos para tirar uma fotografia em grupo. A imagem resultante mostrou claramente um nevoeiro roxo estranho cercando o grupo e duas bolhas roxas adicionais diretamente acima de Premananda e de mim. Premananda olhou para a fotografia e modestamente disse que muitos religiosos associavam a cor roxa ao sagrado.

Observações cuidadosas do guru em ação sugeriam que ele escondia os objetos que milagrosamente encontrava nas dobras de seu traje e os recuperava disfarçadamente quando as pessoas não estavam olhando. Quando eliminei essa possibilidade ao colocar uma sacola plástica transparente em torno de sua mão, as materializações repentinamente cessaram.

E o que dizer da névoa púrpura na fotografia de Premananda? Ao retornar à Grã-Bretanha, levei a fotografia ao laboratório da Polaroid. O técnico explicou que quando uma fotografia Polaroid é expelida da máquina, bolsas contendo produtos químicos de revelação se rompem e são arrastadas para cima da imagem. Ele, então, olhou para o número do código nas costas de minha fotografia, consultou um livro grande e revelou que os produtos químicos haviam passado da data de validade e, por isso, estavam propensos a uma descoloração arroxeada. Como resultado, a comunidade científica relutou em considerar a imagem uma comprovação convincente de um estado sagrado. Pessoalmente, eu estou bem convencido.

Filmagem de campo do teste de Premananda
www.richardwiseman.com/paranormality/Premenanda.htlm

O trabalho inovador de Davey constitui a primeiríssima experiência sobre a confiabilidade dos testemunhos oculares. Desde então, os psicólogos têm realizado centenas de estudos similares, que demonstraram que o mesmo tipo de memória seletiva atrapalha nossa capacidade de lembrar os eventos cotidianos.

Em torno da virada do último século, o professor de criminologia alemão Von Lizst conduziu alguns estudos surpreendentes sobre o assunto.[12] Um deles foi realizado durante uma de suas palestras e começou com ele discutindo um livro sobre criminologia. Um dos alunos (na realidade um cúmplice) repentinamente gritou e insistiu que Von Lizst explorasse o livro do "ponto de vista da moralidade cristã". Um segundo aluno (outro cúmplice) se opôs e houve uma discussão violenta a seguir. A situação foi de mal a pior: os dois cúmplices começaram a trocar socos e, por fim, um deles sacou um revolver. O professor von Lizst tentou agarrar a arma e um tiro foi disparado. Um dos alunos, então, caiu no chão e ficou imóvel.

Von Lizst interrompeu os procedimentos, explicou que tudo fora um truque, fez seus dois cúmplices saudarem o público e interrogou os presentes sobre o evento. Ele ficou surpreso ao descobrir que muitos de seus alunos haviam se fixado na arma (um fenômeno ao qual os psicólogos atualmente se referem como "foco na arma") e depois, sem perceber, esqueceram muito do que acontecera apenas alguns minutos antes, inclusive quem começara a discussão e as roupas que os protagonistas estavam vestindo.

Na década de 1970, o psicólogo Rob Buckhout conduziu uma experiência semelhante, encenando ataques falsos diante de mais de cento e cinquenta testemunhas.[13] Mais uma vez os presentes tenderam a focar no que consideravam importante — a natureza do ataque — e, portanto, deixaram de lembrar muitas outras informações sobre o incidente. Mais tarde, quando lhes foram mostradas seis fotografias e solicitado que identificassem o criminoso, quase dois terços deles fracassaram em fazê-lo. Em outras ocasiões, um programa de televisão americano divulgou cenas de um incidente falso de roubo de bolsa e, em seguida, pediu aos espectadores que tentassem identificar o ladrão dentre um total de seis indivíduos. Mais de 2.000 pessoas ligaram para o programa e deram sua opinião. Embora a cena mostrasse claramente a face do assaltante, pouco mais de 1.800 espectadores identificaram a pessoa errada.[14]

Um grande volume de pesquisas repetidamente revelou a mesma conclusão. Todos nós gostamos de pensar que somos testemunhas oculares confiáveis. No entanto, a verdade é que, sem perceber, tendemos a lembrar incorretamente o que aconteceu bem diante de nossos olhos e, frequentemente, omitir os detalhes mais importantes.

Seu cérebro está constantemente fazendo suposições sobre quais partes de onde você está são mais merecedoras de atenção e sobre a melhor forma de perceber o que está lá. Na maior parte do tempo, essas suposições estão certas e, então, você se torna capaz de perceber corretamente o mundo de uma forma muito eficiente e efetiva. No entanto, de vez em quando, você encontrará algo que derruba esse sistema elegantemente construído. Da mesma forma que uma boa ilusão de ótica engana totalmente seus olhos, aqueles que alegam ter faculdades psicocinéticas realizam os mais rudimentares dos truques mágicos, mas o levam a pensar que você testemunhou um milagre. Sutilmente eles o desestimulam a considerar a possibilidade do ilusionismo, usam métodos sorrateiros que você nunca consideraria e se asseguram de que quaisquer indícios de trapaça sejam rapidamente apagados de sua memória. Vistos dessa forma, os atos de mover lápis e entortar colheres não constituem provas do impossível, mas, em vez disso, são lembranças vívidas da medida da sofisticação de seus olhos e cérebro. As pessoas que fazem essas demonstrações de fato possuem poderes extraordinários, mas suas habilidades são psicológicas, e não sobrenaturais.

4. Falando com os mortos

No qual conheceremos duas jovens que criaram uma nova religião; descobriremos o que aconteceu quando o maior cientista do mundo confrontou o Diabo; aprenderemos a nos comunicar com espíritos não existentes e a pôr em ação o poder de nossas mentes inconscientes.

São 22 horas e estamos prestes a começar a sessão. Dez membros desavisados do público e eu estamos sentados em torno de uma mesa de madeira na sala de uma casa no leste de Londres. A sala está quase escura, iluminada apenas por algumas velas sobre a prateleira em cima da lareira. Peço a todos que se inclinem para a frente e coloquem as pontas dos dedos levemente sobre a superfície da mesa, respirem fundo e apelem para que os espíritos se juntem a nós. Nada acontece. Peço a todos que não desanimem e que suspendam qualquer ceticismo que possam ter. De novo, falo na escuridão e peço aos espíritos que tornem sua presença conhecida movimentando a mesa. Após pouco tempo, a mesa estremece ligeiramente, mas é possível sentir. É um bom sinal e tenho um pressentimento de que todos lá terão uma noite interessante.

Durante os trinta minutos seguintes, a mesa estremece outras diversas vezes. Um dos integrantes do grupo, então, anuncia que está indo fazer uma visita rápida ao banheiro. Assim que ele se levanta, a superfície da mesa emite um rangido impressionante e abruptamente ela se inclina, apoiada em duas pernas. É um movimento dramático, como se alguém tivesse chutado a mesa por baixo. Vários participantes gritam e o homem decide que talvez sua ida ao banheiro não seja tão importante assim. As quatro pernas da mesa voltam ao chão e ela começa a deslizar de um lado para o outro da sala, às vezes imobilizando os membros do grupo contra a parede. Após cerca de uma hora, os movimentos repentinamente cessam e solenemente agradecemos aos espíritos por tornarem sua presença conhecida. As velas são apagadas; as luzes, ligadas; todos discutem os estranhos eventos que acabaram de experimentar e o homem, finalmente, consegue ir ao banheiro.

Encenei muitas dessas sessões de espiritismo ao longo dos anos e os resultados são sempre iguais. Independentemente de o grupo ser constituído de crentes ou céticos, a mesa sempre se move. Mesmo que todos se revezem tirando os dedos da superfície da mesa, ela continua a inclinar e estremecer.

A movimentação de mesas foi praticada pela primeira vez nos salões vitorianos de toda a Grã-Bretanha e o fenômeno é tão enigmático para a mente humana moderna quanto era para os viventes da época. Contudo, quanto a falar com os mortos, a movimentação de mesas é apenas a ponta do *iceberg*. Em outros tipos de sessão espírita, os vitorianos pediam aos mortos que escrevessem mensagens movimentando um copo virado de cabeça para baixo em direção a cartas com as letras do alfabeto e até mesmo que rabiscassem palavras diretamente em pedaços de papel. As investigações sobre esses fenômenos curiosos produziram insights surpreendentes sobre o poder da mente inconsciente, a natureza fundamental do livre-arbítrio e como ser um jogador de golfe melhor.

Essa história extraordinária começa com duas irmãs que conseguiram enganar o mundo.

Esperto como uma raposa

Por volta da virada do século passado, Thomas Hardy escreveu um poema no qual descreveu ter testemunhado o funeral de Deus. Seus versos expressam vividamente a tristeza experimentada pelos religiosos ao começarem a duvidar da existência de um criador divino.

Durante todo o século XIX, cada vez mais pessoas passaram a vivenciar os sentimentos dolorosos descritos por Hardy, à medida que a religião consagrada passou a sofrer sérios e contínuos ataques. O grande pensador escocês David Hume iniciou o debate ao criticar a ideia, até então sacrossanta, de que os supostos indícios de um projeto sobrenatural da natureza constituiriam prova convincente da existência de Deus. O movimento culminou na publicação das ideias de Hume em um livro irreverente intitulado *Diálogos sobre Religião Natural*, considerado tão controverso à época que foi publicado anonimamente, sem apresentar nem mesmo o nome do editor. Logo em seguida, o filósofo inglês John Stuart Mill defendeu que o público era um grupo de pessoas razoavelmente racionais, as quais, portanto, deveriam ser autorizadas a escolher suas próprias crenças religiosas, se fosse o caso, sem qualquer interferência do estado. E, então, a seguir, veio Charles Darwin com sua ideia perigosa de que os homens e os animais quadrúpedes poderiam não ser tão diferentes afinal.

A religião organizada começou a sentir a pressão. Durante séculos os padres e clérigos combateram o Demônio, mas agora estavam enfrentando um inimigo novo e muito mais perigoso — as congregações que ousavam exigir provas da existência de seu Deus. Essas pessoas mostraram ser um grupo difícil. Os vitorianos desfrutavam dos benefícios de avanços científicos sem precedentes, das máquinas a vapor às de costura, da fotografia ao petróleo, das vitrolas às ruas asfaltadas, dos toca-discos aos grampos e das jujubas ao sorvete. Repentinamente, histórias antigas sobre um homem que conseguira alimentar cinco mil pessoas com apenas cinco pães e dois peixes pequenos simplesmente passaram a não dar conta do recado. Para muitos parecia que a igreja tinha pouco a oferecer, além da fé cega e de um lugar quente para sentar aos domingos.

À medida que a religião rapidamente perdeu terreno para a racionalidade, a conclusão parecia inevitável. Na realidade, alguns autores estavam felizes ao declarar que a batalha já terminara, com a declaração talvez mais contundente vinda do filósofo alemão Friedrich Nietzsche: "Deus está morto. Deus permanece morto. E nós o matamos." Como seria de se esperar, os fiéis eram um pouco mais otimistas. Embora bem cientes de que seu criador corria perigo, esperavam que, para parafrasear Mark Twain, os relatos de sua morte fossem significativamente exagerados.

Sentindo-se cada vez mais sob ataque, os religiosos fizeram o que sempre fizeram em momentos difíceis. Abaixaram a cabeça, juntaram as mãos e rezaram pedindo um milagre. Em 31 de março de 1848, Deus apareceu para atender ao pedido.

Hydesville é um vilarejo modesto a cerca de trinta quilômetros ao leste de Rochester, em Nova York.[1] Em dezembro de 1847, John e Margaret Fox se mudaram para uma pequena casa nas margens do vilarejo com suas duas filhas, Kate, de 11 anos, e Margaretta, de 14 anos. Em poucos meses, a vida da família Fox foi perturbada por uma série de eventos estranhos. Armações de cama e cadeiras começaram a tremer, passos fantasmagóricos eram ouvidos pela casa e, de vez em quando, o chão inteiro da propriedade vibrava como o couro de um tambor gigante. Após as investigações de John e Margaret fracassarem em fornecer uma explicação para esses acontecimentos aparentemente sobrenaturais, eles foram forçados a concluir que seu novo lar era assombrado por um "espírito desassossegado e infeliz".

Em 31 de março de 1848, a família foi para a cama cedo, tentando ter uma boa noite de descanso, sem quaisquer trapaças fantasmagóricas. Infelizmente não foi o que aconteceu. Logo após terem deitado, as perturbações começaram. Em vez de simplesmente enfrentar outra noite de tremores e batidas sem fim, a jovem Kate decidiu tentar se comunicar com o espírito. Supondo de forma um tanto pessimista que o convidado indesejável poderia ser o Demônio em si, ela falou na escuridão e pediu ao "Sr. Casco Fendido", como ela decidira nomeá-lo, que imitasse suas ações. Bateu palmas três vezes. Alguns segundos mais tarde, três pancadas rápidas emanaram das paredes da casa misteriosamente. O contato fora feito. Intrigada, Margaret Fox, então, pediu nervosamente à entidade para indicar as idades de suas filhas. Onze batidas foram ouvidas para Kate. Pausa. Em seguida, 14 batidas para Margaretta. Pausa. Depois, três batidas. Três batidas? A entidade estava bem informada — Margaret tivera um terceiro filho que morrera vários anos antes, aos três anos de idade.

O bate-papo espiritual continuou noite adentro, com a família finalmente desenvolvendo o hoje notório código de "uma pancada indica sim, duas indicam não" e, em seguida, usando-o para estabelecer que a entidade era um homem de 31 anos de idade que fora assassinado na casa alguns anos antes da chegada deles e cujos restos mortais estavam agora enterrados no porão. Na noite seguinte, John Fox tentou escavar o chão do porão em busca de ossos, mas foi forçado a abandonar o trabalho quando atingiu o aquífero.

Notícias dos estranhos acontecimentos se espalharam rapidamente para as cidades vizinhas, resultando na ida de centenas de pessoas para Hydesville, na tentativa de experienciar as batidas pessoalmente. Muitos deles conseguiram se comunicar com o espírito, o que apenas serviu para alimentar ainda mais a fofoca fantasmagórica que então rapidamente se espalhava por toda Nova York. Em alguns meses, o fluxo constante de visitantes e batidas mostrou seus efeitos, com o cabelo de Margaret Fox ficando branco de preocupação e seu marido, impossibilitado de trabalhar. Finalmente eles decidiram que era melhor para todos afastar as filhas daquela casa infestada de espíritos. Kate foi enviada para a vizinha Auburn e Margaretta para Rochester. No entanto, já haviam sido plantadas sementes que mudariam o curso da história.

Os diversos espíritos invocados por Kate e Margaretta acompanharam as duas jovens, com batidas rápidas invadindo suas novas residências. Em Rochester, um amigo da família de longa data e membro fiel da seita protestante dos quacres chamado Isaac Post teve uma ideia. O código de batidas rápidas estava sendo uma forma um tanto morosa e, às vezes, confusa de extrair informações do mundo dos espíritos. Seria possível — Isaac ponderava — criar um tipo de comunicação mais preciso? Uma tarde, ele convidou Margaretta para ir à sua casa e perguntou se ela se importaria de fazer uma experiência com um novo sistema. Ele escreveu as letras do alfabeto em pedaços de papel e explicou aos espíritos que ele faria uma pergunta e, em seguida, apontaria para cada um dos pedaços de papel. Para comunicar o que quer que estivesse passando por sua mente desencarnada, eles simplesmente precisariam bater rápido quando ele apontasse para uma determinada letra. O sistema de mensagens instantâneas entre Isaac e os mortos acabou sendo um sucesso e logo resultou na primeira comunicação plenamente desenvolvida com o mundo dos mortos. Sem disposição para conversa fiada, os espíritos emitiram uma ordem firme e franca:

> Queridos amigos, vocês devem apregoar esta verdade para o mundo. Este é o alvorecer de uma nova era. Vocês não devem tentar escondê-la por ainda mais tempo. Ao cumprir suas obrigações, Deus os protegerá e os bons espíritos zelarão por vocês.

Convencido da autenticidade das mensagens, Isaac entusiasticamente abraçou a nova religião do "espiritismo" e iniciou a conversão de seus amigos quacres.

Do ponto de vista da psicologia, a criação do espiritismo foi uma ideia brilhante. Enquanto as igrejas estabelecidas haviam tentado combater a ascensão da racionalidade enfatizando a importância da fé, o espiritismo mudou a própria natureza da religião.

Em uma época obcecada pela ciência e pela tecnologia, ele não apenas oferecia comprovação de uma vida após a morte, mas, em uma noite boa, possibilitava que as pessoas aparentemente se comunicassem com seus entes queridos falecidos.[2] Outras religiões prometiam a possibilidade tentadora de vida após a morte. O espiritismo correspondia às expectativas. Essa combinação de apelo racional e emocional acabou sendo irresistível e, em apenas alguns meses, a nova religião tomava conta de toda a América.

As irmãs Fox rapidamente ganharam status de celebridades e receberam convites para demonstrar suas extraordinárias faculdades mediúnicas em espetáculos públicos e reuniões privadas. Elas conversavam com os espíritos sobre qualquer pergunta que lhes fosse feita, tendo jornalistas descrito como, em um determinado momento, elas estavam sendo consultadas sobre as mais importantes questões filosóficas e religiosas e, no instante seguinte, discutiam ações de ferrovias e casos amorosos.

Desde o primeiro instante, o espiritismo compartilhou muitos dos princípios centrais dos quacres, incluindo o apoio à abolição da escravatura, a defesa da abstinência alcóolica e dos direitos das mulheres. A nova religião também adotou a estrutura não hierárquica dos quacres. A ideia de padres poderosos e clérigos intocáveis foi descartada e, em seu lugar, entrou a noção de democracia espiritual, com os seguidores sendo motivados a se reunirem e experimentarem diferentes formas de falar com os mortos. E se reunir foi o que mais fizeram. Em salões pelos Estados Unidos e Europa, pequenos grupos de crentes no espiritismo se encontravam e tentavam fazer contato com seus mortos (ou, na realidade, com qualquer outro espírito que pudesse fazer a gentileza de se juntar a eles).

Quando ficou comprovada a dificuldade de replicar as batidas produzidas na presença das irmãs Fox, os grupos começaram a fazer experiências com formas mais confiáveis de comunicação. De longe, a técnica mais popular a emergir foi a da movimentação de mesas. Em uma sessão típica, as pessoas se sentavam em torno de uma mesa pequena, colocavam as pontas dos dedos delicadamente na sua superfície, diminuíam a intensidade das luzes, cantavam alguns hinos e começavam a convocar os espíritos. Após algum tempo, todos começavam a sentir a tampa da mesa de madeira ranger e tremer embaixo de suas mãos. Um pouco mais de cantoria de hinos e a mesa começava repentinamente a se inclinar e a se mover, como se estivesse sendo empurrada e puxada. Segundo relatos da época, em uma noite boa, a mesa parecia possuída, dançando pelo salão, subindo suavemente no colo das pessoas e, às vezes, até empurrando-as agressivamente contra a parede. A movimentação de mesas se espalhou como uma epidemia e logo centenas de milhares de pessoas passavam as noites transformando uma peça comum de mobília doméstica em um canal de comunicação com a vida após a morte.

"Eu fui o primeiro no campo e tenho o direito de revelá-lo"

Com o rápido crescimento do número de médiuns, a pressão para tentar fazer dinheiro em um mercado cada vez mais concorrido acabou finalmente por afetar Kate e Margaretta Fox. As duas gradativamente formaram um vínculo um tanto diferente com o mundo dos espíritos e, no final da década de 1880, ambas estavam bebendo muito. Em outubro de 1888, decidiram dar um basta e viajaram a Nova York para fazer um pronunciamento dramático.

Ao vender sua história para o *New York World* por um suposto pagamento de 1500 dólares, Margaretta confessou que as duas haviam forjado o caso inteiro.[3] Recém-convertida para a Igreja Católica, ela não conseguia mais suportar a culpa. Segundo ela, os estranhos barulhos inicialmente ouvidos em Hydesville eram, na prática, causados por nada mais do que uma maçã, um pedaço de barbante e uma crença ingênua na honestidade das crianças:

> Quando íamos para a cama à noite, amarrávamos uma maçã a um barbante e movimentávamos o barbante para cima e para baixo, fazendo com que a maçã batesse no chão, ou deixávamos a maçã cair no chão, fazendo um barulho estranho todas as vezes que ela caía. Mamãe ouviu isso durante algum tempo. Ela não conseguia compreender o que estava acontecendo e não suspeitava que nós poderíamos ser capazes de um truque porque éramos jovens demais.

Margaretta continuou a explicar que a técnica da "maçã no barbante" funcionava apenas no escuro e, assim, as irmãs rapidamente tramaram uma forma diferente de criar batidas à luz do dia:

As batidas rápidas são simplesmente o resultado de um controle perfeito dos músculos da perna abaixo do joelho, os quais controlam os tendões do pé e permitem ações dos dedos do pé e dos ossos do tornozelo que não são do conhecimento geral... Com o controle dos músculos do pé, os dedos do pé podem ser pressionados no chão sem qualquer movimento perceptível aos olhos. O pé todo, na realidade, pode ser usado para emitir batidas rápidas pelo uso apenas dos músculos abaixo do joelho. Essa, então, é a explicação simples para todo o método das batidas e pancadas.

Após refletir sobre o estresse que sofrera como resultado de uma vida enganando, Margaretta deu uma declaração clara sobre a natureza da nova religião que ela ajudara a criar:

> O espiritismo é uma fraude da pior descrição...
> Quero ver o dia em que ele será completamente aniquilado. Após minha irmã e eu termos exposto tudo isso, espero que o espiritismo receba um golpe mortal.

Mais tarde na mesma semana, Margaretta silenciou aqueles espíritas que duvidaram de sua confissão aparecendo diante de um auditório lotado na New York Academy of Music e demonstrando sua habilidade extraordinária de produzir batidas rápidas quando quisesse. A confissão dramática dela teve o efeito desejado? Os aproximadamente oito milhões de espíritas apenas nos Estados Unidos esbugalharam os olhos em horror e abandonaram sua fé recém-fundada? Tristemente, o único impacto real da confissão foi distanciar as irmãs de seus seguidores. A grande maioria dos espíritas estava ansiosa para se apegar à ideia consoladora de que poderiam sobreviver à morte corporal e não estava disposta a deixar duas alcóolatras balbuciantes atrapalharem o caminho da imortalidade. No entanto, embora Margaretta tivesse tentado retirar suas observações imediatamente após confessar tudo, para as irmãs Fox, pelo menos, o dano já fora feito. Progressivamente distanciadas do movimento que haviam ajudado a criar, ambas morreram na pobreza alguns anos mais tarde e foram enterradas em covas para indigentes. Nenhuma delas fez qualquer contato de lá do mundo dos espíritos.

Nesse meio tempo, o gênio escapara da garrafa. Mesas foram movimentadas por toda a América e na Grã-Bretanha. De maneira ainda mais impressionante, algumas delas estavam até começando a falar.

Entrevista com o historiador Peter Lamont
www.richardwiseman.com/paranormality/PeterLamont.html

O porta-voz do Demônio

A ideia era bastante simples. Se uma mesa pudesse ser movida pela energia espiritual, então com certeza ela poderia ser usada como forma de receber de fato uma mensagem do outro lado? Inicialmente, as pessoas começaram a fazer perguntas durante as sessões de movimento de mesa e a empregar uma variante do código das irmãs Fox para interrogar os espíritos — uma batida rápida para sim e duas para não. Quando isso mostrou ser um tanto demorado, seguiram-se os passos de Isaac Post, declamando as letras do alfabeto e pedindo aos espíritos para escreverem sua mensagem inclinando a mesa nos momentos apropriados. Relatos sugerem que essas sessões podiam ser extremamente emotivas, como mostra a descrição a seguir, de Edimburgo em 1871:

> Em determinado ponto dos procedimentos, a mesa começou a fazer movimentos ondulatórios estranhos e a emitir um acompanhamento curioso de rangidos. Logo meu amigo observou que o movimento e o som juntos o lembravam de um navio em perigo, com suas tábuas de madeira sendo torcidas por um mar revolto. Após chegar a essa conclusão, a mesa soltava umas batidas rápidas: "É David." Imediatamente uma mulher irrompeu em lágrimas e gritou desenfreadamente: "Ah, esse deve ser meu pobre e querido irmão, David, que se perdeu no mar faz algum tempo".[4]

Muitos não gostaram da ideia de mobília falante. As vozes mais críticas talvez fossem de clérigos convencidos de que o Demônio habitava mesas no país inteiro. Em 1853, o reverendo N.S. Godfrey se encarregou de provar isso obtendo informações diretamente do próprio. Ao apresentar seu trabalho no livro *Table Turning: the Devil's modern masterpiece* [Movimentar mesas: a obra-prima moderna do Demônio], Godfrey descreveu um episódio extraordinário no qual fizera com que um grupo de movimentadores de mesa conversasse com seu amigo de quatro pernas e, então, perguntasse à mesa se ela continha um espírito mau.[5] A mesa indicou que não. Percebendo que o Demônio não daria respostas diretas, Godfrey pediu que a Bíblia fosse trazida até ele. Enquanto a mesa vibrava, a Bíblia foi colocada sobre sua superfície e, no momento em que o contato foi feito com o tampo, a vibração repentinamente cessou. Godfrey considerou isso um sinal de que a mesa talvez estivesse possuída. Seria bom pensar que, após aproximadamente uma hora de interrogatório, o móvel finalmente sucumbira e admitira tudo. No entanto, não sendo chegado a tirar conclusões precipitadas, Godfrey pediu a dois de seus colegas eclesiásticos — o reverendo Gillson e o reverendo Dibdin — para repetirem a experiência dele com mesas diferentes. Quando obtiveram o mesmo resultado, Godfrey foi a público, denunciou o fenômeno como o porta-voz do Demônio e advertiu as pessoas que se distanciassem da potencial ameaça de madeira que espreitava em suas salas de visitas e de jantar.

O procedimento bastante cansativo de ter que listar o alfabeto e esperar por uma resposta acabou por provocar a morte das mesas falantes. Em lugar de evaporar no éter metafórico, o espiritismo fez o que sempre fizera. Dobrou-se às forças do mercado e rapidamente desenvolveu um novo e aperfeiçoado procedimento para falar com os mortos. Para acelerar as sessões, as pessoas escreviam as letras do alfabeto em pequenos pedaços de papel e os arrumavam em um círculo sobre uma mesa. Em seguida, colocavam as pontas dos dedos sobre um copo virado de cabeça para baixo e questionavam os espíritos. Uma força invisível empurrava então o copo de uma letra para a outra enquanto os espíritos soletravam suas respostas. Esse novo método de comunicação se espalhou como um fogo na floresta, resultando rapidamente em diversos fabricantes produzindo versões comerciais do sistema conhecido como tabuleiros Ouija (provavelmente derivada das palavras francesa e alemã para "sim"). Por uma quantia relativamente pequena de dinheiro, as pessoas poderiam trocar seus pedaços de papel e o copo virado de cabeça para baixo por um quadro profissionalmente elaborado e por uma pequena plataforma de madeira sobre rodas (chamada "planchette"). Desde sua introdução em 1891, o tabuleiro espírita provou ser um sucesso instantâneo e logo se tornou um componente importante do entretenimento nas salas de visitas por toda a Europa e os Estados Unidos.

Contudo, à medida que o público começou a procurar formas mais rápidas de conversar com os mortos, a necessidade por velocidade superou até mesmo o tabuleiro espírita. A perna dianteira da *planchette* acabou sendo substituída por um lápis, e um pedaço de papel tomou o lugar do tabuleiro Ouija. As pessoas colocavam novamente suas mãos sobre a *planchette*, mas, dessa vez, qualquer movimento resultava no lápis escrevendo diretamente sobre o papel. Repentinamente, os espíritos se tornaram capazes de ditar mensagens para o aqui e o agora. Após experiências adicionais, foi descoberto que até mesmo esse sistema era um fardo desnecessário e que um pequeno número de pessoas poderia simplesmente segurar uma caneta ou um lápis, abrir seus corações para o mundo dos espíritos e receber mensagens diretamente dos mortos. Esse pequeno grupo de comunicadores alegava que não estava controlando conscientemente suas mãos, tendo diversos escritores usado esse novo sistema para fazer a assim chamada "escrita automática", supostamente canalizando textos religiosos, poemas e prosa do mundo espiritual.

Na década de 1920, o mundo progredira e a crença no espiritismo caiu em declínio. O advento do rádio e do cinema significava que as pessoas não mais sentiam a necessidade de passar as noites esperando por uma mensagem de entes queridos falecidos. Esse declínio continuou durante todo o século XX e, atualmente, o pequeno número de templos espíritas ainda em operação são geralmente administradas por um punhado de idosos que parecem estar a apenas algumas horas de descobrir a realidade sobre a vida após a morte.

Durante o auge do espiritismo, centenas de pessoas alegavam ter contato com os mortos por meio da movimentação de mesas, dos tabuleiros Ouija e da escrita automática. Esses testemunhos representavam comprovações convincentes da vida após a morte ou havia uma explicação científica para as supostas intervenções dos espíritos? Um pequeno número de cientistas vitorianos estava ansioso por examinar o curioso fenômeno e descobrir o que de fato estava acontecendo. Talvez a investigação mais interessante tenha sido conduzida por um homem que é atualmente bastante reconhecido como um dos melhores cientistas do mundo.

Entra Michael Faraday, campeão do invisível.

Um dia, o senhor poderá cobrar imposto por isso

Nascido no sul de Londres, em 1791, em uma família de posses modestas, Michael Faraday sempre foi fascinado por tudo que dissesse respeito à ciência. Seu zelo e curiosidade logo chamaram a atenção do importante cientista Humphry Davy, que lhe ofereceu uma posição na prestigiosa Royal Institution de Londres quando ele tinha apenas 21 anos.

Faraday trabalhou na Institution por toda a vida, investigando uma gama ampla e eclética de tópicos. Inventou o mundialmente famoso bico de Bunsen; descobriu que a poeira de carvão era a maior causa das explosões em minas; aconselhou a National Gallery sobre como limpar sua coleção de obras de arte da melhor maneira possível; e deu uma série de palestras públicas populares sobre a ciência da queima das velas ("Não existe nenhuma porta mais aberta pela qual você possa iniciar o estudo da filosofia natural do que considerar os fenômenos físicos de uma vela").

Ele talvez seja mais conhecido por suas investigações inovadoras sobre o relacionamento entre as forças invisíveis e misteriosas da eletricidade e do magnetismo. Após passar horas no laboratório lidando com diversos aparelhos, sua descoberta ocorreu quando torceu um pedaço de arame e fez um laço, moveu um ímã até o centro dele e descobriu que o movimento do ímã induzia uma corrente elétrica no arame. Essa demonstração simples revelou um vínculo fundamental entre a eletricidade e o magnetismo e abriu o caminho para a teoria eletromagnética moderna. Albert Einstein ficou tão impressionado com o trabalho que manteve uma fotografia de Faraday na parede de seu escritório como fonte de inspiração. Sempre prático, ele começou imediatamente a explorar possíveis aplicações para sua descoberta, finalmente criando um precursor de um gerador de energia moderno. Ao saber desse invento, William Gladstone, o ministro das finanças britânico, questionou Faraday sobre o valor prático da eletricidade. Ele imortalizou, com a resposta, as seguintes palavras, "Um dia o senhor poderá cobrar imposto por isso."

Faraday também levava sua religião a sério, servindo como um pregador leigo em um ramo obscuro da Igreja Presbiteriana Escocesa conhecida como os sandemanianistas. Sua associação à igreja fez com que recusasse a presidência da Royal Society e um título de nobreza, sob a alegação de que não acreditava que Jesus aceitaria tais honras. Ele também recusou o pedido do governo para desenvolver gases venenosos durante a Guerra da Crimeia com base em princípios éticos e não fazia seguro por acreditar que isso refletiria falta de fé. Suas crenças religiosas podem também ter desempenhado um papel importante na descoberta do eletromagnetismo. Acreditando que um Deus era responsável pelo mundo, Faraday se convenceu de que toda a natureza estava interconectada, inclusive as forças aparentemente distintas da eletricidade e do magnetismo.[6]

Dada sua perícia em fazer uso de forças invisíveis e seu interesse por questões espirituais, não surpreende que ele tenha se interessado pela movimentação de mesas. Em 1852, reuniu um grupo de movimentadores de mesa confiáveis e bem sucedidos e executou um astucioso plano de três etapas que ainda permanece como um exemplo clássico de como investigar o impossível.[7]

Na primeira etapa de sua investigação, colou um conjunto bizarro de itens — incluindo lixa, vidro, argila úmida, folha metálica, cola, papelão, borracha e madeira — e o fixou ao tampo de uma mesa. Em seguida, pediu aos participantes que colocassem as mãos sobre o material e invocassem os espíritos. O grupo não teve qualquer problema em movimentar a mesa, o que significava que os objetos usados não inibiam o trabalho dos espíritos. Assim, a experiência deu a Faraday carta branca para empregar o conjunto de itens durante a segunda etapa da investigação.

Voltando para seu laboratório, começou a construir diversos conjuntos de materiais estranhos. Cada um consistia de cinco pedaços de papelão do tamanho de um cartão postal, intercalados com pequenas pelotas de cola especialmente formulada que eram "fortes o suficiente para manter os cartões em qualquer posição nova que eles pudessem adquirir e, no entanto, fraca o suficiente para ceder lentamente ao serem sujeitas a uma força contínua". O investigador posicionou cuidadosamente os conjuntos em torno da mesa, fixando firmemente a camada inferior de cada um ao tampo e desenhando a lápis uma linha fina ao longo das bordas das camadas de papelão. Findas as preparações, a experiência começou. A cada um de seus participantes foi pedido que colocasse as mãos sobre a superfície de um dos conjuntos e, em seguida, fizesse com que os espíritos movimentassem a mesa para a esquerda. Após alguns instantes, a mesa começou a se mexer. Ao simplesmente olhar para os conjuntos que preparara, Faraday foi capaz de encontrar a resposta para o enigma da movimentação de mesas.

Foi de uma simplicidade brilhante. Ele concluíra que, se uma força misteriosa estivesse verdadeiramente agindo sobre a mesa, então ela se movimentaria *antes* das mãos dos participantes. Isso faria as camadas mais baixas de cada conjunto deslizarem sob as camadas superiores, fazendo com que a linha desenhada de lápis, deslocada, inclinasse da esquerda para a direita. Por outro lado, se as mãos dos participantes fossem responsáveis pela movimentação, então as camadas superiores de cada conjunto se movimentariam antes das camadas inferiores, criando linhas inclinadas da direita para a esquerda. Quando Faraday examinou as linhas de lápis, a resposta foi óbvia. Todas as linhas se inclinavam da direita para a esquerda, provando que as mãos dos participantes se movimentaram antes da mesa.

Parecia que os participantes estavam imaginando a mesa se movendo e, sem percebê-lo, produzindo os pequenos movimentos de mãos e dedos necessários para tornar seus pensamentos uma realidade. Por esses movimentos serem totalmente inconscientes, os deslocamentos os surpreendiam e, então, eram atribuídos à ação dos espíritos.

Embora convencido de que havia resolvido o mistério da movimentação de mesas, Faraday percebeu que os espíritas poderiam argumentar que, embora os movimentos inconscientes das pessoas em torno da mesa fossem responsáveis por parte do fenômeno, os espíritos desempenhavam um papel pequeno, porém ainda muito importante, nos deslocamentos. A única forma de testar essa ideia seria eliminar o movimento das mãos e ver se a mesa ainda assim se movimentaria. Evidentemente, Faraday não poderia simplesmente solicitar aos participantes que parassem de empurrar a mesa porque, para começar, eles não tinham ideia de que a estavam movimentando. Uma nova experiência era necessária.

Ele voltou ao laboratório e criou uma segunda série de conjuntos engenhosos. Preparou dois tabuleiros do tamanho de um cartão postal, separados por quatro bastões de vidro dispostos em posição horizontal, que permitiam que o tabuleiro superior corresse livremente. Esse sanduíche de "tabuleiro — bastões de vidro — tabuleiro" foi unido com dois elásticos grandes. Ele amarrou a base de cada conjunto à superfície da mesa e, em seguida, empurrou pequenos pregos metálicos nas laterais dos tabuleiros superiores e inferiores. Finalmente, um talo de feno com quarenta centímetros de comprimento foi afixado verticalmente a cada um dos conjuntos, com um prego no tabuleiro inferior e outro no superior.

Havia método na loucura. O projeto significava que o talo funcionava com uma alavanca, com o prego superior agindo como um ponto de apoio. Qualquer movimento lateral do tabuleiro superior, por menor que fosse, provocaria um movimento grande e claro do talo. Os conjuntos de materiais agiam como uma forma simples, porém extremamente eficiente, de amplificar os menores movimentos de mão dos participantes e, portanto, ao solicitar-lhes que mantivessem o talo na posição vertical, ele poderia assegurar que suas mãos estavam paradas.

Novamente, Faraday reuniu os membros de seu grupo e lhes pediu que colocassem os dedos no tabuleiro superior e tentassem fazer com que os espíritos movessem a mesa, mas que se assegurassem de que o talo permanecesse na posição vertical durante o tempo todo. Por mais que tentasse, o grupo simplesmente não conseguiu movimentar a mesa. Faraday concluiu corretamente que seus movimentos inconscientes eram totalmente responsáveis pelo fenômeno e que qualquer consideração da energia dos espíritos era supérflua.

Suas conclusões, publicadas na revista *Athenaeum* em 1853, enfrentaram uma reação furiosa dos espíritas, tendo alegado serem capazes de produzir movimentos sem sequer tocar a mesa. No entanto, eles mostraram uma relutância estranha em se deslocar até o laboratório de Faraday e demonstrar suas habilidades em condições controladas.

COMO FALAR COM OS MORTOS: PARTE UM

Administrar uma sessão de movimentação de mesa bem-sucedida é uma lição em psicologia aplicada. Para garantir o sucesso, tente o seguinte procedimento em dez passos.

1. Escolha a mesa certa. Procure algo com um tampo cujas bordas meçam aproximadamente $0,1m^2$ e que tenha cerca de sessenta centímetros de altura. Não importa muito se esse tampo for redondo ou quadrado ou que tenha uma perna em cada canto ou uma única em forma de pedestal. O que realmente importa é que ela se incline facilmente. Teste a mesa colocando as pontas dos dedos na beira do tampo e deliberadamente tente incliná-la. Se for difícil de mexer, procure outra.

2. Convide um grupo com quatro a oito integrantes para sua casa. Não importa muito se eles acreditam na vida após a morte, são agnósticos ou completamente céticos. O mais importante é que estejam dispostos a se divertir juntos.

3. Arrume algumas cadeiras em um círculo ao redor da mesa. Esses assentos precisam ser confortáveis e as pessoas, estimuladas a se sentarem inclinadas para frente e não encostadas para trás.

4. Peça a todos no grupo que se sentem e coloquem as mãos em torno do tampo da mesa. Suas mãos não precisam tocar as mãos dos seus vizinhos, e todos devem repousar as pontas dos dedos o mais levemente possível sobre a mesa.

5. Diminua a iluminação, coloque música para tocar e tente proporcionar uma atmosfera alegre. Peça ao grupo que evite empurrar a mesa deliberadamente e, em vez disso, foque em manter as mãos o mais imóveis possível. Tente fazê-los se envolver em uma conversa e contar piadas no lugar de pensar em provocar algum tipo de movimento.

6. Em uma noite boa você ouvirá a mesa ranger após cerca de quarenta minutos. Esse é um sinal inicial de que o efeito está começando a surgir.

7. Após aproximadamente dez minutos, você deverá notar os primeiros movimentos. Se a mesa não conseguir se mover porque está sobre um carpete grosso, ela então se inclinará violentamente e, às vezes, se equilibrará em um ou mais pés. O grupo deverá sempre tentar manter as pontas dos dedos em contato com a mesa, mas sem impedir qualquer movimento. Se ela conseguir deslizar, poderá até se mover ao redor da sala. Novamente o grupo deverá manter contato com a mesa e, caso necessário, levantar de seus assentos e segui-la.

8. Não tente analisar o efeito ou entender como ele funciona. Simplesmente divirta-se com o que está acontecendo. Faça as pessoas retirarem e colocarem as mãos para descobrir se uma delas é responsável pelo efeito. Sinta-se à vontade para fazer perguntas para a mesa e sugerir que ela responda inclinando-se ou movendo-se em uma determinada direção. Evite possíveis lágrimas não sugerindo que você contatou o espírito de alguém que era conhecido de algum integrante do grupo. Em vez disso, contate um personagem famoso ou até ficcional.

9. Se você não obtiver qualquer rangido ou movimento após cerca de quarenta minutos, peça a alguém para tentar fazer com que a mesa se mova em uma determinada direção. Poderá também ser útil fazer o grupo tentar respirar em conjunto por cerca de um minuto. Se você ainda assim não obtiver qualquer movimento, disfarçadamente empurre a mesa. Esse recurso muitas vezes ajuda a iniciar movimentos inconscientes genuínos.

10. Ao final da sessão, agradeça ao grupo por ter participado e diga-lhes que as pesquisas mostraram que é bastante provável que os espíritos os sigam até a casa deles e frequentem seus sonhos pelo resto da vida.

Joseph Jastrow e seu incrível automatógrafo

Faraday mostrara que pequenos movimentos inconscientes eram responsáveis pela virada da mesa. Inspirados por suas descobertas, outros pesquisadores exploraram se os mesmos tipos de movimentos também poderiam ser responsáveis pelo comportamento curioso associado aos tabuleiros Ouija.

Em meu livro anterior, *Esquisiotologia*, descrevi a obra de um de meus heróis acadêmicos, um psicólogo americano da virada do século chamado Joseph Jastrow. Jastrow realizou muitas investigações notáveis durante sua carreira, inclusive trabalhos sobre a percepção subliminar, os sonhos dos cegos, a hipnose e a psicologia da mágica. No entanto, tinha uma fascinação especial pelo sobrenatural e, na década de 1890, conduziu uma série de experiências inovadoras com tabuleiros Ouija usando um aparato bastante estranho denominado "automatógrafo".[8]

A principal parte do automatógrafo de Jastrow consistia em duas chapas de vidro, cada uma com lados que mediam cerca de trinta centímetros, separadas por três "bolas de latão bem torneadas". A chapa inferior ficava amarrada à mesa enquanto a chapa superior estava livre para se mover. Os participantes colocavam as mãos sobre a chapa superior, onde até o mais leve dos movimentos da mão fazia com que o prato rolasse sobre as bolas. Uma caneta era afixada à chapa superior para registrar qualquer movimento. Um pedaço de papel, escurecido com fuligem de lâmpada, era colocado sob a caneta, de forma que qualquer movimento da caneta seria registrado. O papel, então, "se tornava permanente ao ser banhado em goma-laca e álcool." Da mesma forma que Faraday, Jastrow construíra um sistema capaz de registrar o menor dos movimentos.

Em uma longa série de experiências, Jastrow escondeu dos participantes a caneta e o papel de registro e, em seguida, pediu-lhes que imaginassem três coisas — fazer determinados movimentos; olhar para objetos diferentes em torno da sala; ou visualizar uma parte específica do cômodo. Embora os participantes não percebessem, apenas pensar sobre determinada direção ou localização era o suficiente para produzir um movimento apropriado na *planchette* de vidro de Jastrow. Exatamente como Faraday havia descoberto o mistério da movimentação de mesas, Jastrow revelara que o mesmo processo seria responsável pelos movimentos do tabuleiro Ouija. As pessoas que usavam tais tabuleiros não estavam falando com os mortos e se comunicando com o Demônio. Elas estavam conversando entre si.

Pesquisas subsequentes revelaram que esses movimentos estranhos, conhecidos como ações "ideomotoras", não estão limitados à movimentação de mesas e aos tabuleiros Ouija. Na década de 1930, por exemplo, o físico americano Edmund Jacobson desejava descobrir qual a melhor forma de fazer as pessoas relaxarem.[9] Ele pediu a voluntários para pensarem sobre diversos assuntos enquanto sensores sofisticados monitoravam a atividade elétrica em seus músculos. Quando Jacobson pediu aos participantes para imaginarem levantar os braços, os sensores revelaram atividades pequenas, porém reais, em seus bíceps. Pensamentos sobre o levantamento de pesos pesados produziam uma atividade muscular ainda maior. Quando solicitados a se imaginarem pulando alto no ar, os músculos das pernas dos participantes repentinamente mostraram sinais de resposta. O fenômeno não estava limitado apenas ao corpo. Quando os participantes imaginaram a torre Eiffel, seus olhos se movimentaram para cima e quando solicitados a lembrar de um poema, suas línguas se moveram. Exatamente como os movimentadores de mesa de Faraday setenta anos antes, os participantes de Jacobson não tinham ideia de que estavam fazendo esses pequenos movimentos.

Trabalhos mais recentes mostram que essas ações inconscientes ocorrem regularmente.[10] Se você pensa em virar a página de um livro, os músculos de seus dedos começam a mover na direção da borda do livro. Você quer saber as horas, sua cabeça começa a olhar para o relógio. Você pensa em fazer uma xícara de chá e suas pernas entram em ação. Embora haja alguma controvérsia com relação ao motivo da existência dessas ações ideomotoras, a maioria dos pesquisadores acredita que elas aconteçam devido à preparação do corpo em antecipação a um comportamento. Até mesmo um mero pensamento é suficiente para fazer o corpo colocar o pé suavemente no acelerador e se mover para ficar melhor preparado para a reação quando o momento chegar.

O estudo científico da movimentação de mesas e dos tabuleiros Ouija não só forneceu uma solução para esses fenômenos curiosos, mas também resultou na descoberta de uma nova força da movimentação inconsciente. Por mais de cem anos após as experiências clássicas de Faraday e Jastrow, pesquisadores acreditaram que o fenômeno de falar com os mortos poderia ser explicado completamente por tais meios. Caso encerrado. Mistério resolvido. No entanto, sem o conhecimento deles, havia um segundo segredo ainda mais intrigante no movimento das mesas e nas cartas com o alfabeto.

COMO FALAR COM OS MORTOS: PARTE DOIS

O procedimento para uma sessão de tabuleiro Ouija é de certa forma semelhante à movimentação de mesas, mas tem a vantagem adicional de ser capaz de incorporar um teste para descobrir se os movimentos fantasmagóricos são o resultado da comunicação dos espíritos ou de ação ideomotora.

1. Escolha o tipo certo de mesa. Dessa vez, é necessário que ela tenha um tampo maior (cerca de $0,2m^2$), de altura normal, mas muito mais robusta do que na experiência anterior. Teste a mesa tentando incliná-la deliberadamente. Se for fácil fazê-la se mexer, procure outra.
2. Escreva as letras do alfabeto em pedaços separados de papel e coloque-as em um círculo à beira da mesa. Escreva a palavra "Sim" e "Não" em outros dois pedaços de papel. Coloque-os dentro do círculo das letras.
3. Procure um copo resistente, vire-o de cabeça para baixo e disponha-o no centro do círculo de letras.
4. Peça a todos que se sentem em volta da mesa e que apoiem levemente o primeiro dedo de sua mão direita sobre a base do copo.
5. Mais uma vez, diminua a intensidade das luzes e promova uma atmosfera alegre. Peça a todos que evitem empurrar o copo deliberadamente, mantendo os dedos o mais estáticos possível. Tente fazê-los conversar e contar piadas.
6. Peça ao grupo para tentar contatar um espírito. Mais uma vez, evite sugerir algum conhecido e, em seu lugar, tente contatar um personagem famoso ou ficcional. Quando o copo começar a mostrar sinais de movimento, peça ao espírito para dizer seu nome, movimentando o copo na direção das letras viradas para cima.
7. Uma vez que você tenha estabelecido contato e descoberto com quem está falando, sugira fazer um teste. Recolha as letras do alfabeto, embaralhe os pedaços de papel e, em

seguida, coloque-os *virados com as letras para baixo* em um círculo sobre a mesa.

8. Mais uma vez, faça com que o grupo peça ao espírito para dizer seu nome. Quando o copo tocar um pedaço de papel, vire-o com a letra para cima. Se os deslocamentos do vidro ocorrerem em decorrência de movimentos inconscientes, as letras selecionadas não terão qualquer significado, uma vez que o grupo não sabe mais, de antemão, para onde o copo deveria se direcionar.

9. Se quaisquer dos crentes do grupo reclamar que talvez a mensagem não faça sentido apenas porque os espíritos também não conseguem ver as letras, vire-as para cima e coloque vendas nos olhos do grupo. Mais uma vez, a mensagem não deverá ter qualquer significado.

10. Se os participantes realmente conseguirem soletrar um nome enquanto as letras estiverem para baixo ou eles estiverem vendados, saia de casa imediatamente e contate sua igreja local para obter ajuda.

Sobre tentar não pensar em ursos brancos

Muitos praticantes experientes de movimentação de mesa e tabuleiros Ouija rejeitaram a ideia da ação ideomotora, alegando que as mensagens dos mortos continuavam a fluir sem interrupção, até mesmo quando fizeram um esforço especial para manter os dedos completamente parados. Na realidade, muitos relataram que obtiveram resultados até mais espetaculares nessas condições. Por anos, cientistas atribuíram esses relatos à imaginação demasiadamente ativa e ao desejo de acreditar, mas, na década de 1990, Dan Wegner, um psicólogo de Harvard, decidiu analisar melhor essas alegações.

Wegner é fascinado por ursos brancos. Ou, para ser mais preciso, por pedir às pessoas que não pensem neles. Ele conduziu uma série de estudos bem conhecidos durante a qual solicitava aos participantes que *não* imaginassem um urso branco e que tocassem uma campainha todas as vezes em que um urso indesejado surgisse em sua mente.[11] O resultado revelou que as pessoas tinham uma dificuldade imensa para manter a mente livre dos ursos, frequentemente tocando a campainha com intervalos de poucos segundos. Ele descobrira um fenômeno curioso conhecido como "efeito rebote", segundo o qual tentar não pensar em algo faz com que as pessoas foquem exatamente nos tópicos proibidos. Em circunstâncias normais, as pessoas têm uma grande capacidade para se distrair e expulsar pensamentos indesejados de suas mentes. No entanto, peça-lhes explicitamente que não pensem em um tópico e elas constantemente pensam: "Espera aí, estou pensado naquilo em que supostamente não devo pensar?" e, assim, são lembradas repetidamente do próprio assunto que estão tentando esquecer. O efeito rebote opera em muitos contextos diferentes. Peça às pessoas para reprimirem ativamente eventos tristes em sua vida e elas não conseguirão tirar tais pensamentos da cabeça. Peça-lhes para desprezar pensamentos estressantes e elas acabam ficando muito ansiosas. Solicite a insones que esqueçam o que os mantém acordados e eles terão ainda mais problemas do que o normal para dormir.[12]

Wegner ponderava se o mesmo fenômeno poderia também explicar por que as pessoas aparentemente obtinham mensagens de mesas que se movimentavam e de tabuleiros Ouija, apesar de manterem os dedos parados o máximo possível. O efeito rebote poderia ser aplicado também ao movimento? Poderia ser que as pessoas que estão tentando ao máximo não fazer um determinado movimento sejam, na prática, mais propensas a fazerem o movimento indesejado?

O pesquisador decidiu realizar uma experiência usando outro exemplo clássico de ação ideomotora — o pêndulo. Durante séculos, as pessoas amarraram pequenos pesos a pedaços de barbante e usaram movimentos da esquerda para a direita ou giratórios do pêndulo para tentar determinar o sexo de bebês ainda em gestação, prever o futuro e se comunicar com os espíritos. Ao convidar um grupo de participantes para um experimento em seu laboratório, um a um, Wegner posicionou uma câmara de vídeo apontada na direção do teto e pediu a cada pessoa que segurasse um pêndulo acima dela. Ele solicitou à metade dos selecionados que fizessem um esforço especial para não mover o pêndulo em uma determinada direção e, aos outros, que mantivessem-no o mais imóvel possível.[13]

As filmagens da câmera permitiram que Wegner medisse cuidadosamente a quantidade de movimento do pêndulo. Da mesma forma que ser solicitado a não pensar em um urso branco resultou em inúmeros ursos, assim também o pedido de não mover o pêndulo produziu um aumento dos movimentos. Esses movimentos inconscientes foram ainda mais dramáticos quando Wegner ocupou a mente dos participantes, pedindo-lhes para lembrar um número de seis dígitos ou para fazer contagem regressiva, a partir de mil, de três em três. Essas descobertas adicionais ajudam a explicar outro aspecto curioso da movimentação de mesas e dos tabuleiros Ouija. As crenças espíritas afirmam existir uma probabilidade maior de que os mortos se manifestem se as pessoas reunidas cantarem hinos, conversarem ou até contarem piadas. Todos esses procedimentos ocuparão suas mentes e, então, é muito mais provável que as também as estimulem a fazerem movimentos inconscientes.

A obra de Wegner mostrou que o efeito rebote torna a movimentação de mesas e de tabuleiros Ouija muito enganadora. Ao tentar segurar as mãos o mais imóveis possível e ao se distraírem do que estavam fazendo, as pessoas criavam as condições perfeitas para um incremento da ação ideomotora e, assim, tornavam-se bastante propensas a obter efeitos surpreendentes.

Posteriormente outros trabalhos mostraram que esse efeito rebote baseado em comportamento ocorre em muitas situações diferentes fora das salas de sessões espíritas. Em outro estudo, Wegner pediu a jogadores de golfe que tentassem dar uma tacada leve, de forma a colocar a bola sobre um determinado ponto e, assim, descobriu que, quando pedia aos participantes para não usarem força em demasia, eles tinham uma probabilidade maior de bater na bola com força excessiva. Experiências de acompanhamento dos movimentos oculares revelaram que dizer a jogadores de futebol para não bater um pênalti em direção a uma determinada parte do gol provocava neles uma incapacidade de desviar a visão da área proibida.[14] Atletas já observaram o mesmo efeito na vida real. O ex-jogador de beisebol Rick Ankiel, por exemplo, às vezes fazia arremessos equivocados quando tentava evitá-los (Ankiel denominou esse fenômeno "a Criatura").[15] O efeito rebote pode afetar aqueles que tentam mudar comportamentos indesejados em geral. Há experiências que demonstram que os fumantes que tentam reprimir pensamentos de acender um cigarro e as pessoas em dieta que tentam não pensar em comidas gordurosas encontram dificuldades maiores para abandonar o hábito ou comer saudavelmente.

Estimulado por suas investigações com o pêndulo, Wegner dirigiu sua atenção para o fenômeno espírita mais misterioso de todos — a escrita automática. Seu trabalho forneceu uma solução para um dos problemas mais complicados de todos os tempos, do ponto de vista filosófico.

Mark Twain e a Grande Ilusão

Talvez a praticante da escrita automática mais prolífica e impressionante de todas tenha sido Pearl Curran.[16] Nascida em 1883, em St. Louis, ela viveu os primeiros trinta anos da vida de forma monótona, envolvendo o abandono da escola secundária, a experiência de passar por diversos empregos, o casamento e o ensino de música. Então, em 8 de julho de 1913, tudo mudou. Enquanto usava um tabuleiro Ouija para conversar com os mortos, um espírito surpreendentemente forte e dominante surgiu. A entidade explicou que seu nome era Patience Worth e que nascera no século XVII em Dorset, Inglaterra, mas mais tarde na vida pegara um navio para a América, onde acabara sendo assassinada pelos "índios". Experimentando a escrita automática, Curran descobriu que poderia facilmente canalizar a Srta. Worth. Na realidade, houve uma proliferação de comunicações nos 25 anos seguintes, com Patience por fim "ditando" mais de cinco mil poemas, uma peça e vários romances. A qualidade do trabalho era tão impressionante quanto a quantidade. Ao publicar um artigo sobre um romance de Worth a respeito dos últimos dias de Jesus, um crítico do *New York Globe* o comparou favoravelmente a *Ben Hur,* enquanto outro acreditou que essa era "a melhor história de Cristo escrita desde os Evangelhos".

Infelizmente para o espiritismo, os escritos de Curran não forneceram comprovações convincentes da vida após a morte. Por mais que se esforçassem, os pesquisadores não conseguiram encontrar nenhuma prova de que Patience Worth de fato existira e as análises linguísticas dos textos revelaram que a linguagem não era consistente com outras obras daquela época. O argumento a favor da autenticidade não foi ajudado pelo fato de Patience ter escrito um romance passado na época vitoriana, cerca de duzentos anos após a própria morte. Por fim, até mesmo o crente mais fervoroso foi forçado a concluir que era mais provável que as efusões extraordinárias de Pearl Curran tivessem uma explicação natural, não sobrenatural.

Indícios adicionais contrários à hipótese do espírito vieram daqueles que alegavam ser capazes de canalizar autores famosos. Existe o caso bastante bizarro de Emily Grant Hutchings, uma amiga íntima de Curran, que afirmou fazer contato com o espírito de Mark Twain (pense em "trem da alegria"). Em 1917, ela produziu *Jap Herron*, um romance que Hutchings alegou ter sido ditado para ela pelo próprio autor renomado. Os críticos ficaram profundamente impressionados, tendo um deles observado:

> Se isso é o melhor que Mark Twain consegue fazer ao transpor a barreira, todos seus admiradores esperarão que ele de agora em diante respeite esse limite.

A editora Harper and Brothers, que detinha os direitos sobre as obras produzidas por Mark Twain quando vivo, entrou na justiça, alegando que a péssima qualidade do livro prejudicava suas vendas. Como parte das provas apresentadas, a Harper and Brothers observou que Twain era extremamente cético com relação à vida após a morte e, portanto, parecia ser um candidato bastante improvável para o cargo de autor espírita. Os meios de comunicação fizeram um grande estardalhaço, observando que o Supremo Tribunal logo teria de decidir sobre a questão da imortalidade. Infelizmente o caso nunca foi levado ao tribunal, tendo Hutchings e seu editor concordado em retirar o livro do mercado antes do julgamento.

Partindo da premissa de que os mortos não têm envolvimento na escrita automática, o que podemos concluir desse curioso fenômeno? Até meados da década de 1990, de longe a explicação mais popular envolvia alguma forma de dissociação psicológica. Segundo esse argumento, é possível que a consciência de algumas pessoas se divida em duas partes, com cada uma das identidades desconhecendo a existência da outra, apesar de habitarem o mesmo cérebro. É uma ideia estranha, mas recebeu bastante apoio, em parte porque na época era a única explicação disponível. Repentinamente, o mundo inteiro e seus cachorros foram vistos possuindo múltiplas personalidades e não demorou muito para que a ideia atingisse o mundo da psiquiatria, com clínicos estimulando os pacientes a experimentarem a escrita automática como uma forma de acessar problemas profundamente enterrados em seus "subconscientes".

No entanto, após estudar diversos casos desse estranho fenômeno, foi novamente Dan Wegner quem postulou uma forma nova e radical de explicar a escrita automática. Diferente das explicações anteriores, sua ideia não envolvia a existência de identidades múltiplas presas no mesmo crânio. Além disso, se ele estiver correto, seu trabalho ajuda a resolver uma das questões mais ardentemente debatidas na história da ciência.

Superficialmente, a existência do livre-arbítrio não parece muito controversa. Você toma uma decisão para mexer o pulso e ele se mexe. Você decide levantar a perna e para cima ela vai. Até aí tudo bem, mas e daí? Esse cenário aparentemente simples tem profundidades ocultas.

A maioria dos cientistas acredita que toda a vida mental consciente é o resultado direto de atividades no cérebro. Por exemplo, neste exato momento, você está lendo as palavras nesta página. A luz entra por seus olhos e coloca em funcionamento células no fundo de sua retina. Estas, por sua vez, enviam sinais para o córtex visual, dentro do cérebro, que faz o trabalho de reconhecimento das letras e palavras e, em seguida, envia a informação necessária às partes do órgão que são capazes de extrair sentido das frases. O processo pode ser extremamente complexo e difícil de entender, mas fundamentalmente tudo acontece nos olhos e no cérebro.

Porém, quando tomamos decisões tempestivas, o modelo não parece muito correto. Vou pedir a você que tome uma decisão.

Você pode continuar a ler este parágrafo ou fazer uma xícara de chá. Seja qual for a sua escolha, minha hipótese é de que não pareceu como se seu cérebro estivesse em funcionamento. Você não sentiu repentinamente um aumento súbito de sangue na parte posterior do cérebro, seguido por um esguicho curto e violento em seu hemisfério esquerdo. Ao contrário, parece que foi "você", e não uma série de impulsos elétricos naquele bolo de carne entre suas orelhas, que tomou a decisão.

A solução perfeita e inteligente de Wegner para esse mistério envolve pressupor que o sentido de "você" como tomador de decisões é, na verdade, uma grande ilusão criada por seu corpo.[17] Segundo ele, o cérebro toma todas as decisões em sua vida, incluindo, por exemplo, se você deveria ficar em pé, dizer algo ou acenar com os braços. No entanto, uma fração de segundo depois de tomar cada decisão, o cérebro faz duas coisas. Primeiro, envia um sinal para outra parte do órgão, que cria a experiência consciente de tomar a decisão e, segundo, retarda o sinal que vai para suas pernas, sua boca ou seus braços. Como resultado, "você" sente o sinal de "Acabei de tomar essa decisão"; observa a si mesmo agindo de forma consistente com esse sinal; e incorretamente conclui que "você" está no comando. Em resumo, você é o fantasma na máquina.

A ILUSÃO DA ASSISTÊNCIA

Muitos anos atrás, eu realizava mágica nas ruas de Covent Garden, em Londres. Meu show envolvia selecionar um homem da plateia e colocar um manto ao redor de seu corpo dele. Em seguida, eu me posicionava atrás do indivíduo, fazia com que colocasse as mãos atrás das costas e enfiava minhas duas mãos pelas aberturas na frente do manto. Para a plateia, parecia que as mãos do homem saltavam pela frente do manto. Na realidade, a plateia via minhas mãos, não as dele, e, então, eu podia realizar truques e fazer o homem parecer um mágico experiente.

O psicólogo Daniel Wegner usou exatamente o mesmo tipo de montagem no intuito de ilustrar outro aspecto curioso do livre-arbítrio. Para realizar sua demonstração, você vai precisar de um espelho e um amigo. Fique em pé na frente do espelho e faça com que seu amigo se posicione atrás de você. Em seguida, coloque as mãos atrás das costas e peça ao seu amigo para enfiar os braços por baixo dos seus. Agora, olhe no espelho. Se tudo estiver correndo bem, os braços de seu amigo parecerão seus (se você estiver se esforçando para criar essa ilusão, experimente usarem, ambos, mantos pretos). Agora peça a seu amigo para ler em voz alta as instruções a seguir e, depois, realize as ações apropriadas com as mãos *dele*.

Feche a mão direita três vezes.

Feche a mão esquerda três vezes.

Acene para o espelho com a mão direita.

Vire as palmas das mãos para cima e, em seguida, para baixo.

Bata palmas duas vezes.

Uma vez que o cérebro considera o retorno visual mais convincente que a informação relacionada ao movimento, você deve sentir como se as mãos de seu amigo fossem suas e, ainda, como se você as estivesse controlando.

Várias experiências inteligentes foram criadas por Wegner para apoiar sua ideia de que nosso sentimento de livre-arbítrio é pouco mais do que uma grande ilusão, inclusive um estudo muito curioso conduzido pelo fisiologista Benjamin Libet, da Universidade da Califórnia, em São Francisco, na década de 1980.[18]

Imagine viajar de volta no tempo e participar na experiência de Libet. Após chegar a seu laboratório e tomar uma boa xícara de chá, você é levado para uma pequena sala e diversos eletrodos pequenos são colocados na sua cabeça e antebraço. Em seguida, você se senta diante de uma pequena tela que mostra um ponto se mexendo em um movimento circular, como os ponteiros de segundos de um relógio. Você é solicitado a mexer o punho sempre que quiser, mas deve relatar a posição do ponto todas as vezes que tomar a decisão de se mexer. Após alguns movimentos do punho, os pesquisadores removem os diversos eletrodos e agradecem a sua participação.

Como o estudo de Faraday sobre a movimentação de mesas, o experimento de Libet é tão simples quanto engenhosa. A estrutura do teste media a atividade cerebral dos participantes, a atividade do antebraço e identificada o momento preciso em que a pessoa pensava em mover o punho, permitindo isolar o momento exato em que cada um desses eventos acontecia. Os dados de Libet mostraram uma grande quantidade de atividade cerebral cerca de um terço de segundo *antes* de cada participante dizer que tomara a decisão de mover seu punho. Em resumo, exatamente como previsto por Wegner, seu cérebro parece tomar uma decisão antes de você estar consciente dela.

A experiência de Libet não é a única a sugerir que nosso cérebro opera antes de estarmos cientes disso. No início da década de 1960, o neurofisiologista e especialista em robôs William Grey Walter pediu a voluntários que olhassem para uma tela de projeção e pressionassem um botão para avançar uma série de slides fotográficos, um de cada vez.[19] Os participantes estavam conectados a vários sensores que mediam a atividade na área do cérebro associada aos movimentos da mão. Embora eles não soubessem disso, Grey Walter conectara a saída desses sensores diretamente ao projetor de slides para assegurar que era a atividade cerebral do participante, e não os apertos no botão, que mudava os slides. Exatamente conforme previsto pela teoria de livre-arbítrio de Wegner, os participantes ficaram surpresos ao descobrir que a apresentação de slides parecia antecipar suas decisões.

Como tudo isso explica a escrita automática? Wegner acredita que, em algumas pessoas, o mecanismo de "tomada de decisão, seguida pela criação de uma experiência consciente daquela decisão" funciona mal. Nelas o cérebro toma a decisão de agir e envia as mensagens corretas para os músculos apropriados, mas deixa de enviar os sinais responsáveis por criar a experiência consciente de "você" tomando a decisão. Na escrita automática isso resulta em pessoas escrevinhando, mas sem qualquer ideia de que elas são responsáveis por suas anotações. Wegner argumenta que o fenômeno fornece um insight singular e importante sobre a natureza fundamental do livre arbítrio. Durante tais episódios, a ilusão repentinamente se decompõe e somos revelados como os robôs que de fato somos. A escrita automática não é uma esquisitice de show de horrores, mas, ao contrário, reflete a verdadeira natureza de nosso comportamento cotidiano.

Os espíritas estavam convencidos de que suas técnicas para falar com os mortos ampliavam as fronteiras da ciência. Eles estavam certos, apesar das razões serem completamente erradas. Esses fenômenos aparentemente sobrenaturais não tinham nada a ver com contatar os espíritos, mas realmente produziram insights importantes sobre o inconsciente. As investigações científicas sobre a movimentação de mesas e o tabuleiro Ouija resultaram na descoberta da ação ideomotora, enquanto trabalhos semelhantes com pêndulos revelaram por que as pessoas frequentemente cedem ao próprio comportamento que estão tentando evitar. Os estudos sobre a escrita automática desempenharam um papel importante no desenvolvimento da solução engenhosa de Wegner para o antigo problema filosófico do livre-arbítrio. Juntos, esses trabalhos impressionantes mostraram que o inconsciente desempenha um papel muito maior na determinação do comportamento do que se pensava anteriormente. O mero ato de pensar sobre qualquer tipo de atividade faz com que seu inconsciente automática e imediatamente prepare seu corpo para agir. Ao tentar não se comportar de determinada forma, você interfere na maneira geralmente eficiente com que o inconsciente controla suas ações. E é muito provável que a sensação de livre-arbítrio que você está experimentando neste exato momento não seja nada além de uma grande ilusão. Os movimentos ideomotores permitem que ajamos em um piscar de olhos, o "efeito rebote" ajudou a explicar por que muitas pessoas têm dificuldade para parar de fumar e perder peso e a solução de Wegner para o problema do livre arbítrio sugere que seu cérebro decide uma fração de segundo antes de você achar que tomou a decisão. Tudo isso porque, um dia, duas jovens amarraram um barbante a uma maçã, jogaram-na disfarçadamente no chão e enganaram o mundo inteiro, fazendo-o acreditar na possibilidade de falar com os mortos.

Seria bom pensar que as mentes modernas não podem ser enganadas pelos efeitos ideomotores por trás da movimentação de mesas, dos tabuleiros Ouija e dos pêndulos. Bom, mas errado. Diversas empresas recentemente alegaram ter desenvolvido uma nova forma de detector de bombas, afirmando que seu produto poderia ser empregado pela polícia e pelo exército para encontrar explosivos, narcóticos e armas escondidos. Os operadores usam o dispositivo inserindo um "cartão de detecção" específico a uma substância em um aparelho móvel e, em seguida, andam de um lado para o outro até a antena balançar na direção da substância alvo. O governo do Iraque gastou milhões de libras em centenas desses dispositivos, posicionando-os em postos de controle para substituir inspeções físicas morosas. Da mesma forma que qualquer varinha rabdomântica, o balanço da antena se devia a movimentos musculares inconscientes, tendo testes conduzidos pelo exército americano revelado que os dispositivos eram incapazes de detectar explosivos. Infelizmente, até então, o dano já fora feito e centenas de civis foram mortos por bombas que passaram pelos postos de controle sem serem detectadas. Em 1853, Michael Faraday concluiu sua investigação na ciência da movimentação de mesas observando que ele estava, de certa forma, envergonhado por seu trabalho, desejando que "na presente época... ele já não deveria ser necessário". Mais de cento e cinquenta anos depois, parece que sua pesquisa continua pertinente.

Intervalo

No qual faremos um intervalo em nossa jornada;
conheceremos o extraordinário Sr. Harry Price;
viajaremos para a Ilha de Man para investigar
um mangusto falante e terminaremos no
Supremo Tribunal.

Até agora, revelamos como as leituras paranormais produzem insights importantes sobre quem você pensa que é; como as experiências fora do corpo revelam a estratégia do seu cérebro para decidir onde você está; como supostas demonstrações de psicocinésia mostram que você não está vendo o que está bem na frente dos seus olhos; e como tentativas de falar com os mortos demonstram o poder de sua mente inconsciente. É hora de recuperar o fôlego e fazer um pequeno intervalo antes de continuarmos nossa jornada.

Quando dou palestras públicas sobre a paranormalidade, muitas vezes sou solicitado a descrever a pesquisa mais estranha com que já me deparei. É uma decisão fácil. Meu trabalho escolhido não resultou em quaisquer descobertas importantes sobre o comportamento humano ou os mais profundos funcionamentos do cérebro. No entanto, foi manchete em jornais do mundo inteiro, resultou no julgamento mais bizarro da história do sistema jurídico britânico e fornece dados fascinantes sobre os extremos da credulidade humana.

Assim, sente-se, relaxe e aproveite a mais estranha investigação na história da ciência sobrenatural. Senhoras e senhores, eu lhes apresento... Gef, o mangusto falante.

"Sou a oitava maravilha do mundo"

Existem muitos lugares no mundo que possuem uma reputação considerável para atividades paranormais. A Ilha de Man não é um deles. Na realidade, segundo a Wikipédia, o máximo que o lugar pode oferecer é um espírito malévolo que uma vez fez voar o telhado de uma igreja; um cão preto fantasmagórico que vaga por um castelo local; e algumas fadas. Porém, como muitas vezes acontece com a ciência sobrenatural, há muito mais na Ilha de Man do que o olho vê.[1]

Em 1916, James Irving tomou uma decisão estranha. Encontrando cada vez mais dificuldades para ganhar a vida como vendedor de pianos em Liverpool, Irving pensou que seria melhor se ele e sua mulher Margaret recomeçassem a vida como fazendeiros e imediatamente comprou uma pequena propriedade rural em um dos lugares mais isolados e cruéis da face da terra. Cashen's Gap era uma pequena fazenda situada em uma encosta de montanha varrida pelo vento na costa ocidental da Ilha de Man. A oito quilômetros da vila mais próxima, a fazenda não tinha eletricidade ou água corrente e só poderia ser alcançada após uma escalada de uma hora por uma trilha escorregadia e rudimentar. Vivendo uma vida que fez a existência de Jean de Florette parecer positivamente luxuosa, James e Margaret Irving acharam as condições difíceis, frequentemente sobrevivendo somente dos coelhos caçados pelo cão pastor da família. Após dois anos em Cashen's Gap, Margaret deu à luz a sua primeira e única filha, Voirrey ("amargo" em gaélico).

No inverno de 1928, James acrescentou painéis de madeira ao interior da casa, uma tentativa de se proteger do intenso clima frio, deixando um espaço de oito centímetros entre o material e as paredes para ajudar no isolamento. Em 12 de outubro de 1931, ele ouviu alguns sons estranhos parecidos com os de animais emanando de trás dos painéis. Pensando que um pequeno animal ficara preso, colocou diversas armadilhas, inseriu algum veneno e foi para a cama. Os barulhos estranhos continuaram nos dias seguintes e, em desespero, o homem tentou expulsar o intruso rosnando como um cão. Para sua surpresa e espanto, a misteriosa besta imediatamente rosnou de volta.

James mantinha um diário dos eventos e descreveu sua ação seguinte:

> Ocorreu-me que, se ele podia fazer esses barulhos estranhos, por que não outros, e eu passei a fazer imitações dos chamados de outras criaturas, nomeando-as após cada chamada. Em um espaço de tempo de poucos dias, era apenas necessário nomear um animal ou pássaro específico e ele instantaneamente dava o chamado correto. Minha filha, então, tentou fazer o mesmo processo com cantigas infantis e ele não teve problema para repeti-las. A voz é dois oitavos acima de qualquer voz humana... e seus poderes auditivos são fenomenais. Ela consegue detectar um sussurro de 5 a 6 metros de distância, diz a você que está sussurrando e repete exatamente o que foi dito.

A família começou a conversar com seu novo "convidado" e, finalmente, a misteriosa criatura revelou seu segredo. Era Gef, um mangusto falante. Talvez sem qualquer necessidade, Gef explicou que era bastante diferente de um mangusto normal. Alegando ter nascido em Nova Deli em 1852, também se gabava de ser "muito, muito inteligente" e "a oitava maravilha do mundo".

Gef provou ser um companheiro divertido. Recitava cantigas infantis, contava piadas e conversava em diversas línguas. Ele também era cheio de surpresas. Em uma noite de julho de 1934, por exemplo, James fez uma observação em seu diário descrevendo como Gef cantara três versos do hino nacional da Ilha de Man, "em uma voz clara e aguda; em seguida, dois versos em espanhol, seguido de um verso em galês; depois uma oração em puro hebraico (não iídiche); terminando com uma longa peroração em flamengo". Os Irving alimentavam Gef com bacon, linguiças e bananas. Em troca, ele pegava e matava coelhos, deixando as carcaças em uma pedra próxima para serem coletadas.

Embora falar com Gef fosse fácil, vê-lo acabou sendo surpreendentemente difícil. Voirrey era a única pessoa que o enxergava com nitidez, mais tarde descrevendo-o como sendo "do tamanho de um pequeno rato, com pelo amarelado e um grande rabo espesso". Margaret também alegou ter acariciado Gef através de uma rachadura na parede, mas relutou em repetir o exercício porque ele mordera seu dedo e tirara sangue.

As notícias sobre Gef por fim se espalharam pela ilha e logo começou a chegar um fluxo de visitantes, ansiosos por conversar com o recém-descoberto amigo de Irving. Em um ano, notícias dos acontecimentos extraordinários em Cashen's Gap cruzaram o mar até a Grã-Bretanha e jornalistas de todos os lugares fizeram uma peregrinação até a remota casa da fazenda dos Irving na esperança de ter um vislumbre de Gef. Em 1932, um repórter do *Manchester Daily Sketch* foi um dos poucos a ter a sorte de conseguir entrevistá-lo:

> O misterioso homem-doninha falou comigo hoje. Ouvi uma voz que eu nunca imaginara pudesse ser emitida de uma garganta humana. As pessoas que alegam que essa era a voz da doninha estranha parecem ser sãs, honestas e responsáveis e não propensas a perpetrar uma brincadeira complicada, demorada e inútil... A doninha até mesmo me deu uma dica sobre o vencedor da corrida de cavalos Grand National!

Quando as notícias sobre Gef atingiram os Estados Unidos, um agente teatral imediatamente ofereceu aos Irving 50 mil dólares pelos direitos cinematográficos. A família recusou. Apesar disso, Gef, o mangusto falante, estava conquistando o mundo.

Harry Price:
Exímio caçador de fantasmas

Tenho muito carinho por Harry Price. Na realidade, ele é como um herói para mim. Trabalhando principalmente na década de 1930, Price dedicou a vida ao estudo científico de acontecimentos estranhos e, sob a égide de seu "National Laboratory of Psychical Research" [Laboratório Nacional de Pesquisas Psíquicas], conduziu uma série de investigações que tanto encantaram os meios de comunicação do mundo inteiro quanto enfureceram igualmente fiéis e céticos. Ele denunciou fraudes de fotógrafos espíritas famosos (principalmente exposições duplas); testou o assim chamado "ectoplasma" materializado por médiuns (em sua maior parte, clara de ovo); encenou novamente uma cerimônia antiga para transformar uma cabra em um jovem homem (a cabra permaneceu sendo uma cabra); e filmou o grande "Karachi" enquanto ele tentava representar o lendário Truque da Corda Indiano (na prática, Arthur Derby, de Plymouth, manipulando uma corda rija em Wheathampstead, Hertfordshire). No entanto, em minha opinião, seu momento mais magnífico foi a investigação de Gef.

Em 1932, um amigo dos Irving escreveu para Price, descrevendo os acontecimentos estranhos em Cashen's Gap e perguntando-lhe se ele "gostaria de entrevistar a pequena besta". Price escreveu para James Irving e os dois iniciaram uma correspondência amigável. Irving convidou repetidamente o investigador para ir à ilha, mas ele relutou em fazer a longa e difícil viagem e, em seu lugar, enviou um amigo, o militar Capitão James McDonald.

McDonald chegou a Cashen's Gap em 12 de fevereiro de 1932. Em seu primeiro dia na casa da fazenda, Gef permaneceu calado, de forma atípica, e só próximo à meia-noite, quando o vistante estava saindo para seu hotel, é que ele ouviu aquela saudação das mais tradicionais na Ilha de Man, com o mangusto gritando, "Quem é esse maldito homem?"

No dia seguinte, Irving explicou que Gef falara bastante a noite inteira, mas tivera, infelizmente, uma aversão instantânea a McDonald. Aliás, o mangusto exigira que McDonald gritasse "Eu realmente acredito em você, Gef!" para dar continuidade ao relacionamento deles. McDonald concordou e foi saudado pelo que deve ter sido um silêncio absoluto e, de certa forma, constrangedor.

Mais tarde naquele dia, McDonald ouviu por acaso Voirrey e Margaret conversando com Gef no andar superior e gritou:

— Você não vai descer? Eu acredito em você!

— Não — gritou Gef .— Eu não gosto de você!

Sempre persistente, McDonald começou a subir as escadas engatinhando silenciosamente, mas, em um momento infeliz de falta de jeito, escorregou em um degrau solto e caiu ruidosamente escada abaixo. Gef sumiu imediatamente e não voltou mais durante o restante do tempo em que ele permaneceu na casa da fazenda. McDonald retornou a Londres e fez um relatório completo para Price.

Em março de 1935, James Irving enviou a Price uma amostra de pelo que Gef supostamente arrancara de si mesmo. Empolgado, Price a encaminhou ao naturalista F. Martin Duncan para análise, mas ficou frustrado ao receber um relatório que afirmava:

> Posso concluir sem reservas que as amostras de pelo nunca cresceram em um mangusto, coelho, esquilo ou outro tipo de roedor. Acho que esses pelos provavelmente foram retirados de um cão com pelos muito longos.

A suspeita de Price recaiu sobre o cão pastor dos Irving, Mona. No entanto, suficientemente curioso por causa do relatório de McDonald, ele decidiu juntar-se ao colega Richard Lambert e realizar sua própria investigação, *in loco*. Em 30 de julho de 1935, os dois investigadores intrépidos chegaram à Ilha de Man e fizeram a escalada árdua até Cashen's Gap. Chegando tarde da noite, James e Margaret os apresentaram a Voirrey ("agora uma moça de 17 anos e de boa aparência") e todos se sentaram ao redor de uma pequena mesa em uma sala de jantar com painéis escuros esperando por Gef. James explicou que Gef não fora visto há alguns dias e estava sendo muito evasivo.

Impassíveis, Price e Lambert dirigiram-se às quatro paredes da sala, explicando que viajaram uma grande distância para estarem lá e, por isso, tinham o direito a "algumas palavras, uma risadinha, um grito, um rangido ou apenas um simples arranhão". Nada. Na manhã seguinte, Price e Lambert novamente voltaram para a casa da fazenda e fizeram uma inspeção extensa nos painéis que aparentemente permitiam a Gef transitar sem ser visto de um ambiente para outro. Mais uma vez, eles suplicaram a autonomeada oitava maravilha do mundo para fazer uma aparição. Mais uma vez, nada. Finalmente, o par intrépido de investigadores partiu, incapaz de determinar se "havia participado de uma farsa ou de uma tragédia". Mais tarde, James Irving escreveu para Price e descreveu como Gef reaparecera na noite de sua partida e explicou que ele tirara "alguns dias" de férias".

Em 1936, Price e Lambert descreveram sua investigação sobre Gef em um volume que hoje é muito difícil de encontrar, *The Haunting of Cashen's Gap: A Modern 'Miracle' Investigated* [O fantasma de Cashen's Gap: A investigação de um "milagre" moderno]. Embora sem taxar os Irving explicitamente de enganadores, Price e Lambert não ficaram nada entusiasmados com o caso, concluindo que somente o mais crédulo dos indivíduos ficaria impressionado com os indícios da existência de Gef.

Muitos acreditaram que *The Haunting of Cashen's Gap* colocaria um ponto final no caso como um todo. Em vez disso, o livro deu a Gef, o mangusto falante, uma vida extra em um lugar dos mais improváveis — o Supremo Tribunal britânico.

A verdade, somente a verdade
e nada mais que a verdade

Richard Lambert, colega e coconspirador de Price no caso de Gef, foi uma figura influente. Além de ser editor fundador da revista *The Listener*, ele ocupou uma posição chave no conselho do British Film Institute, que, na época, era controlado pela BBC. No início de 1936, o Tenente-coronel Sr. Cecil Bingham Levita, um membro proeminente do London County Council, estava almoçando com o fiscal adjunto de programação da BBC e insinuou que Lambert não reunia as condições necessárias para ser associado ao BFI porque acreditava em um mangusto falante. Quando as declarações chegaram aos ouvidos de Lambert, ele impetrou um mandado de segurança por difamação de caráter.

O caso chegou ao Supremo Tribunal em 4 de novembro de 1936 diante do Juiz Swift e de um júri especialmente constituído. Cada membro do júri recebeu uma cópia de *The Haunting of Cashen's Gap*. Levita negou ter difamado Lambert, observando que ele não pronunciara as palavras e, mesmo que tivesse, elas eram totalmente justificadas. Lambert contra-atacou, alegando que o livro representara corretamente seu ponto de vista e, de forma alguma, endossava a realidade de Gef ou de qualquer outro mangusto falante. Em consonância com seu nome (*swift* significa rápido em inglês), o Juiz Swift rapidamente deu ganho de causa a Lambert e concedeu-lhe uma multa por prejuízos substanciais de 7.500 libras (equivalente hoje a aproximadamente 350.000 libras). No final do julgamento, Lambert triunfantemente autografou exemplares de seu livro para o júri.

O julgamento também teve duas consequências indesejadas, porém importantes. Durante o caso, foi descoberto que o chefe do departamento de Relações Públicas da BBC tentara persuadir Lambert a desistir da ação contra Levita pelo bem "de sua posição na corporação". Perguntas foram subsequentemente feitas no parlamento, tendo os políticos visto o caso ainda como outro exemplo de má gestão por parte da BBC. O primeiro-ministro Stanley Baldwin instituiu um inquérito, o qual resultou na mudança da organização de uma "rede de amigos" e introduziu entrevistas de emprego formais e processos de seleção mais transparentes. Segundo, a maciça cobertura do caso na mídia fez com que o mangusto se tornasse um animal de estimação popular por toda a Inglaterra.

Por fim, Gef simplesmente desapareceu. Em 1970, o escritor Walter McGraw conseguiu encontrar Voirrey e a entrevistou sobre o caso. Embora ansiosa para manter em sigilo sua atual moradia, Voirrey insistiu que Gef de fato existira e conversara com ela regularmente. Ela recontou como o inteligente mangusto ia embora por prazos progressivamente mais extensos e, então, um dia simplesmente nunca desapareceu por completo. Gef não fora uma influência positiva em sua vida, disse Voirrey, melancolicamente acrescentando, "Gef impediu até mesmo que eu me casasse. Como poderia alguma vez dizer à família de um homem o que aconteceu?" Voirrey morreu em 2005.

Em 1937, Cashen's Gap foi vendida a um tal de Sr. Graham e os Irving voltaram para a Grã-Bretanha. Graham nunca viu ou ouviu Gef. Em 1947, o novo proprietário de Cashen's Gap alegou ter matado um animal estranho que não era nem uma doninha nem um arminho. Suas alegações permaneceram sem investigação, e a pele nunca foi analisada. Cashen's Gap foi demolido na década de 1950, mas o mistério de Gef ainda perdura. Ele tem sua própria página no Facebook e uma página na internet dedicada a questões paranormais recentemente sugeriu que ele pode ter sido "uma entidade sobrenatural vinda de uma dimensão alternativa ou uma entidade composta de forças que não entendemos muito bem".

Talvez a palavra final nessa história surreal deveria ter sido dada a Gef. James Irving descreveu, uma vez, como repreendeu Gef por ter demorado tanto para calcular quantos centavos havia em dezessete xelins e seis centavos. A autonomeada oitava maravilha do mundo respondeu com uma frase apropriadamente enigmática, a qual, para mim, resume o caso todo belamente:

"Meu rectofone não estava funcionando."

5. Caçando fantasmas

No qual passaremos um tempo valioso com uma
bruxa velha; descobriremos por que pesquisadores
de fantasmas certa vez sacudiram uma casa até
ela desabar; conheceremos o fantasma inexistente
de Ratcliffe Wharf; aprenderemos a ver um
fantasma; e exploraremos a
psicologia da sugestão.

Há uma piada antiga sobre um professor de universidade que pergunta à sua classe, "Alguém aqui já viu um fantasma?" Quinze alunos levantam a mão. Em seguida, o professor diz, "Bem, quem aqui tocou em um fantasma?" Dessa vez, somente cinco mãos se erguem. Curioso, o professor acrescenta, "OK, alguém de fato beijou um fantasma?" Um jovem sentado no meio da sala de palestras vagarosamente levanta a mão, olha ao redor nervosamente e, então, pergunta, "Desculpe, você disse fantasma ou fanzoca?"

Devemos ser gratos aos resultados das pesquisas nacionais, que produziram respostas mais bem-definidas. As pesquisas de opinião nos últimos trinta anos ou mais têm mostrado de maneira consistente que aproximadamente 30% das pessoas acredita em fantasmas e que cerca de 15% alega ter de fato visto um.[1] Perguntas adicionais revelaram que esses supostos encontros fantasmagóricos não envolvem figuras em lençóis brancos atravessando paredes; mulheres vestidas de preto levando morte e destruição; esqueletos passeando alegremente em cemitérios; ou cavalheiros sem cabeça arrastando suas correntes. Apesar da presença frequente de tais imagens nas histórias de fantasmas e nos filmes de horror, as aparições reais são muito mais mundanas.

Um colega meu, James Houran, realizou uma grande quantidade de pesquisas sobre a natureza dessas experiências fantasmagóricas. Ele é um tipo interessante. Durante o dia, esse estatístico reservado trabalha para um conhecido site de relacionamentos da internet, criando modelos matemáticos que ajudam a promover compatibilidades. À noite, se transforma em um caça-fantasmas da vida real, realizando pesquisas e estudos que buscam solucionar o mistério das assombrações. Alguns anos atrás, ele analisou quase mil experiências fantasmagóricas para descobrir o que as pessoas relatam quando acreditam haver encontrado um espírito.[2]

O trabalho de Houran revelou que os relatórios de aparições completamente formadas são muito raras. Na realidade, elas correspondem a aproximadamente apenas um por cento das visões e, quando tais figuras de fato se fazem presentes, elas geralmente aparecem aos pés de uma cama quando as pessoas estão se levantando ou adormecendo. Tais aparições têm uma maneira misteriosa de parecer uma pessoa normal e sua natureza fantasmagórica somente se torna aparente quando fazem algo impossível, como desaparecer repentinamente ou atravessar uma parede.

Então, se as pessoas não estão vendo aparições completamente formadas quando encontram um fantasma, o que exatamente elas experienciam? Aproximadamente um terço dos relatos de Houran envolvem fenômenos visuais bastante passageiros, tais como clarões rápidos, pequenas nuvens de fumaça ou sombras escuras que se movem furtivamente por um ambiente. Outro terço envolve sons estranhos, tais como passos em um ambiente vazio, sussurros fantasmagóricos ou pancadas e batidas inexplicáveis. O terço restante é uma mistura de sensações diversas, incluindo estranhos odores de flores ou fumaça de cigarro; sensação de uma presença fantas-

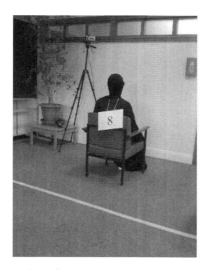

Imagem 1: Um voluntário participa do teste de Patricia Putt

Imagem 02: A montagem para a primeira parte da experiência da mão falsa.

Imagem 03: A experiência da mão falsa em ação. É possível avaliar o impacto psicológico da experiência ao olhar para a expressão facial da pessoa na fotografia.

Imagem 04: Montagem para a experiência do espelho

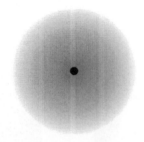

Imagem 05

Imagem 06

Imagem 07

Imagem 08

Imagem 09

Imagem 10

Imagem 11

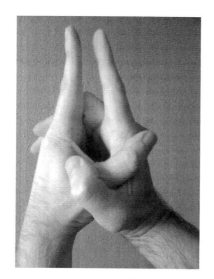

Imagem 12

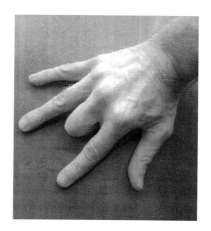

Imagem 13

VOCÊ É UM BOM AVALIADOR DE PERSONALIDADE?

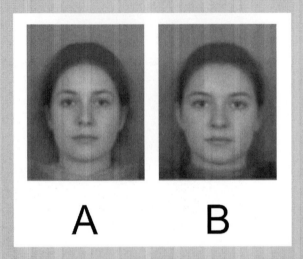

1. Qual destas duas combinações parece mais amigável?

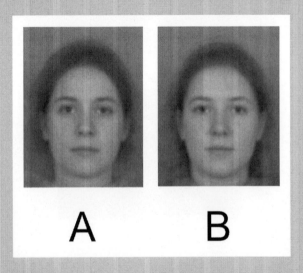

2. Qual destas duas combinações parece mais confiável?

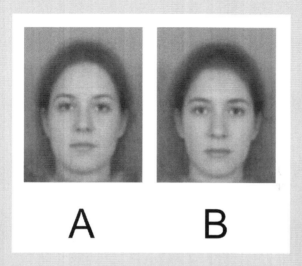

3. Qual destas duas combinações parece mais extrovertida?

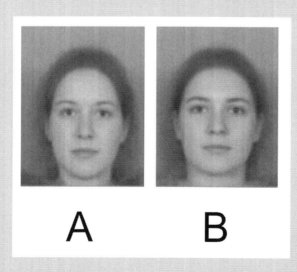

4. Qual destas duas combinações parece mais ansiosa?

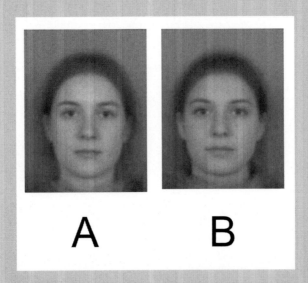

5. Qual destas duas combinações parece mais criativa?

magórica; sensação de arrepios frios descendo pelas costas; portas abrindo e fechando por conta própria; relógios que adiantam ou atrasam de forma extraordinária; e cães que são excepcionalmente barulhentos ou quietos.

Por muito mais de um século, os cientistas tentaram explicar essas experiências estranhas. Alguns acreditam piamente que suas investigações fornecem provas convincentes de vida após a morte. Outros estão igualmente convencidos de que essas sensações aparentemente sobrenaturais têm explicações no mundo real. Seus experimentos envolvem uma mistura curiosa de pesquisas inovadoras com sonhos; acampar em casas mal assombradas; floretes de esgrima vibrantes; sentar-se no escuro esperando por Deus; balançar prédios inteiros até que desabem; e pregar peças em grande escala.

Nossa jornada nesse misterioso mundo começa com aquela que talvez seja a experiência fantasmagórica mais amplamente relatada de todos os tempos.

Henry Fuseli e seu cavalo apático

Em 1781, o pintor a óleo suíço Henry Fuseli criou sua obra mais famosa. Intitulada *The Nightmare* [O pesadelo], sua pintura representa uma mulher tendo um sonho terrível e o conteúdo de sua experiência aterrorizante. A mulher está dormindo profundamente, deitada de barriga para cima e com a cabeça pendendo para fora da cama. Um pequeno demônio de aparência malévola senta em seu peito e olha para fora da tela, na direção do espectador. Ao fundo, a cabeça de um cavalo com olhos desprovidos de emoção emerge de trás de uma cortina e olha fixamente, de modo ameaçador, para a mulher.

The Nightmare foi um sucesso instantâneo quando exibido pela primeira vez na Royal Academy de Londres, rapidamente alcançou renome mundial e, atualmente, figura na capa de quase todos os livros acadêmicos sobre paranormalidade. Fuseli criou outra versão da pintura alguns anos mais tarde, mas, é consenso que ela não apresenta o impacto emocional do original, em parte porque o demônio parece estar usando uma máscara de Batman e o cavalo parece que acabou de ganhar na loteria.

As pinturas de Fuseli representavam talvez o tipo de encontro fantasmagórico mais frequentemente experienciado: a chegada do íncubo. Segundo a lenda, o íncubo é um demônio que adota uma forma masculina e se força em mulheres que estão adormecidas usando seu pênis surpreendentemente grande e frio (o mágico Merlin da lenda do Rei Arthur foi supostamente o resultado de um encontro desse tipo). Sentado no peito de sua vítima para impedir qualquer movimento, o íncubo pratica atos bestiais enquanto outras criaturas igualmente demoníacas ficam em pé ao lado da cama observando. Nunca perdem uma oportunidade, pois dizem que tais demônios podem também tomar a forma feminina, o súcubo, que seduz homens adormecidos (embora aparentemente sem a ajuda de um pênis surpreendentemente grande e frio). Essas criaturas foram encontradas em muitas culturas diferentes. Na Alemanha, o demônio é referido como "mare" ou "Alpdruck" ("pressão dos elfos"); na Tchecoslováquia, eles são "muera"; e os franceses os chamam de "cauchemar".

Embora seja fácil acreditar que as experiências demoníacas noturnas poderiam ter sido o auge da sofisticação sobrenatural quando Fuseli criou suas pinturas, certamente elas não continuam firmes e fortes em pleno século XXI, certo? Na realidade, pesquisas recentes sugerem que cerca de 40% das pessoas experimentou exatamente as mesmas sensações, inclusive acordar e sentir um peso esmagador sobre o peito, sentir uma presença malévola e ver figuras estranhas no escuro.[3] Esses episódios são interpretados frequentemente como indícios da existência de demônios, fantasmas ou até de uma abdução alienígena. Não obstante a forma como são percebidas, algo fica muito claro — até mesmo para a mente moderna, elas são uma experiência apavorante e inesquecível.

Por séculos, muitos daqueles que tiveram um encontro cara a cara com os demônios da noite se convenceram de que encontraram o inferno na Terra. Somente nos últimos cinquenta anos é que as pesquisas revelaram a extraordinária verdade por trás dessas aparições.

O incuravelmente curioso Eugene Aserinsky

O ano de 1951 não começou bem para Eugene Aserinsky, um psicólogo da Universidade de Chicago.[4] No trabalho, suas pesquisas de pós-doutorado sobre os movimentos dos olhos em bebês adormecidos mostravam-se lentas e pouco produtivas. Em casa, enfrentava sérias dificuldades financeiras. Sua família era forçada a viver em um apartamento pequeno e frio e ele mal tinha recursos para alugar a máquina de escrever de que precisava para datilografar seu trabalho. Anos mais tarde, descreveu a sensação de desespero que enfrentou:

> "Se eu tivesse uma natureza suicida, essa seria a hora. Eu era casado e tinha um filho. Estivera em universidades por doze anos com parcos resultados. Estava absolutamente acabado."

Além disso, ele explorava possibilidades que simplesmente não interessavam a seus colegas mais importantes. A grande maioria dos acadêmicos daquela época presumia que o cérebro era desligado quando as pessoas dormiam e ligado quando acordavam e não compartilhavam o interesse de Aserinsky na psicologia do sono. No entanto, ele desejava descobrir se essa abordagem "siga adiante, nada a ver aqui" do cérebro adormecido estava correta. Incapaz de atrair recursos adequados para seu trabalho, ele encontrou uma antiga máquina de medir ondas cerebrais (conhecida como um "eletroencefalógrafo") no porão de seu departamento, arrastou-a até seu escritório e conseguiu fazê-la funcionar. Infelizmente, um grande problema permanecia — sem recursos suficientes, quem estaria disposto a passar diversas noites não remuneradas no laboratório de sono de Aserinsky coberto de sensores? Finalmente ele conseguiu descobrir uma solução lateral para esse problema também. Em uma noite fria de dezembro de 1951, ele colocou o filho de oito anos, Armond, na cama do laboratório, conectou sensores de movimento dos olhos e das ondas cerebrais à face e à cabeça de Armond e voltou para o escritório.

Após aproximadamente uma hora, Armond caiu no sono e a experiência começou. Durante os primeiros quarenta minutos, mais ou menos, Aserinsky monitorou cuidadosamente as canetas que traçavam os resultados do eletroencefalógrafo. A falta de movimento foi frustrante e parecia que os poderes estabelecidos da ciência estavam certos ao deixar de lado os cérebros adormecidos. Cerca de vinte minutos mais tarde, as canetas começaram a escrever, indicando que os sensores dos movimentos dos olhos e das atividades cerebrais identificaram grandes quantidades de atividade. Presumindo que o filho acordara, Aserinsky foi verificar se ele estava bem. Ao abrir a porta do laboratório, não podia acreditar no que via. O menino dormia profundamente.

A princípio, Aserinsky presumiu que seus equipamentos experimentais estavam defeituosos e começou a verificar o grande número de fios entrando e saindo do eletroencefalógrafo. Nenhum problema óbvio foi detectado. No dia seguinte, ele mostrou os gráficos para seu supervisor, que também achou que o equipamento deveria estar com problemas e pediu a Aserinsky que realizasse um segundo conjunto de verificações mais completas. Não foi encontrado qualquer problema com o sistema. Algumas noites adicionais de monitoramento de Armond no laboratório do sono convenceram Aserinsky de que suas descobertas eram genuínas. Em determinados pontos da noite, o cérebro adormecido ficava misteriosa e surpreendentemente ativo. Trabalhos adicionais revelaram que esses surtos repentinos de atividade cerebral estavam acompanhados de movimentos rápidos do olho ou, como Aserinsky se referia a eles, "REMs" (ele desejava chamá-los de "movimentos dos olhos tolos", mas ficou preocupado com as conotações negativas da palavra "tolo"). Não só isso, mas sempre que Aserinsky acordava um participante após um período de REM, a pessoa quase sempre relatava que estava sonhando.

Em setembro de 1953, Aserinsky e seu supervisor publicaram suas descobertas em um trabalho que se tornou clássico, intitulado "Regularly Occurring Periods of Eye Motility, and Concomitant Phenomena, During Sleep" [Períodos regularmente ocorrentes de movimentos oculares e fenômenos concomitantes durante o sono], que mudou a psicologia para sempre.[5] Repentinamente, os pesquisadores perceberam que o cérebro adormecido merecia muito mais atenção do que eles anteriormente presumiram, e que Aserinsky descobrira uma forma de penetrar no mundo até então oculto do sonho. Como um pesquisador mais tarde observou, foi como descobrir "um novo continente no cérebro" e cientistas no mundo inteiro ficaram subitamente ansiosos para explorar esse admirável mundo novo. Estranhamente, Eugene Aserinsky não se juntou a eles. Sempre um pesquisador pouco convencional e incuravelmente curioso, ele deixou a Universidade de Chicago logo após sua experiência inovadora para investigar os efeitos das correntes elétricas em salmões.

Dormir... Talvez sonhar:
eis onde surge o obstáculo

Os pesquisadores já identificaram cinco estágios do sono.

Logo após adormecer, você entra naquilo que é criativamente intitulado "estágio 1". Aqui, seu cérebro ainda está bastante ativo e produzindo ondas cerebrais de alta frequência, conhecidas como ondas "alfa". Durante essa fase, as pessoas frequentemente experimentam dois tipos de alucinações conhecidas como imagens hipnagógicas (que ocorrem quando as pessoas caem no sono) e imagens hipnopômpicas (que ocorrem quando estão acordando). Ambos os tipos podem resultar em uma ampla gama de fenômenos visuais, inclusive salpicos aleatórios, linhas brilhantes, figuras geométricas e formas animais e humanas misteriosas. Essas imagens são frequentemente acompanhadas por sons estranhos, tais como estampidos altos, passos, murmúrios fracos e fragmentos de fala. Curiosamente, esses são exatamente os tipos de experiências que foram confundidos com a presença de um fantasma por centenas de anos.

Tendo sobrevivido aos terrores potenciais associados ao "estágio 1", você passa para o "estágio 2". Novamente, seu cérebro está longe de ficar calmo, frequentemente produzindo breves surtos de atividade conhecidas como "fusos". O "estágio 2" dura cerca de vinte minutos e pode resultar em resmungos ocasionais e até falas completas durante o sono. Vagarosamente você passa para, como deve ter suposto, o "estágio 3". Agora, seu cérebro e seu corpo estão começando a ficar bem relaxados e, após outros vinte minutos, mais ou menos, você finalmente passa para o estágio mais profundo do sono... No "estágio 4", a atividade de seu cérebro está no nível mínimo, resultando em ondas "delta" de movimento muito lento. Se você quiser urinar na cama ou ter um surto de sonambulismo, essa é a hora.

Após cerca de trinta minutos mais ou menos, ainda no "estágio 4", algo muito estranho acontece. Seu cérebro passa rapidamente de volta pelos primeiros três estágios e, em seguida, entra em um estado misterioso. Ele exibe os mesmos níveis altos de atividade originalmente apresentados durante o "estágio 1", mas seu coração dispara, sua respiração se torna mais ofegante e você produz os REMs que tanto fascinaram Aserinsky todos aqueles anos. Agora você está sonhando. Todo mundo vivencia esse estágio REM cerca de cinco vezes por noite, com cada um dos períodos durando vinte minutos, em média. Embora algumas pessoas pensem que não sonham, se elas forem acordadas imediatamente após exibirem REMs, relatarão um sonho na maioria dos casos. Não se trata de alguns indivíduos não sonharem, eles é que não se lembram de seus sonhos pela manhã.

Trabalhos adicionais mostram que duas coisas curiosas acontecem no corpo quando se sonha. Primeiro, os genitais ficam ativos, ocorrendo ereção em homens e lubrificação vaginal aumentada nas mulheres. Embora aclamado como um progresso na década de 1960, alguns pesquisadores argumentaram que o efeito pode ter sido descoberto muito antes, ressaltando, por exemplo, que uma das pinturas de dezessete mil anos em Lascaux representa um caçador cro-magnon sonhando com um pênis ereto (talvez, quem sabe, ele apenas gostasse muito de caçar). Segundo, embora o cérebro e a genitália fiquem muito ativos durante o sonho, o restante do corpo não fica. Na realidade, o tronco cerebral bloqueia totalmente qualquer movimento dos membros e do dorso para evitar que encenemos os sonhos e possivelmente nos machuquemos.

Da mesma forma que o cérebro pode enganá-lo ao fazê-lo ver uma pós-imagem de um fantasma, ele também pode enganá-lo ao fazê-lo pensar que teve um encontro com uma entidade malévola. À medida que você se move entre o "estágio 1" e o estado REM, seu cérebro às vezes fica confuso, fazendo com que você experiencie as imagens hipnagógicas e hipnopômpicas associadas ao "estágio 1", junto com a excitação sexual e a paralisia associadas ao estado REM. Essa combinação terrível faz com que você sinta como se houvesse um peso muito pesado em cima do peito e que o prende à cama; sinta (e, às vezes, veja) uma ou mais entidades malévolas; e acredite que está tendo uma forma bastante esquisita de relação sexual.

Durante séculos, uma grande porcentagem do público se convenceu de que fora atacada por demônios, fantasmas e alienígenas. Não só os pesquisadores do sonho revelaram a verdadeira natureza de tais experiências, mas também a melhor forma de expulsar essas entidades do quarto. Talvez não surpreendentemente, isso não envolve cantar por longo tempo; jogar água benta; ou realizar um exorcismo elaborado. Na realidade, acaba que tudo que você precisa fazer é se esforçar o máximo possível para sacudir um dedo ou piscar. Até mesmo o menor dos movimentos ajudará o cérebro a passar do estado REM para o "estágio 1" do sono e, antes que você perceba, estará bem acordado e de volta à segurança do mundo dos vivos.

Aqueles que acreditam em fantasmas são imediatamente forçados a aceitar que a experiência do íncubo não é um indício da existência do inferno, mas, em vez disso, um truque inteligente do cérebro. No entanto, no lugar de abrir mão de sua crença nas assombrações, eles focaram a atenção em um problema ainda mais complicado — as muitas visões de fantasmas que acontecem quando as pessoas estão longe de estarem dormindo.

COMO EVOCAR OS ESPÍRITOS

Você gostaria de ver um fantasma neste exato momento? Se for o caso, olhe fixamente para o pequeno ponto branco na caixa à esquerda abaixo por aproximadamente trinta segundos e, em seguida, olhe para o pequeno ponto preto na caixa vazia à direita. Após alguns momentos, você deveria ver uma mulher misteriosa de branco emergindo diante de seus olhos. Se você repetir o exercício, mas olhar para uma parede branca e não para a caixa minúscula, verá um fantasma gigante projetado nela.

Os psicólogos se referem à figura fantasmagórica que você acabou de ver (e que muitos de vocês continuarão a ver pelos próximos minutos — desculpe-me por isso) como uma "pós-imagem". Sua percepção das cores está baseada em três sistemas. Cada um deles, por sua vez, se baseia em duas cores, sendo que um lida com o contínuo vermelho-verde, outro com o azul-amarelo e o terceiro com o preto-branco. Em cada um desses sistemas, as duas cores se opõem uma à outra e não podem ser vistas ao mesmo tempo. Por exemplo, quando o olho e o cérebro encontram a cor vermelha, a metade "vermelha" do sistema vermelho-verde é ativada, desabilitando sua habilidade de ver algo verde ao mesmo tempo (isso explica por que você nunca vê cores que parecem azul-amarelado ou verde-avermelhado).

Quando você olhou fixamente para a imagem totalmente preta alguns minutos atrás, inconscientemente forçou os neurônios "preto-branco" a se aquietar por um período muito longo de tempo. Em seguida, quando transferiu a atenção para a caixa vazia, os neurônicos foram ativados. No entanto, uma vez que eles já estavam em um estado sossegado, a ativação os tornou superexcitados, criando um efeito rebote que resultou em uma pós-imagem branca.

A rosa sem espinhos

O palácio de Hampton Court tem uma história longa e controversa. No início do século XVI, o arcebispo de York, Cardeal Thomas Wolsey, investiu sete anos de sua vida e mais de 200 mil coroas de ouro construindo um palácio próprio para um rei. Alguns anos após completar o projeto, Wolsey perdeu o apoio do monarca reinante, Henrique VIII, e sentiu que seria politicamente conveniente dar seu querido palácio de presente à família real. O rei indulgentemente aceitou a gentil oferta de Wolsey, ampliou a propriedade para garantir que ela pudesse receber sua corte com mais de mil integrantes e imediatamente se mudou para lá. O palácio passou a ser o lar de alguns dos reis e rainhas mais famosos da Inglaterra antes de ser aberto ao público em meados do século XIX. Hoje em dia, o palácio de Hampton Court é uma das atrações históricas mais populares da Inglaterra, recebendo mais de meio milhão de visitantes a cada ano.

O palácio é famoso por muitas razões. Ele abriga obras de arte inestimáveis da Coleção Real, contém o salão medieval mais bem-preservado da Inglaterra e possui cozinhas Tudor gigantescas projetadas para fornecer comida a seiscentas pessoas duas vezes ao dia. Ah, e mais uma informação: ele também é uma das construções mais mal-assombradas da Inglaterra. Diversos espíritos supostamente assombram o palácio. Há, por exemplo, uma "senhora em cinza" que caminha pelos pátios de paralelepípedos pontualmente, como o mecanismo de um relógio; uma "mulher de azul" que procura continuamente pelo filho perdido; e um cão fantasma que vive no armário de Wolsey. No entanto, apesar da forte competição, o espírito mais famoso de Hampton Court é o de Catherine Howard.

Henrique VIII não teve um grande histórico no que se refere aos relacionamentos, claro. Ele traiu a primeira esposa, decapitou a segunda, perdeu a terceira durante o parto de seu único filho e se divorciou da quarta. Em uma atividade que faria até o conselheiro matrimonial mais experiente se espantar, o quarentão Henry, então, se encantou por uma cortesã de 19 anos de idade chamada Catherine Howard. Após um breve namoro, Henrique se casou com Catherine, declarando publicamente que ela era sua "rosa sem espinhos".

Alguns meses após o casamento, Howard percebeu que estava muito apaixonada. Infelizmente, o objeto de seu ardor não era o esposo Henrique, mas, mais exatamente, um jovem cortesão chamado Thomas Culpepper (que, segundo diversos relatos, mais do que correspondia à sua reputação de ser um "cavalheiro da alcova"). Notícias do caso amoroso deles finalmente chegaram até Henrique, que imediatamente decidiu buscar as tesouras de poda e remover a cabeça de sua querida rosa. Ao ouvir as más notícias, Catherine ficou compreensivelmente consternada e correu para Henrique para suplicar por sua vida, mas foi detida pelos guardas reais e arrastada pelos corredores do palácio de volta para seu quarto. Alguns meses mais tarde, tanto Thomas Culpepper quanto Catherine Howard foram decapitados na Torre de Londres.

Dizem que o fantasma dela assombra o corredor em que foi arrastada contra sua vontade. Na virada do último século, essa área do palácio foi associada a um grande número de experiências fantasmagóricas, inclusive visões de uma "mulher de branco" e relatos de gritos inexplicáveis.

Em janeiro de 2001, um oficial do palácio me telefonou explicando que houvera um surto recente de fenômenos relacionados a Howard e perguntou se eu estaria interessado em investigar.[6] Ansioso por aproveitar a oportunidade para descobrir mais sobre as assombrações, rapidamente planejei uma experiência, reuni uma equipe de pesquisa, tirei cópias de centenas de questionários em branco, carreguei meu carro e me dirigi para o palácio para uma investigação de cinco dias.

O palácio convocara uma entrevista coletiva para anunciar o começo de meu estudo e atraíra a atenção de jornalistas do mundo inteiro. Decidimos fazer a coletiva em duas partes, com um oficial do palácio falando sobre a história das assombrações na primeira e, após um breve intervalo, eu mesmo descrevendo a investigação vindoura. Um historiador do palácio deu partida aos procedimentos, contando a um salão lotado de repórteres o que acontecera quando Henry conheceu Cathy. Durante o breve intervalo, eu saí para pegar um pouco de ar fresco e algo muito estranho ocorreu. Um carro com adolescentes embriagados passou vagarosamente por mim. Um dos adolescentes baixou a janela do carro e atirou um ovo em mim. O ovo arrebentou na minha camisa. Impossibilitado de trocá-la, tentei remover as piores manchas e, em seguida, retornei para a entrevista coletiva. Alguns minutos após iniciar minha palestra, um dos jornalistas observou as marcas na minha camisa e, presumindo que era ectoplasma, perguntou se Catherine Howard já me atingira. Eu respondi, "Sim. Essa será uma investigação mais difícil do que eu inicialmente imaginara". Embora dito de brincadeira, meu comentário provaria ser profético.

Antes da experiência, eu pedira ao palácio que me fornecesse uma planta baixa do corredor marcado por tais memórias desagradáveis para Catherine Howard. Em seguida, conheci Ian Franklin, um guarda palaciano que havia cuidadosamente catalogado um século de relatórios de fenômenos experienciados pelos funcionários e pelos visitantes e lhe pedi para secretamente colocar cruzes na planta baixa indicando onde as pessoas haviam sistematicamente relatado experiências. Para evitar qualquer possível viés durante a investigação, nem eu, nem qualquer outro membro do time de pesquisa sabíamos quais áreas haviam sido marcadas por Ian.

Durante o dia, grupos de visitantes eram transformados em caçadores de fantasmas. Após ouvir uma breve palestra sobre o projeto, cada participante recebia uma planta baixa em branco, era solicitado a andar pelo corredor e colocar um "X" na planta baixa para indicar a localização de quaisquer experiências extraordinárias que porventura vivessem (essencialmente tomando parte em um jogo de "localize o fantasma"). Cada noite, nós colocávamos uma variedade de sensores e um coletor de imagens infravermelhas de sessenta mil libras no corredor, na esperança de pegar Catherine em pleno ato de assombração.

O primeiro dia da investigação correu mal, com diversos participantes pegando o corredor errado e depois se perguntando por que a planta baixa estava tão completamente incorreta. No segundo dia, recebemos a visita de uma mulher que alegava ser a reencarnação de Catherine Howard e disse que podia fornecer uma perspectiva única na primeira pessoa sobre os procedimentos (—Na prática, fui arrastada pelo corredor nesta direção, não naquela, — Não tenho certeza se a pintura nova das cozinhas me agrada — etc.). No terceiro dia, uma equipe de filmagem brasileira tentou filmar o corredor assombrado, mas o apresentador repentinamente teve uma crise de ansiedade e deixou o palácio sem completar a cena. O quarto dia acabou sendo muito interessante. A equipe (que agora incluía a reencarnação de Catherine Howard) se reuniu pela manhã, como de costume, e revisou os dados da noite anterior do sensor infravermelho. Ficou imediatamente óbvio que algo muito estranho acontecera, tendo os gráficos mostrado um grande aumento de temperatura em torno das seis horas. Ansiosamente rebobinamos a gravação do sensor de imagens infravermelhas para descobrir se pegáramos Catherine na fita. Exatamente às seis horas, as portas em uma das extremidades do corredor se escancararam e uma figura adentrou. A reencarnação de Catherine Howard instantaneamente reconheceu-a como um membro da corte de Henrique VIII. No entanto, alguns segundos mais tarde, os procedimentos tomaram uma direção decididamente mais cética quando vimos a figura se dirigir a um armário, retirar um aspirador de pó e começar a limpar os tapetes. Felizmente, os dados do restante da investigação foram mais reveladores.

Filmagem de campo do "fantasma" termal
www.richardwiseman.com/paranormality/ThermalGhost.html

Em primeiro lugar, as pessoas que acreditavam em fantasmas experimentaram sensações significativamente mais estranhas do que os céticos. Curiosamente, essas experiências bizarras não estavam espalhadas aleatoriamente pelo corredor, mas, ao contrário, concentravam-se em determinadas áreas. Ainda mais curioso, essas áreas correspondiam às que Ian Franklin identificara analisando os relatos anteriores. Dado que nem a equipe nem os voluntários conheciam a localização dessas áreas durante o estudo, isso era um forte indício de que algo estranho estava acontecendo.

Obtivemos o mesmo padrão de descobertas em diversas investigações em outros locais assombrados. Repetidamente, aqueles que acreditam nas experiências paranormais experienciam mais fantasmas do que aqueles que não acreditam nelas e essas sensações frequentemente ocorrem em lugares que têm uma reputação de serem assombrados. Enquanto carregava o equipamento de volta para meu carro e dizia adeus à nossa bem-intencionada, mas extremamente maçante aspirante a Catherine Howard, uma pergunta não deixava minha cabeça. Por quê?

A máquina no fantasma

Passe algum tempo pesquisando na internet sobre a caça a fantasmas ou leia livros sobre assombrações e você logo se deparará com a "Teoria da Fita de Pedra". Segundo seus proponentes, os fantasmas são o resultado de construções que registram e, mais tarde, mostram novamente eventos passados. Em outras palavras, os fantasmas não só atravessam as paredes, mas são, na prática, parte delas. A ideia tem apelo emocional, mas, de uma perspectiva científica, sofre de três problemas significativos. Primeiro, a ideia é literalmente uma obra de ficção. Em dezembro de 1972, a BBC transmitiu uma história de fantasmas natalina intitulada *The Stone Tape*. Escrita por Nigel Kneale (também autor do fabuloso *Quatermass*), a peça se concentra em um grupo de cientistas que investiga uma antiga casa assombrada. Os pesquisadores descobriram que as pedras em um dos cômodos são capazes de registrar eventos passados e que os supostos fantasmas são, na prática, esses registros sendo mostrados novamente. Curiosa por descobrir mais, a equipe realiza diversas experiências e (como frequentemente acontece quando cientistas ficcionais metem o nariz no desconhecido), sem perceber, liberam uma força malévola no mundo. O segundo problema com a teoria é que ela é completamente implausível — até onde sabemos, não existe uma maneira de tal informação sobre eventos poder ser armazenada na estrutura de um edifício. E o terceiro e último problema — e de uma perspectiva científica, esse talvez seja o maior obstáculo — é que não há sombra de qualquer evidência que sugira que isso seja verdade.

Felizmente, outros cientistas surgiram com formas mais plausíveis de explicar os acontecimentos estranhos que ocorrem à noite.

Na década de 1950, Sr. G.W. Lambert, presidente da Society for Psychical Research, sugeriu que a resposta residiria não nas paredes de construções assombradas, mas, ao contrário, em movimentos naturais da terra e da água embaixo de suas fundações.[8]

BUU!

O pesquisador psíquico Tony Cornell realizou uma grande quantidade de trabalhos fascinantes sobre o desconhecido, mas o que talvez seja sua série mais estranha de estudos buscou avaliar a confiabilidade dos testemunhos oculares de fantasmas.[9] A ideia era simples. Primeiro, Cornell e seus colegas se disfarçariam como aparições, apareceriam em diversos lugares públicos à noite e atrairiam a atenção dos transeuntes. Em seguida, outros membros da equipe de pesquisa entrevistariam essas testemunhas oculares e avaliariam a exatidão do seu relato. No entanto, como é frequente na ciência sobrenatural, os estudos acabaram sendo surpreendentemente difíceis de conduzir.

Na experiência inicial, Cornell se embrulhou em um lençol branco e passou diversas noites andando por um parque escuro no centro de Cambridge. Embora oitenta pessoas estivessem em uma posição de onde poderiam ver o espírito falso, nenhuma delas pareceu notar os eventos estranhos. Ponderando se os resultados insatisfatórios se deviam à pouca iluminação, Cornell vestiu o lençol novamente e passou diversas noites andando por um cemitério bem iluminado da mesma cidade. Um total de noventa carros, quarenta ciclistas e doze pedestres passaram, mas somente quatro pessoas pareceram notar a aparição. Dessas, duas foram entrevistadas. Uma disse que supunha que o "fantasma" era parte de um projeto artístico e o outro comentou que a pessoa debaixo do lençol "certamente deveria ser maluca". Em uma tentativa final de ser visto, Cornell contatou um cinema local e organizou uma reencenação de sua caminhada fantasmagórica em frente à tela logo antes da exibição de um filme pornográfico (escolhido "para evitar que crianças estivessem presentes"). A plateia foi, em seguida, convidada a levantar as mãos se houvesse visto algo incomum e um terço da audiência não havia enxergado o espírito falso. O testemunho daqueles que viram a figura ficava, frequentemente, muito longe da precisão e incluía uma descrição de uma jovem em um vestido de verão; uma mulher com um pesado casaco; e um urso polar caminhando vagarosamente diante da tela.

As descobertas de Cornell sugerem que, se os mortos de fato andam entre nós, eles se beneficiariam se vestissem um colete de alta visibilidade.

Gauld e Cornell descobriram uma casa cuja demolição esava agendada e persuadiram as autoridades locais a cedê-la para a realização de uma pesquisa científica séria. Os dois começaram cimentando uma poderosa máquina vibratória na parede da casa. Em seguida, fixaram uma longa corda em torno da chaminé e amarraram um peso pesado na extremidade da corda. Depois, eles se aventuraram dentro da casa e cuidadosamente posicionaram 13 objetos de "teste" em cômodos diferentes, por exemplo, colocaram uma bola de gude no chão de um dos cômodos e uma xícara de chá e um pires em uma prateleira no outro. Preparações finalizadas, passaram à segunda etapa da experiência.

Gauld se posicionou dentro da casa e Cornell ligou a máquina gigante. A casa inteira chacoalhou, mas nenhum dos objetos de teste moveu um centímetro. Cornell, então, providenciou que o peso pesado na extremidade da corda fosse levantado e atirado contra a lateral da construção. Todos os objetos de teste permaneceram imóveis durante a experiência. No dia seguinte, os dois voltaram à casa, ligaram a máquina até o nível 11 e, finalmente, conseguiram fazer a xícara rodar no pires. A dupla dinâmica, então, reposicionou a máquina para obter um efeito ainda maior e ocuparam posições na casa para um último teste. Quando um colega ligou o botão no nível máximo, Gauld e Cornell sentiram a casa inteira balançar. Sujeira desceu pela chaminé com um grande estrondo; placas de gesso caíram do teto; e uma grande fenda apareceu em uma das paredes do quarto. Logo após, descrevendo seu tempo lá como "nossa experiência mais atemorizante na caça a um fantasma", eles mantiveram suas posições e observaram que até nessas condições extremas somente alguns dos objetos de teste se moveram (um copo de plástico tombou, a xícara e o pires caíram da prateleira e um burro de gesso calcinado se deslocou uma fração de centímetro da parede). Após arriscar suas vidas em busca do conhecimento científico, Gauld e Cornell concluíram que a teoria de Lambert simplesmente não era convincente.

Lambert não é o único a sugerir que assombrações poderiam ser o resultado de vibrações ruins. Em meu livro anterior, *Esquisiotologia*, descrevi outra ideia proposta pelo engenheiro elétrico Vic Tandy.[10] Em 1998, ele trabalhava em um laboratório que tinha a reputação de ser assombrado. Trabalhando sozinho, já tarde em uma noite de agosto, ele começou a se sentir extremamente desconfortável e teve a impressão clara de que estava sendo observado. Ao se virar vagarosamente, viu uma figura cinza indistinta emergindo, lentamente, do lado esquerdo de sua visão periférica. Com o cabelo da nuca eriçado, Tandy, finalmente, tomou coragem para olhar diretamente para a figura. À medida que o fez, ela desvaneceu e desapareceu.

Tandy era um esgrimista hábil e, no dia seguinte, levou seu florete para o laboratório para ser consertado. Ao prender a espada em um torno de bancada, ela começou a vibrar freneticamente. Embora inicialmente confuso, ele finalmente compreendeu que a unidade de ar-condicionado no cômodo estava produzindo uma onda de som de baixa frequência inferior à capacidade de audição humana. Essas ondas, denominadas "infrassom", vibram em uma frequência de aproximadamente 17Hz e são capazes de produzir efeitos estranhos. Tandy especulou que em algumas construções supostamente assombradas, determinados fenômenos que ocorrem naturalmente — tais como ventos fortes soprando por janelas abertas ou o ruído surdo do trânsito nas proximidades — poderiam criar infrassom e proporcionar experiências estranhas que as pessoas incorretamente atribuem à presença de espíritos.

Existem alguns indícios que sustentam a ideia de Tandy. Por exemplo, em 2000, ele relatou a investigação de um porão do século XIV em Coventry que tinha uma reputação de ser assombrado e descobriu infrassom na parte do porão onde muitas pessoas relataram ter visto aparições.[11] Como eu também observei em *Esquisiotologia*, outras pesquisas sugerem que as pessoas de fato têm experiências estranhas quando expostas a sons de baixa frequência. No entanto, embora a teoria possa explicar uma parte das atividades supostamente fantasmagóricas, a combinação necessária de ventos fortes, janelas especialmente configuradas e trânsito próximo significa que essa é uma explicação improvável para um grande número de assombrações.

É claro que, como uma explicação científica dos espíritos, o infrassom não é a única alternativa...

Esperando por Deus

O neurocirurgião Michael Persinger, da Laurentian University, no Canadá, acredita que as experiências fantasmagóricas são causadas pelo funcionamento deficiente do cérebro e, mais controverso, que essas sensações podem ser facilmente evocadas pela aplicação de campos magnéticos muito fracos na parte externa do crânio.[12]

Em um de seus estudos típicos, os participantes são conduzidos a um laboratório e solicitados a se sentarem em uma cadeira confortável. Então, um capacete é colocado em suas cabeças. Eles são vendados e convidados a relaxar por cerca de quarenta minutos. Durante esse tempo, diversos solenoides escondidos no capacete geram campos magnéticos extremamente fracos ao redor do participante. Às vezes, os campos focados são os do lado direito da cabeça; em outros momentos, são os do lado esquerdo; e, de vez em quando, foca-se ao redor do crânio. Finalmente, o capacete e a venda são retirados e é solicitado ao participante o preenchimento de um questionário indicando se vivenciou quaisquer sensações estranhas, tais como: perceber uma presença ou imagens distintas, sentir odores estranhos, excitação sexual ou a sensação de ficar cara a cara com Deus.

Após anos de experimentação, Persinger alega que cerca de 80% dos participantes marcam a caixa da palavra "sim" para ao menos uma das experiências, havendo alguns que chegaram a marcar a opção "todos os itens acima". O estudo apareceu em muitos documentários científicos e diversos apresentadores e jornalistas colocaram o capacete mágico de Persinger em suas cabeças na esperança de encontrar o criador. Na maioria das vezes, eles não se frustraram. A parapsicóloga Sue Blackmore sentiu como se algo tivesse agarrado sua perna e a arrastado parede acima, seguido de uma sensação repentina de raiva intensa (exatamente como eu sentiria se alguém pegasse a minha perna e a arrastasse parede acima). O cético e colunista da revista *Scientific American* Michael Shermer passou por um momento igualmente bizarro sob a influência do capacete, sentindo uma presença estranha passar rapidamente por ele, seguida por uma sensação de que estava sendo levado para fora de seu corpo. Persinger, no entanto, não é dono de um histórico de sucesso total, tendo o evolucionista e reconhecidamente ateu Richard Dawkins sentido muito pouco, o que resultou em um grande sentimento de frustração.

Apesar do ateu indiferente ocasional, tudo ia bem com a teoria de Persinger, até que uma equipe de psicólogos suíços, liderada por Pehr Granqvist, da Universidade de Uppsala, decidiu realizar o mesmo tipo de experiência.[13] Começou bem, com alguns dos suíços visitando o laboratório de Persinger e até mesmo pegando emprestado uma versão portátil de um de seus capacetes para estudo próprio. No entanto, Granqvist ficou preocupado com o fato de que alguns dos participantes dos experimentos de Persinger podiam ter sabido o que se esperava deles e suas experiências, por essa razão, poderiam ter estado sujeitas à sugestão e não aos campos magnéticos sutis. Para descartar essa possibilidade em seu trabalho, Granqvist fez todos os participantes usarem o capacete de Persinger, mas se assegurou de que as bobinas fossem ligadas para apenas metade deles. Nenhum dos participantes nem dos pesquisadores sabia quando os campos magnéticos estavam ligados e quando estavam desligados.

Os resultados foram surpreendentes. Ele descobriu que os campos magnéticos não tinham absolutamente nenhum efeito. Três dos participantes relataram experiências espirituais intensas, mas dois deles não estavam sendo expostos aos campos magnéticos naquele momento. Da mesma forma, 22 pessoas relataram experiências mais sutis, mas 11 delas estavam na condição de "bobina desligada". Quando o trabalho de Granqvist foi publicado em 2004, Persinger afirmou que os resultados ruins poderiam se dever, em parte, ao fato de os participantes na condição de "bobina ligada" terem sido expostos aos campos magnéticos somente por 15 minutos ou por Granqvist ter executado em Windows o software baseado em DOS que controlava as bobinas e, tendo, possivelmente alterado a natureza dos campos magnéticos. A equipe sueca defendeu seu trabalho e insistiu na precisão de suas descobertas.

Mas o pior ainda estava por vir. Em 2009, o psicólogo Chris French e seus colegas da Goldsmiths College, em Londres, realizaram uma investigação das ideias de Persinger escondendo bobinas por trás das paredes de um cômodo branco sem qualquer marca e, em seguida, pediram às pessoas que andassem pelo cômodo e reportassem qualquer sensação estranha.[14] Setenta e nove pessoas visitaram essa versão mais científica de casas assombradas por cerca de cinquenta minutos cada uma. Seguindo os passos de Granqvist, French e sua equipe fizeram com que as bobinas permanecessem ligadas apenas para metade dos visitantes e que nenhum dos participantes nem dos pesquisadores soubesse quando elas estavam ativadas ou não. Os campos magnéticos não tiveram absolutamente nenhum efeito sobre se as pessoas reportavam ou não uma experiência estranha.

Alguns comentaristas observaram que estamos todos sujeitos a campos magnéticos muito maiores sempre que usamos um secador de cabelos ou ligamos um aparelho de televisão e, assim, se a teoria funcionasse, sentiríamos a presença de um fantasma muito mais frequentemente.

A ideia da existência de fantasmas de infrassom e espíritos eletromagnéticos capturou a imaginação da mídia e do público. No entanto, o júri científico não está convencido.

Então, alguém desvendou o mistério das assombrações? Antes de nos aprofundarmos mais, é hora de descobrir mais sobre a assombração de um fantasma eclesiástico bastante estranho.

O poder da espectroscopia de Raman

Alguns anos atrás, realizei uma experiência pouco comum como parte de uma série de televisão sobre o comportamento humano. Juntamos vinte voluntários desavisados em uma sala, fizemos com que se sentassem em quatro filas de cadeiras e explicamos que testaríamos seu sentido de olfato. A eles foi mostrado um pequeno frasco de perfume contendo um líquido verde claro e explicamos que, quando a tampa do frasco fosse aberta, um forte cheiro de menta saturaria toda a sala. Em seguida, retiramos cuidadosamente a tampa e pedimos às pessoas que levantassem as mãos assim que conseguissem sentir o cheiro de menta. Em uma questão de instantes, algumas pessoas na primeira fila levantaram as mãos. Segundos mais tarde, os que estavam na segunda fila fizeram o mesmo. Em pouco tempo, cerca de metade do grupo tinha as mãos erguidas. Quando pedimos para descreverem o aroma, elas disseram que era fresco, agradável e estimulante. Havia apenas um pequeno problema. Como você deve já ter imaginado, o frasco, na verdade, continha uma mistura de água e tintura inodora. O aroma de menta existia somente nas mentes dos participantes e estava programado para demonstrar o poder da sugestão.

Essa demonstração, realizada pela primeira vez por Edwin Emery Slosson em 1899 (que, segundo um relato da época, foi "obrigado a parar a experiência, pois alguns sentados na primeira fila estavam sendo afetados desagradavelmente e prestes a deixar a sala"), vem sendo realizada em departamentos de psicologia no mundo inteiro por mais de cem anos.[15]

No final da década de 1970, o cientista sensorial Michael O'Mahony, da Unviersidade da Califórnia, levou a ideia a novos patamares quando convenceu a BBC a exibir uma versão bem planejada do estudo durante um programa ao vivo.[16] O'Mahony construiu alguns aparatos científicos falsos (pense em cones grandes de aparência estranha, montes de fios e vários osciloscópios) e conseguiu manter uma expressão séria enquanto contava aos espectadores que essa "armadilha de gosto", recentemente inventada, usava a "espectroscopia de Raman" para transmitir aromas via som. Ele, então, orgulhosamente anunciou que o estímulo seria um aroma do campo. Infelizmente a plateia do estúdio interpretou seus comentários como significando "esterco", resultando em uma grande quantidade de gargalhadas obscenas. Após esclarecer que não transmitiriam o aroma de merda para as casas das pessoas, a equipe de pesquisa tocou um tom de sintonização padrão Dolby durante dez segundos. Exatamente da mesma forma que os frascos nas versões mais triviais do estudo continham nada além de água, assim o tom não tinha, na prática, a capacidade de induzir aromas.

Os espectadores foram, então, solicitados a contatar a estação de televisão e descrever suas experiências. Algumas centenas deles responderam, tendo a maioria afirmado que detectara um forte aroma de "feno", "grama" e "flores". Embora tivessem sido explicitamente informados de que o aroma não estaria relacionado ao esterco, diversas pessoas mencionaram que detectaram o sinal sutil de silagem. Muitos telespectadores descreveram como o tom causara sintomas mais dramáticos, inclusive ataques de alergia, surtos repentinos de espirros e tonteiras.

Essas experiências demonstram como o poder da expectativa por si só pode levar algumas pessoas a experimentar diversos aromas. James Houran (famoso por sites de namoro na internet e por caçar fantasmas) também acredita que as experiências desempenham um papel vital no desvendamento do mistério das assombrações.

Houran especulou que, se pessoas suscetíveis à sugestão acreditam que estão em uma casa assombrada, elas podem experimentar as sensações estranhas tipicamente atribuídas à atividade fantasmagórica. Além disso, ele observou que tais experiências podem criar uma sensação de medo que tornará as pessoas hipervigilantes e as fará prestar atenção aos sinais mais sutis.[17] Elas observarão repentinamente aquele pequeno rangido no assoalho, o movimento das cortinas ou um rápido cheiro de queimado. Tudo isso as tornará ainda mais temerosas e, por essa razão, elas apresentarão uma hipervigilância ainda maior. O processo se autoalimenta até que a pessoa começa a ficar extremamente agitada, ansiosa e propensa a experimentar sensações e alucinações mais extremas.

Os resultados de diversos estudos sustentam as ideias de Houran. Em meu próprio trabalho, aqueles que acreditavam em fantasmas relataram muito mais experiências estranhas do que os céticos e suas sensações tendiam a focar nos tipos de locais de aparência amedrontadora que frequentemente aparecem em filmes de terror. Nos estudos que investigavam a (falta de) impacto dos campos magnéticos fracos sobre o cérebro, aqueles que relataram experiências estranhas tendiam a ser muito mais suscetíveis à sugestão do que a maioria. Embora esses resultados sejam estimulantes, o teste mais rigoroso da teoria envolve levar pessoas sugestionáveis para um lugar que não tenha a reputação de ser assombrado, fazê-las acreditar que ele é assombrado e ver se elas experimentam o mesmo tipo de atividade fantasmagórica relatada nas assombrações "genuínas". Houran conduziu diversos desses experimentos, com resultados intrigantes.

Em uma experiência, ele utilizou um teatro abandonado que não tinha absolutamente nenhuma reputação de ser assombrado e solicitou a dois grupos de pessoas que o vasculhassem e relatassem como se sentiram.[18] Houran contou a um grupo que o teatro estava associado a muitas atividades fantasmagóricas e, ao outro, que a construção estava simplesmente passando por uma obra. Os integrantes do grupo do "esta construção é assombrada" relataram muitas sensações estranhas, enquanto o outro grupo não experimentou nada extraordinário. Em outro estudo, Houran pediu a um casal que vivia em uma casa sem reputação de atividades fantasmagóricas para passar um mês fazendo anotações de quaisquer "ocorrências extraordinárias" que eles observassem em sua casa.[19]

Ao relatar os resultados em um artigo chamado "Diário dos eventos em uma casa inteiramente não assombrada", ele observou que o casal surpreendentemente relatou 22 eventos estranhos, inclusive o mau funcionamento inexplicável de seu telefone, o nome deles ter sido murmurado por uma presença fantasmagórica e a estranha movimentação ao longo de uma prateleira de uma máscara de vodu que fora comprada como souvenir.

Embora esses estudos sejam impressionantes, talvez o prêmio para o melhor teste da teoria de Houran deva ser outorgado ao jornalista Frank Smyth.

O vigário fantasma de Ratcliffe Wharf

Em 1970, Frank Smyth era o editor assistente de uma revista que tratava de fenômenos paranormais conhecida como *Man, Myth and Magic* [O homem, o mito e a mágica].[20] Certa manhã de domingo, Smyth viajou para a Ratcliffe Wharf, no bairro Docklands, em Londres, para encontrar seu amigo John Philby (filho do espião Kim Philby). Durante o século XIX, Ratcliffe Wharf foi um cais movimentado. Como resultado das idas e vindas constantes dos marinheiros, o local também se tornou um centro de iniquidades, abarrotado de casas de jogatina, bares e bordéis. Philby estava renovando um armazém antigo na área e sugeriu a Smyth que poderia ser divertido criar uma história de fantasmas.

Após algumas horas de produtiva troca de ideias em um bar local, Smyth e Philby conceberam o vigário fantasma de Ratcliffe Wharf — uma história emocionante de sexo, marinheiros e assassinos. Então, se você está confortavelmente sentado, eu começarei...

No início da década de 1800, um ex-vigário da Igreja de Sta. Ana, a maior do cais, fundou uma hospedaria na área para marinheiros. No entanto, quando o negócio não deu certo, ele, o mais corrupto dos vigários, adotou formas mais inescrupulosas de ganhar dinheiro. Ele pagava jovens formosas para atrair marinheiros para sua hospedaria, encher os homens com bebida e, em seguida, convidá-los a irem para o andar de cima para uma sessão de devassidão. Quando eles se despiam e deitavam na cama, o vigário surgia de seu esconderijo no quarto, surrava-os até a morte com sua bengala de cabo de prata, roubava o dinheiro e atirava seus cadáveres no lamacento Thames. Segundo a doutrina local, a assombração do vigário permanece no local.

Após verificar cuidadosamente que a área não estava associada com quaisquer atividades fantasmagóricas, Frank descreveu sua história inteiramente fictícia na edição seguinte de *Man, Myth and Magic*, observando que tanto ele quanto Philby haviam visto, de fato, o fantasma.

Três anos mais tarde, um documentário da BBC descreveu a farsa, apresentando um relato dramatizado do vigário fantasma de Ratcliffe Wharf (incluindo uma placa da hospedaria onde ele usava mulheres bonitas para seduzir marinheiros, anunciando apropriadamente "Alojamentos para marinheiros") e saiu em busca de pessoas que tivessem visto o fantasma inexistente. Não tiveram de procurar muito longe. Uma mulher local relatou ter visto o vigário fantasmagórico e o descreveu usando uma camisa branca, um capote e com cabelos grisalhos escorridos. Acreditando que o espírito eclesiástico era uma figura bastante luxuriosa, a mulher escreveu como frequentemente tinha a sensação de que ele a observava quando ela se despia à noite. Em seguida, um senhorio da área descreveu como sua filha e o filho de dois anos de idade dela tinham tido um encontro arrepiante com a assombração quando estavam hospedados com ele. Após diversas noites sem dormir, a criança apontou para uma área do quarto e gritou que não gostava do homem que estava lá de pé. A mãe da criança, então, virou e viu o vigário fantasmagórico olhando para ela. Outras testemunhas incluíam um trabalhador que vira o homem dobrar uma esquina antes de desaparecer diante de seus olhos e dois policiais que disseram a inverdade, toda a inverdade e nada mais do que inverdades sobre atividades fantasmagóricas no cais.

O vigário fantasma de Ratcliffe Wharf é uma prova concreta da teoria de Houran. As assombrações não exigem fantasmas genuínos, paredes que gravam, correntes de água subterrâneas, ondas de som de baixa frequência ou campos magnéticos fracos. Em seu lugar, tudo de que se precisa é o poder da sugestão.

A grande pergunta

Embora a psicologia da sugestão explique muitos fenômenos fantasmagóricos, ainda existe um mistério final — por que nossos cérebros sofisticados se desenvolveram para detectar entidades fantasmagóricas inexistentes?

Os cientistas propuseram diversas teorias para esclarecer aquilo que afeta nossas cabeças. O psicólogo Jesse Bering, da Universidade de Arkansas, sugeriu que tanto os fantasmas quanto Deus ajudam a moldar uma sociedade mais honesta, ao convencer as pessoas de que elas estão constantemente sob observação.[21] Bering e sua equipe testaram essa ideia realizando uma experiência um tanto estranha. Em seu estudo, alunos foram submetidos a um teste de inteligência. Ele fora cuidadosamente elaborado para assegurar que os alunos pudessem trapacear se quisessem e que os pesquisadores pudessem secretamente monitorar o nível de trapaça de cada um. Logo antes de fazer o teste, um grupo de alunos selecionado aleatoriamente foi informado de que a sala de prova era aparentemente assombrada. Conforme previsto pela teoria de que os "fantasmas tornam as pessoas mais honestas", os alunos que achavam que estavam em uma sala assombrada foram muito menos propensos a trapacear.

No entanto, talvez a teoria mais popular para explicar a evolução das experiências fantasmagóricas diga respeito ao "Dispositivo hiperativo de detecção de agente".[22] O psicólogo de Oxford, Justin Barrett, acredita que a ideia de "agência" — ser capaz de imaginar por que as pessoas agem da forma que agem — é essencial para nossas interações diárias. Na realidade, isso é tão importante que Barrett acredita que a parte do cérebro responsável por detectar essa agência frequentemente entra em um estado de atividade intensa, fazendo com que as pessoas vejam comportamento similar ao humano até mesmo em esímulos sem qualquer significado. Na década de 1940, os psicólogos Fritz Heider e Mary-Ann Simmel realizaram uma experiência que se tornou clássica e que fornece uma bela ilustração para o argumento de Barrett. Heider e Simmel criaram um breve desenho animado no qual um triângulo grande, um triângulo pequeno e um círculo entravam em saíam de uma caixa. Em seguida, mostraram a obra sem sentido às pessoas e pediram a elas que descrevessem o que estava acontecendo. A maioria instantaneamente criou histórias elaboradas para explicar o desenho, dizendo, por exemplo, que talvez o círculo estivesse apaixonado pelo triângulo pequeno e o triângulo grande estava tentando roubar o círculo, mas que o pequeno triângulo se rebelou e o pequeno triângulo e o círculo, por fim, viveram felizes para sempre.

Em resumo, as pessoas viram agência onde não havia. Barrett acredita que o mesmo conceito ajuda a explicar Deus, fantasmas e duendes. Segundo a teoria, muitas pessoas relutam em acreditar que determinados eventos não possuam significado e se tornam ávidas para pressupor que eles são obra de entidades invisíveis. Elas podem, por exemplo, vivenciar um maravilhoso golpe de boa sorte e supor que se trata da ação de anjos, ser afetadas por uma doença e vê-la como comprovação da existência de demônios ou ouvir uma porta ranger e atribuir esse fato a uma mulher fantasmagórica vestida de branco. Se Barrett estiver certo, os fantasmas não são o resultado de pensamentos supersticiosos. Tampouco espíritos retornando dos mortos. Em vez disso, são simplesmente o preço que pagamos por ter um cérebro extraordinário que é capaz de entender por que as pessoas se comportam de determinada maneira. Como tais, os fantasmas são uma parte essencial de nosso cotidiano.

6. Controle
da mente

No qual entraremos na mente do maior leitor de pensamentos
do mundo; descobriremos se os hipnotistas podem nos fazer
agir contra nossa vontade; nos infiltraremos em alguns
cultos; aprenderemos como evitar a lavagem cerebral;
e investigaremos a psicologia da persuasão.

Pense em qualquer número entre 1 e 100. Fique à vontade para mudar de ideia algumas vezes antes de decidir sobre ele. Você tem um número em mente? OK, concentre-se nele. Tenho a impressão de que você está pensando no número... 73. As pesquisas sugerem que cerca de um entre cinquenta de vocês terá deixado cair o livro de tanta surpresa. Infelizmente, o mesmo trabalho também mostra que a grande maioria de vocês não ficou nada impressionada com minha capacidade de ler mentes.

No entanto, imagine que eu tenha sido capaz de dizer corretamente o número em que você estava pensando. Além disso, imagine que meus poderes telepáticos extraordinários não estivessem limitados a dizer números, mas também funcionassem com formas, nomes, localizações e cores. Finalmente, imagine que minhas habilidades se estendessem para muito além de vascular os conteúdos de sua mente e que eu também tivesse a habilidade de, na prática, controlar seu comportamento. Durante anos, um pequeno número de pessoas alegou possuir tais faculdades. Esses indivíduos bastante curiosos não estão interessados em olhar fixamente para uma bola de cristal, falar com os mortos ou analisar seu mapa astral. Em vez disso, eles parecem ter uma capacidade misteriosa e singular de mexer diretamente com a sua mente. Como parecem alcançar o impossível? Suas façanhas constituem uma comprovação incontestável da paranormalidade ou há alguma psicologia sutil e misteriosa em ação?

Para descobrir, iremos viajar nas profundezas do mundo de um telepata fora do comum; conhecer um cavalo leitor de mentes; e passar algum tempo com um assustador especialista em controle da mente. Nossa jornada começa há mais de cem anos, com um dos primeiros leitores de mentes do mundo.

Leitura de pensamentos no cérebro

Wahsington Irving Bishop foi, sob qualquer parâmetro, um homem extraordinário.[1] Nascido em 1856, na cidade de Nova York, Bishop foi criado principalmente por sua mãe, Eleanor, cujas atividades profissionais incluíam ser atriz, cantora de ópera e médium em regime de meio período. Eleanor foi uma personagem pitoresca, frequentemente envolvida em controvérsias. Em 1867, por exemplo, ela tentou se divorciar do marido Nathaniel alegando que ele tentara matá-la. Em 1874, compareceu ao funeral dele e, apesar dos dois estarem separados nos sete anos anteriores, ficou aparentemente tão emocionada com o evento que sentiu a necessidade de se jogar em cima do caixão quando este estava sendo baixado na sepultura. Algumas semanas mais tarde, alegou que o falecido fora envenenado deliberadamente por um inimigo misterioso e exigiu que seu corpo fosse exumado. Um exame minucioso do corpo não produziu qualquer indício de crime.

Bishop não se destacou na universidade e, talvez ajudado pelas conexões de sua mãe com o espiritismo, acabou trabalhando como gerente de uma médium de palco famosa chamada Annie Eva Fay. No início de sua apresentação, Fay dispunha uma cadeira e diversos instrumentos musicais em um grande armário aberto na frente. Em seguida, convidava diversos espectadores para subirem ao palco e pedia-lhes que a amarrassem à cadeira. Uma cortina em frente ao armário era fechada e Fay supostamente invocava os espíritos. Após alguns momentos, eles aparentemente tornavam sua presença conhecida ao tocar instrumentos e, em seguida, jogá-los para fora do armário. Diversos rumores circulavam sobre como Fay produzia esses fenômenos aparentemente milagrosos, tendo alguns sugerido que ela introduzia clandestinamente o filho pequeno no armário, escondendo-o debaixo de seu vestido. A verdade era muito mais óbvia. Fay era uma escapologista habilidosa, capaz de se livrar da cadeira, tocar os instrumentos, jogá-los para fora do armário e, em seguida, contorcer-se de maneira a voltar às cordas.

Após alguns meses, Bishop brigou com Fay por questões financeiras e decidiu fazer a própria estreia no teatro de variedades, apresentando uma devassa pública de toda a apresentação de Fay. Embora tudo tenha corrido bem inicialmente, as plateias logo começaram a se cansar de ouvir os segredos de Fay e Bishop decidiu expandir seu repertório, expondo os truques empregados por outros médiuns famosos. Por razões que ainda não estão totalmente claras, ele achou que a melhor forma de reunir esse novo material era assistir a sessões espíritas vestido de mulher. Infelizmente, seus relatos subsequentes sobre essas devassas que fazia enquanto travestido não atraíram o interesse do público e ele foi forçado a explorar formas alternativas de conquista das plateias. Após muitas tentativas e erros, acabou desenvolvendo uma habilidade que lhe granjearia fama e fortuna internacionais.

Ele se submeteu a uma reforma completa. Em vez de se apresentar como artista de teatro de variedades, adotou o estilo muito mais sóbrio de um palestrante científico. Largou as histórias sensacionalistas do tipo "mais uma vez, eu vesti um vestido e descobri a verdade" e adotou um par de óculos pincenê e costeletas suíças acadêmicas. Talvez o mais importante de tudo, em vez de focar em expor as alegações de outros, Bishop declarou que ele mesmo desenvolvera a mais misteriosa das habilidades. Promovendo-se como o "primeiro leitor de mentes do mundo", orgulhosamente anunciou que era capaz de demonstrar telepatia de acordo com o pedido.

Começou suas apresentações adotando um ar de mistério, declarando francamente que, embora sua recém-descoberta habilidade não pudesse ser atribuída a poderes paranormais ou ao trabalho dos espíritos, não tinha uma explicação para o que estava prestes a demonstrar. Ele, então, embarcava em uma série de façanhas de leitura de mente. Em uma apresentação típica, entregava um alfinete para um espectador e explicava que, dentro de alguns momentos, ele deveria esconder o objeto em algum lugar no auditório. Outro membro da plateia era instruído a garantir que Bishop não pudesse ver o local do esconderijo. Bishop e seu acompanhante, então, saíam do palco para que o alfinete fosse escondido. Quando retornava, agarrava o pulso do primeiro espectador e o levava freneticamente pelo auditório. Por fim, limitava sua busca a uma pequena área elocalizava o alfinete escondido.

Havia muitas variantes desse procedimento. Às vezes, por exemplo, ele levava um catálogo de telefones grande para o palco e pedia a um espectador para escolher secretamente um nome da lista. Então usava suas supostas habilidades telepáticas para identificar o nome escolhido. No que talvez fosse seu mais famoso truque, ele convidava um grupo de cinco ou seis pessoas para subirem ao palco, explicava que sairia do auditório e lhes pedia que fizessem a mímica de uma cena de assassinato durante sua ausência. Uma pessoa no grupo representava o papel do assassino e a outra, o da vítima. Após a plateia presenciar o "assassinato", Bishop voltava e era vendado. Ele então segurava o pulso de um espectador e pedia aos demais que se concentrassem na pessoa que fora "assassinada". Após examinar cada membro do grupo, ele corretamente deduzia quem havia representado o papel de vítima. Segundos mais tarde, identificava com sucesso o "assassino".

Essas demonstrações surpreendentes foram extremamente bem-sucedidas e sua reputação rapidamente se espalhou por toda a Europa e Estados Unidos. A fama de Bishop estimulou um punhado de imitadores, dos quais talvez o mais conhecido tenha sido Stuart Cumberland, um de seus ex-empregados. O nível de sucesso desfrutado por pessoas como Bishop e Cumberland foi refletido por suas plateias da alta sociedade (Cumberland foi convidado à Câmara dos Comuns para ler a mente de William Gladstone, descrevendo mais tarde a "impressionante influência magnética" do primeiro-ministro em seu livro *People I Have Read* [Pessoas que já li]), assim como pelas sátiras em canções humorísticas famosas da época, tais como a sempre popular "Thought-reading On The Brain":

Oh, Sr. Cumberland e Irving Bishop também
Com os alfinetes que encontram, eu quero transpassá-los
Pois acabou minha felicidade, e é evidente
Que toda a família agora só quer saber da leitura da mente

Infelizmente, o sucesso de Bishop durou pouco. Em 1889, o leitor de mente famoso no mundo inteiro estava se apresentando no Lambs Club, na cidade de Nova York. Após ter completado com sucesso seus truques de "identifique o assassino" e de "ache o nome no catálogo de telefones", ele desabou exausto no chão. Recuperou a consciência alguns minutos mais tarde e foi levado para uma cama no clube. Sempre profissional, Bishop insistia em realizar outra façanha. O registro de sócios do clube foi levado para o quarto e um nome escolhido aleatoriamente. Embora claramente passando por dificuldades, ele finalmente conseguiu localizar o nome correto. Imediatamente após representar o que acabou sendo seu truque final, desfaleceu novamente.

Dois médicos foram chamados e mantiveram vigília por toda a noite. No meio do dia seguinte, com apenas 33 anos de idade, Bishop foi declarado morto. As notícias foram rapidamente transmitidas a sua esposa na Filadélfia, que imediatamente se dirigiu a Nova York e descobriu o paradeiro do corpo do marido em uma funerária. Ficou horrorizada ao descobrir que, em algum momento daquela tarde e menos de 24 horas após sua morte, o marido fora submetido a uma autópsia não autorizada.

Por toda a vida, Bishop teve uma propensão a ataques cataléticos. Durante esses episódios, seu corpo todo ficava rígido, a respiração muito ofegante e os batimentos cardíacos, tão lentos a ponto de serem imperceptíveis. Por causa disso, ele sempre carregava um cartão explicando que poderia ter um episódio do tipo e que nenhuma autópsia deveria ser realizada até, pelo menos, 48 horas após sua suposta morte. Em determinado momento, ele contara a um amigo que, quando estava em estado cataléptico, ficava totalmente ciente de tudo que estava se passando ao seu redor, o que levantava a hipótese apavorante de que estivera consciente durante toda a sua autópsia.

Por que a autópsia foi realizada tão rapidamente? Durante toda a carreira Bishop se gabara de ter um cérebro excepcional. Muitos historiadores agora acreditam que essa alegação pode ter contribuído para seu fim, estimulando os médicos a realizarem uma autópsia imediata para serem os primeiros a examiná-lo. Seja qual for a verdade, o exame acabou sendo um esforço em vão. O peso do cérebro de Bishop era apenas um pouco acima do normal e não parecia de forma alguma excepcional.

Sua mãe Eleanor exigiu um inquérito e os médicos que realizaram a autópsia foram presos. No entanto, um júri deu ganho de causa aos médicos e as acusações contra eles foram retiradas. Eleanor não se convenceu e fez questão de expressar seus sentimentos ao escrever na lápide do filho: "Nascido em 14 de maio de 1856 — assassinado em 13 de maio de 1889" e publicar um pequeno livro descrevendo "a carnificina do falecido Sir Washington Irving Bishop". O comportamento dela tornou-se cada vez mais instável e quando de sua morte, em 1918, o famoso mágico Harry Houdini descobriu que ela deixara para ele um espólio imaginário totalizando 30 milhões de dólares.

Então, como Bishop conseguia seus feitos de leitura de mente? Ele realmente possuía poderes telepáticos genuínos?

No início da década de 1880, Bishop foi investigado por uma equipe de cientistas muito respeitados, que incluía o médico pessoal da rainha, o editor do *British Medical Journal* e o famoso defensor da eugenia Francis Galton. Durante a primeira parte da investigação, Bishop realizou com sucesso diversos truques, inclusive o de identificar corretamente um ponto selecionado em uma mesa e o de descobrir um objeto que fora escondido em um candelabro. Como sempre, em todas as demonstrações, ele pedia para ficar em contato físico com um indivíduo que conhecia a resposta certa. Ele segurava o pulso do ajudante ou o ajudante agarrava uma extremidade de uma bengala enquanto ele segurava a outra. Os cientistas especulavam que ele se treinara para detectar os mínimos movimentos "ideomotores", originalmente descobertos por Michael Faraday durante sua investigação sobre a movimentação de mesas. Ao realizar seus truques, Bishop empurrava e puxava seu ajudante em diversas direções e os cientistas acreditavam que ele usava variações minúsculas na resistência para descobrir a localização de um objeto escondido ou qual membro de um grupo assumira o papel de "assassino". A equipe realizou um segundo conjunto de testes para descobrir se estava certa. Dessa vez, Bishop foi solicitado a tentar descobrir um objeto escondido enquanto seu ajudante estava vendado. Fracassou. Em outro teste, a bengala foi substituída por uma correia de relógio frouxa, que impedia a transferência de quaisquer sinais inconscientes para Bishop. Mais uma vez, ele fracassou. Galton e seus companheiros cientistas concluíram que ele possuía uma habilidade incomum, mas não era um telepata genuíno.

Alguns anos mais tarde, outro leitor de mentes surpreendente conquistou as manchetes. No entanto, dessa vez a alegação foi até mesmo mais surpreendente porque parecia fornecer comprovação incontestável de comunicação entre animal e humano.

COMO LER MENTES

É hora de entrar em contato com seu Bishop interior. Ler músculos não é fácil, mas há diversos exercícios simples que o ajudarão a desenvolver essa habilidade extraordinária.

1. Diga a um voluntário que estenda a mão para a frente com a palma para cima e os dedos abertos e, em seguida, peça--lhe para se concentrar em um dos dedos. A seguir, suavemente empurre para baixo cada um dos dedos com seu indicador. O dedo no qual ele estiver se concentrando será o que oferecerá maior resistência.

2. Arrume quatro objetos em fila sobre uma mesa, deixando cerca de dez centímetros entre cada um. Peça a alguém que fique em pé do seu lado direito e pense em um deles. Em seguida, pegue o punho esquerdo dessa pessoa com sua mão direita, colocando seus dedos em cima do punho dela e seu polegar por baixo dele. Explique que você movimentará a mão esquerda da pessoa sobre cada um dos objetos. Peça à sua cobaia para não mover conscientemente a mão esquerda, mas, ao invés disso, relaxar o braço e simplesmente "deixar" a mão esquerda se mover na direção correta. Se você estiver sobre o objeto errado, ela deverá pensar na frase "vá adiante", ao passo que, se você estiver sobre o objeto correto, então ela deverá pensar na palavra "pare". Agora, mova a mão esquerda dela sobre cada um dos objetos e tente descobrir o escolhido ao sentir o momento em que você encontrar maior resistência ao movimento.

3. Tempo para um teste completo de leitura de músculos. Peça a seu voluntário para entrar em uma sala e esconder um objeto pequeno. Em seguida, segure o pulso dele como ensinado antes. Retire o peso do braço direito dele e mantenha-o próximo a você. Peça-lhe para não focar na localização do objeto, mas, sim na direção em que você precisa se dirigir para encontrá-lo. Fique no centro da sala

245

e dê um passo à frente. Se houver uma sensação de resistência, então, volte para o centro da sala e dirija-se para outra direção. Continue fazendo isso até sentir menos resistência. Quando achar que está próximo do objeto, faça seu ajudante imaginar uma linha reta entre a mão dele e o objeto. Quando sentir a mão se mover naquela direção, siga a linha e você conseguirá encontrá-lo.

Uma vez que a leitura de músculos é difícil de dominar, alguns leitores de mentes realizam o truque a seguir para desenvolver suas habilidades sem se preocupar com o risco de insucesso.

Antes de realizar a demonstração, pegue um baralho, separe as cartas vermelhas das pretas e coloque a pilha de cartas vermelhas em cima das pretas.

Em seguida, procure um espectador disposto a participar; abra em leque a seção superior do baralho (contendo somente cartas vermelhas) com a face para baixo entre suas mãos e peça à cobaia para retirar uma carta. Peça-lhe que olhe para a carta, mas que mantenha a sua identidade em sigilo. Enquanto isso estiver acontecendo, feche o baralho e, em seguida, espalhe a seção de baixo, com a face para baixo, entre suas mãos. Agora, essa parte espalhada contém apenas cartas pretas, já que anteriormente o participante escolheu somente entre as cartas vermelhas.

Peça a ele para substituir sua carta com a face para baixo na parte aberta em leque e feche o baralho. A carta dele agora será a única carta vermelha na seção de cartas pretas. Explique que você tentará adivinhar a identidade de sua carta. Enquanto diz isso, vire o baralho para você e, rapidamente, abra-o entre suas mãos. Você verá facilmente a carta escolhida de seu espectador porque ela será a única vermelha na seção preta.

Agora embaralhe o maço e espalhe-o com a face para baixo na mesa. Segure o pulso de seu espectador como antes e conduza-o ao longo das cartas. Veja se você pode descobrir dicas sutis na mão dele. Vagarosamente, limite sua busca à seção do baralho que contém a carta dele e, depois, com uma fanfarra dramática, anuncie a carta escolhida.

Direto da boca do cavalo

Wilhelm von Osten foi o mais curioso dos homens.[2] Nascido em 1834, esse modesto professor de matemática alemão tinha paixão por ideias estranhas. Um defensor ferrenho da então relativamente nova teoria da evolução, von Osten acreditava que os animais eram tão espertos quanto os humanos e que o mundo seria um lugar melhor se as pessoas pudessem se comunicar com outras espécies e apreciar seu intelecto surpreendente. Em 1888, ele se aposentou como professor, mudou-se para Berlim e passou o restante da vida perseguindo seu sonho.

Suas tentativas iniciais de descobrir o gênio oculto do reino animal envolveram tentar ensinar os fundamentos da matemática para um gato, um urso e um cavalo. Cada dia, von Osten escrevia números em um quadro negro e estimulava seus alunos a contar, movendo as patas ou os cascos um número apropriado de vezes. No que deve ter sido um dos mais bizarros relatórios escolares já escritos, ele mais tarde descreveu como o gato rapidamente perdeu o interesse na empreitada e como o urso foi absolutamente hostil. O cavalo, no entanto, mostrou ser um aluno atencioso e rapidamente aprendeu a representar qualquer número escrito no quadro negro. Empolgado com esse sucesso inicial, von Osten expulsou o gato e o urso de sua sala de aula e focou somente em alunos equinos.

Ele adquiriu um cavalo de trote russo chamado Hans e os dois juntos embarcaram em mais quatro anos de treinamento diário nos fundamentos da matemática.

Em 1904, a dupla se sentiu pronta para fazer sua primeira apresentação pública. Uma pequena multidão de espectadores foi convidada para o pátio de Osten e solicitada a formar um semicírculo ao redor de Hans "Esperto". Von Osten, exibindo uma longa barba branca, um avental largo e um chapéu preto de aba grande, se postou ao lado do animal enquanto os membros da plateia gritavam problemas de matemática. A cada pergunta, Hans Esperto indicava sua resposta batendo o casco nos paralelepípedos. Foi uma apresentação impressionante, tendo Hans respondido corretamente problemas simples de adição e subtração, assim como somas mais complexas com frações e raízes quadradas. Estimulado por esse sucesso inicial, o professor trabalhou com Hans para aumentar seu repertório. Ao longo do tempo, ele ensinou o cavalo a dizer as horas, a escolher quais tons musicais melhorariam uma harmonia e até mesmo a responder perguntas acenando ou balançando a cabeça.

Em 1904, o psicólogo Oskar Pfungst decidiu investigar Hans Esperto, sem saber que o trabalho garantiria a ele um lugar em quase todos os livros didáticos de psicologia nos cem anos seguintes. Durante os estudos cuidadosamente controlados de Pfungst, membros do público foram solicitados a apresentar a Hans perguntas pré-planejadas. Para assegurar que houvesse um participante bem-motivado, Pfungst recompensava Hans Esperto com um pequeno pedaço de pão, cenoura ou açúcar cada vez que ele respondia (curiosamente, esse mesmo procedimento ainda funciona bem com a maioria dos alunos universitários de hoje). Não foi de todo fácil. Tanto Von Osten quanto Hans Esperto frequentemente tinham acessos de raiva, e Pfungst recebeu diversas mordidas durante a investigação, a maioria das quais vieram do cavalo. Não obstante, o jovem pesquisador alemão realizou metodicamente uma série de testes inovadores.

Em um dos estudos, um conjunto de cartas numeradas era primeiro orientada de forma a assegurar que Hans Esperto, Von Osten e um examinador pudessem ver suas faces. Em seguida, uma pergunta era feita e Hans Esperto batia o casco para indicar qual carta continha a resposta. Nessas circunstâncias, o cavalo demonstrou uma impressionante taxa de sucesso de 98%. No entanto, quando Pfungst alterou a orientação das cartas para garantir que apenas Hans Esperto pudesse ver as faces das cartas, sua taxa de sucesso caiu para impressionantes 6%. Em outro teste, Von Osten sussurrou dois números no ouvido de Hans e lhe pediu que os somasse. Novamente, Hans bateu o casco na resposta correta. No entanto, quando o professor sussurrou um número e Pfungst, outro, sem que os homens soubesse o número um do outro, Hans não conseguiu produzir a resposta correta.

Pfungst verificou a mesma tendência teste após teste. Sempre que Von Osten ou um examinador sabiam como Hans Esperto deveria responder, o cavalo ia bem. Quando ninguém sabia a resposta certa, Hans fracassava. Pfungst concluiu que Hans Esperto não pensava por si mesmo, mas, em vez disso, respondia involuntariamente a sinais nas expressões faciais e na linguagem corporal daqueles que o rodeavam. Por anos, Von Osten não falara com os animais, mas, ao invés disso, conversara consigo mesmo.

Pesquisadores pelo mundo rapidamente perceberam que o princípio geral descoberto por Pfungst, isto é, que os pesquisadores podem inadvertidamente persuadir os participantes a agirem de uma forma desejada, poderia ter grandes implicações para o trabalho deles.

Os cientistas saíram pesquisando o fenômeno — apelidaram-no de "efeito Hans Esperto" — e o descobriram em diversos cenários diferentes. Em uma experiência clássica, ratos foram aleatoriamente divididos em dois grupos e, em seguida, dados a alunos que foram informados de que esses grupos haviam sido seletivamente criados para ter um bom ou mau desempenho na navegação de labirintos.[3] Na realidade, não havia criação especial alguma. Os alunos, então, faziam os ratos correrem por labirintos e relatavam os resultados de acordo com suas expectativas, tendo os ratos supostamente "espertos" atingido 51% mais respostas corretas do que os ratos supostamente "lerdos".

Da mesma forma, na pesquisa chamada o "experimento de Pigmaleão", o psicólogo de Harvard Robert Rosenthal administrou um teste em um grupo inteiro de crianças de uma mesma idade, dizendo aos seus professores que aquela era uma nova técnica para prever o "florescimento" intelectual.[4] Os professores foram, então, levados a acreditar que receberam os nomes das crianças de sua sala que haviam obtido as notas mais altas. Na realidade, o teste de Rosenthal era uma medida padrão de inteligência e os nomes dos supostamente "florescentes" haviam sido escolhidos aleatoriamente. No final do ano escolar, as crianças foram submetidas ao mesmo teste de inteligência e as crianças aleatoriamente identificadas como "florescentes" intelectuais tiraram notas em média de 15 pontos superiores às das outras crianças.

Segundo Gary Wells, da Universidade do Estado de Iowa, essa teoria poderia até fazer com que policiais influenciassem inadvertidamente testemunhas a escolherem determinados suspeitos em uma fila, usando exatamente o mesmo tipo de sinalização não verbal inconsciente que influenciara Hans Esperto mais de cem anos atrás.[5]

Esse trabalho fez os pesquisadores reconhecerem a necessidade de se prevenir contra o efeito Hans Esperto, escondendo determinados aspectos de um estudo tanto dos participantes quanto deles mesmos. Métodos "cegos" são atualmente o padrão de ouro da boa ciência. E tudo por causa de um cavalo matemático.

Tanto Bishop quanto Hans Esperto pareciam ser capazes de ler os pensamentos das pessoas. Na realidade, ambos estavam simplesmente respondendo a sinais involuntários emanados por aqueles que os rodeavam. Outros mágicos da mente focaram mais na tentativa de controlar tais pensamentos e, assim, persuadir as pessoas a se comportar de determinadas formas. Porém, é realmente possível se apoderar da mente de alguém e manipulá-la como um fantoche? Por anos, diversos romancistas e produtores cinematográficos sugeriram que sim, mas quais são os fatos por trás da ficção? Alguém pode ser hipnotizado para agir contra sua vontade?

O efeito Svengali

Em 1894, George du Maurier publicou seu romance clássico *Trilby*. A trama retratava um hipnotista perturbado chamado Svengali, que coloca a heroína Trilby O'Ferrall em um transe profundo e, em seguida, a explora para seu próprio benefício. Além de ser o segundo romance mais bem vendido da época (superado apenas por *Drácula* de Bram Stoker) e dar origem ao chapéu trilby, o romance de Du Maurier estimulou o público a acreditar que algumas pessoas tinham o poder de fazer as outras agirem contra a sua própria vontade. Mas será esse realmente o caso?

Aproximadamente na virada do último século, diversos pesquisadores abordaram a questão, colocando pessoas em estado de transe e solicitando que realizassem atos questionáveis, tais como cometer um assassinato simulado ou jogar um vidro de "ácido" (na prática, água) no rosto de um pesquisador.[6] Embora muitos dos participantes de fato apunhalassem outros com punhais de borracha e ensopassem pesquisadores, o trabalho não foi realizado em condições bem-controladas e, portanto, gerou mais perguntas do que respostas. Em meados da década de 1960, os psicólogos da Universidade da Pensilvania Martin Orne e Frederick Evans decidiram analisar mais rigorosamente a questão.[7]

Orne descobriu alguns alunos extremamente sugestionáveis e os testou um a um. Cada um foi colocado em transe e, em seguida, solicitado a se sentar diante de uma caixa com abertura frontal. Um pesquisador colocou um inofensivo pitão-verde-arborícola dentro da caixa e os participantes foram informados de que tinham um desejo irresistível de pegar a cobra. Todos eles concordaram com a sugestão e retiraram a cobra da caixa. Em seguida, os pesquisadores vestiram longas luvas grossas e apresentaram uma cobra preta de ventre vermelho, genuinamente perigosa. Eles explicaram que essa era uma das cobras mais venenosas no mundo e que ela poderia matar um humano com uma única picada. Ela foi colocada na caixa e todos os participantes foram informados de que tinham um desejo irresistível de pegá-la. Surpreendentemente, todos tentaram realizar a ação e, somente quando colocaram as mãos na caixa, é que descobriram que os pesquisadores haviam secretamente disposto um vidro na frente da cobra.

Aparentemente, Orne e Evans pareciam ter convencido os alunos hipnotizados a agir contra seus melhores interesses. No entanto, uma segunda etapa do estudo fora inteligentemente projetada para descobrir se isso era realmente verdade. Os pesquisadores descobriram um grupo de seis alunos extremamente não sugestionáveis. Não os colocaram em um transe, mas, em vez disso, simplesmente pediram a eles que fingissem estar hipnotizados. Surpreendentemente, todos eles também estavam dispostos a tentar pegar tanto a cobra inofensiva quanto sua contraparte venenosa. Ficou claro que os resultados obtidos na primeira etapa do estudo não poderiam ser atribuídos à hipnose. Para descobrir por que os estudantes estavam propensos a arriscar suas vidas durante a experiência, os pesquisadores, então, perguntaram aos participantes não sugestionáveis o que estavam pensando quando estenderam o braço para pegar a cobra venenosa. Quase todos explicaram que sabiam que estavam participando de um estudo e, portanto, estavam convencidos de que o pesquisador não os deixaria sofrer qualquer dano. Essas descobertas sugeriram não ser possível aos pesquisadores avaliar corretamente se as pessoas podem ser levadas a agir contra sua vontade quando hipnotizadas. Os comitês de ética das universidades não permitiriam que os participantes fossem colocados em uma situação genuinamente arriscada e, mesmo que o fizessem, eles poderiam realizar um ato perigoso simplesmente porque acreditavam estar seguros.

No entanto, quando os pesquisadores examinaram com cuidado novamente as investigações mais antigas do suposto efeito Svengali, descobriram uma demonstração que resolvia esse problema.

Por volta da virada do último século, o hipnotista e pesquisador Jules Liegeois realizou uma demonstração bastante incomum durante uma conferência realizada na Escola Salpêtriére, em Paris. Liegeois colocou uma jovem em transe, entregou-lhe uma faca de borracha, mas disse-lhe que era de verdade, e pediu-lhe que esfaqueasse alguém na plateia. A mulher imediatamente obedeceu. Infelizmente, Liegeois não pensou em pedir a alguém que não estava hipnotizado para realizar o mesmo teste e, portanto, incorretamente concluiu que a demonstração provou que as pessoas em estados de transe hipnóticos poderiam ser induzidas a se comportar de uma forma indesejada. No entanto, assim que a maioria dos participantes da conferência saiu da sala, um grupo de alunos de medicina travessos disse à mulher ainda hipnotizada que ela deveria tirar a roupa. A mulher teria se dado conta de que, embora esfaquear alguém com um punhal de borracha fosse uma boa diversão, se sujeitar a essa outra sugestão seria genuinamente constrangedor. Ela não se despiu. Na realidade, se levantou e saiu correndo da sala. Curiosamente, só houve uma tentativa de repetir esse estudo fascinante, porém antiético. Em meados da década de 1960, um pesquisador universitário selecionou aleatoriamente uma voluntária jovem, sentou-a em frente a um grupo e sugeriu que ela se despisse. O professor ficou horrorizado ao descobrir que sua voluntária rapidamente começou a desabotoar suas roupas e encerrou depressa a demonstração. Somente mais tarde é que ele descobriu que havia escolhido por acaso uma *stripper* profissional como vítima.

COMO HIPNOTIZAR UMA GALINHA

Ormond McGill foi um hipnotista de palco talentoso. Nascido em 1913, usava o nome artístico de "Dr. Zomb" e foi o pioneiro em muitas das técnicas usadas pelos apresentadores de hoje. Seu livro publicado em 1947, *The Encyclopedia Of Genuine Stage Hypnotism* [A enciclopédia de hipnotismo de palco genuíno], descreve como as galinhas podem ser posicionadas para garantir que fiquem imóveis e pareçam hipnotizadas. Segundo McGill, tudo que você precisa fazer é pegar cuidadosamente a ave pelo pescoço, colocá-la de barriga para baixo em uma mesa e repousar sua cabeça horizontalmente. Por último, desenhe uma linha de giz com sessenta centímetros de comprimento sobre a mesa, em linha reta a partir de seu bico. A galinha ficará, então, imóvel (veja a imagem 08 na página III).

Enquanto hipnotizada, pode-se fazer a galinha comer uma cebola, usar óculos de raio X e realizar um strip-tease. Estou brincando. Na prática, em vez de estar hipnotizada, a falta de movimento se deve à imobilidade tônica, na qual a galinha usa um mecanismo defensivo destinado a afastar predadores potenciais ao fingir que está morta. Para aparentar acordar o animal do transe profundo, simplesmente empurre a cabeça da galinha para longe da linha de giz.

Apesar do grande número de filmes e livros que sugerem o contrário, os indícios científicos apregoam que não é possível fazer as pessoas agirem contra sua vontade hipnotizando-as. No entanto, trabalhos com outras formas de controle da mente produziram resultados muito mais positivos e preocupantes. Para descobrir mais, temos de explorar o mundo sombrio e nebuloso dos cultos.

De vendedor de macacos
a pregador carismático

Nascido em 1931, Jim Jones cresceu em uma comunidade rural em Indiana.[8] Posteriormente descrito por alguns de seus vizinhos como uma "criança muito esquisita", ele passou grande parte da infância explorando a religião, torturando animais e discutindo a morte. Também mostrou um interesse precoce pela pregação, tendo um amigo de infância lembrado como Jones certa vez colocara um lençol velho nos ombros, formara um grupo de outras crianças em uma congregação improvisada e depois proferira um sermão fingindo ser o Demônio. Na adolescência, matriculou-se como estudante para ser pastor em uma igreja metodista local, mas largou tudo quando os líderes da igreja o proibiram de pregar para uma congregação de raça mista. Em 1955, aos 24 anos apenas, reuniu um pequeno rebanho de seguidores fiéis e fundou a própria igreja, a Peoples Temple. De modo bastante bizarro, financiou essa aventura ambiciosa indo de porta em porta vendendo macacos como animais de estimação. Quando não estava envolvido no comércio de macacos, passava o tempo aprimorando suas habilidades de oratória pública e logo construiu uma reputação apreciável como pregador carismático.

Sua mensagem inicial foi de igualdade e integração racial. Praticando o que pregava, encorajava seus seguidores a ajudarem a fornecer comida e emprego para os pobres. As notícias sobre suas boas ações logo se espalharam, resultando em quase mil pessoas afluindo para sua igreja. Jones continuou a usar sua influência para ajudar a enriquecer a comunidade, abrindo uma cozinha que distribuía comida gratuitamente e uma clínica para idosos. Em 1965, ele alegou ter tido uma visão de que o meio-oeste dos Estados Unidos seria o alvo de um ataque nuclear e convenceu cerca de cem membros de sua congregação a acompanharem-no até Redwood Valley, na Califórnia. Ele ainda focava no apoio aos mais necessitados, ajudando viciados em drogas, alcoólatras e pobres.

No início da década de 1970, nuvens de tempestades se aproximavam. Ele pediu um nível maior de comprometimento de seus seguidores, estimulando-os a passar as férias com outros membros do Temple e não com seus familiares e a dar dinheiro e bens materiais para a igreja. Além disso, desenvolveu um sério vício em drogas e se tornou cada vez mais paranoico com a ideia de que o governo americano estava tentando destruir sua igreja. Os jornalistas locais, por fim, começaram a mostrar um interesse nas histórias de níveis doentios de comprometimento que surgiam do Peoples Temple, fazendo com que Jones tentasse escapar do escrutínio indesejável ao mudar seu quartel general para São Francisco. Lá, sua pregação foi novamente extremamente bem-sucedida e, em alguns poucos anos, a congregação do Temple dobrou de tamanho. No entanto, os jornalistas logo começaram novamente a escrever artigos que o criticavam, induzindo-o a deixar a América e construir sua comunidade "utópica" no exterior.

Ele considerou cuidadosamente diversos países antes de decidir estabelecer sua comunidade autossuficiente na Guiana, costa setentrional da América do Sul. Na cabeça de Jones, esta era uma escolha inteligente, em parte porque as autoridades guianenses poderiam ser facilmente subornadas, permitindo que ele recebesse carregamentos de armas e drogas ilegais. Em 1974, ele negociou o aluguel de quase 1.600 hectares de floresta remota no noroeste do país. Modestamente nomeando o terreno de "Jonestown", o pregador carismático e diversas centenas de seus seguidores fizeram as malas e se mudaram para lá. A vida era muito dura. Jonestown era isolada, sofria de má qualidade do solo e o abastecimento de água mais próximo somente podia ser alcançado após uma caminhada de dez quilômetros ao longo de estradas lamacentas. Diarreias severas e febres altas eram comuns. Além de trabalharem onze horas por dia, esperava-se que os membros do Temple também assistissem a longos sermões e aulas de socialismo à noite. Uma variedade de punições era administrada aos que descuidavam de suas obrigações, inclusive o confinamento em uma pequena caixa de madeira no formato de caixão e o castigo de ser forçado a passar horas no fundo de um poço abandonado.

Em 17 de novembro de 1978, o congressista americano Leo Ryan viajou para a Guiana para investigar rumores de pessoas mantidas em Jonestown contra a vontade. Quando chegou, Ryan inicialmente não ouviu nada a não ser elogios para a nova comunidade. No entanto, no final do primeiro dia de sua visita, um pequeno número de famílias informou a Ryan secretamente que estavam muito descontentes e ansiosos para partir. Cedo na manhã seguinte, onze membros do Temple perceberam um sentimento crescente de perigo e de desespero em Jonestown e fugiram escondidos, andando cinquenta quilômetros pelas florestas densas adjacentes. Mais tarde naquele dia, Ryan e um pequeno número de desertores se dirigiram a uma pista de decolagem próxima e tentaram embarcar em aviões para retornar para a América. Membros armados do pelotão de segurança da "Brigada Vermelha" do Temple abriram fogo, matando Ryan e diversos membros de seu grupo. Ryan tornou-se o único congressista na história dos Estados Unidos a ser morto no cumprimento do dever.

Sentindo que o mundo desmoronava ao seu redor, Jones reuniu os residentes de Jonestown, disse-lhes que Ryan e seu grupo haviam sido mortos, explicou que o governo americano agora se vingaria da comunidade e obrigou todos a participarem de um ato coletivo de "suicídio revolucionário". Tambores grandes de suco de uva ao qual fora adicionado cianeto foram trazidos e Jones ordenou a todos que tomassem o líquido. Os pais foram incitados a primeiro administrarem o veneno a seus filhos e, em seguida, bebê-lo. Uma fita de áudio feita na ocasião mostra que sempre que os seguidores se mostravam relutantes em participar, Jones os instigava a tomarem parte do ato suicida, proclamando "Não me importo com todos os gritos que vocês ouvem, não me importo com todos os gritos angustiados, a morte é um milhão de vezes preferível a esta vida. Se vocês soubessem o que está por vir, ficariam felizes de estarem dando esse passo esta noite." Mais de 900 pessoas morreram durante o ritual, incluindo cerca de 270 crianças. Embora diversos guardas armados do Temple tivessem cercado o grupo, parece que a maioria dos seguidores se matou voluntariamente, tendo uma mulher escrito "Jim Jones é único" em seu braço durante o episódio. Até 11 de setembro de 2001, as mortes representaram a maior perda de vidas de civis americanos em um único desastre não natural.

Por mais de trinta anos, psicólogos especularam sobre a forma como Jim Jones persuadiu tantas pessoas a tirar suas vidas e pais a matar seus filhos. Alguns ressaltaram que a maioria da congregação do Temple era composta de indivíduos psicologicamente vulneráveis que estavam desesperados para acreditar naquela mensagem de igualdade e harmonia racial. Jones se referia a Jonestown como a "terra prometida" e a descrevia como um lugar onde pais poderiam criar os filhos longe dos abusos raciais que haviam marcado a vida deles. Sua missão também era atraente porque fornecia às pessoas uma forte sensação de propósito, um alívio dos sentimentos de inutilidade e os tornava parte de uma grande família de indivíduos atenciosos e com ideias semelhantes. Como um sobrevivente disse de maneira memorável, "Ninguém adere a um culto... você adere a uma organização religiosa ou a um movimento político, e você se junta a pessoas de quem realmente gosta." Embora esses fatores claramente tenham desempenhado um papel na tragédia de Jonestown, eles estão longe de constituir o quadro completo. As pessoas são frequentemente atraídas para organizações religiosas e políticas porque elas oferecem uma sensação de propósito e de família ampliada, mas a maioria não estaria disposta a dar a vida pela causa. Ao contrário, os psicólogos acreditam que a influência de Jones dependia de quatro fatores chave.

Primeiro, Jones era habilidoso na técnica de enfiar o pé na porta.

Metendo o pé na porta

Em um estudo que se tornou clássico, realizado por Jonathan Freedman e Scott Fraser, da Universidade de Stanford, pesquisadores fingindo ser trabalhadores voluntários andaram de porta em porta explicando que havia um nível alto de acidentes de trânsito na área e perguntando às pessoas se elas se importariam de colocar uma placa dizendo "DIRIJA COM CUIDADO" em seus jardins.[9] Esse era um pedido importante, na medida em que a placa era muito grande e estragaria a aparência da casa e do jardim da pessoa. Talvez não surpreendentemente, poucos residentes concordaram em colocá-la. Na etapa seguinte da experiência, os pesquisadores abordaram um segundo grupo de residentes e lhe pediram para colocar em seu jardim uma placa dizendo "SEJA UM MOTORISTA CUIDADOSO". Dessa vez, o aviso era apenas de 2,5 metros quadrados e quase todos aceitaram. Duas semanas mais tarde, os pesquisadores voltaram e, dessa vez, pediram ao segundo grupo de residentes para expor uma placa muito maior. Surpreendentemente, mais de três quartos das pessoas concordaram em colocar a grande placa feia. Esse conceito, conhecido como a técnica de "meter o pé na porta", envolve convencer as pessoas a atenderem a um grande pedido fazendo-as primeiro concordar com um muito mais modesto.

Jones usou essa técnica para manipular sua congregação. Os seguidores eram solicitados a contribuir primeiramente com uma pequena parte de sua renda, mas ao longo do tempo a quantia exigida aumentava até eles entregarem todos os seus bens e economias para Jones. O mesmo se aplicava aos atos de devoção. Ao se associarem à igreja, os membros eram solicitados a passar apenas algumas horas por semana trabalhando para a comunidade. Mais tarde, essas poucas horas se expandiam pouco a pouco, até que os congregados assistiam a serviços longos, ajudavam a atrair outros para a organização e escreviam cartas para políticos e para os meios de comunicação. Ao aumentar a intensidade de suas solicitações vagarosamente, Jones estava usando a técnica de "enfiar o pé na porta" para preparar seus seguidores para o derradeiro sacrifício. Porém, essa técnica somente é bem sucedida se as pessoas não estabelecem um limite e não se rebelam contra as exigências crescentes. A segunda técnica psicológica empregada por Jones foi projetada para domar essa rebelião potencial.

Todos juntos agora

Em meados da década de 1950, o psicólogo americano Solomon Asch realizou uma série de experiências sobre o poder do conformismo.[10] Era solicitado aos participantes que chegassem ao laboratório de Asch, um por vez, onde eram apresentados a cerca de seis outros voluntários. Sem o conhecimento de nenhum dos participantes, na prática todos esses outros voluntários eram falsos e trabalhavam para Asch. Ao grupo, constituído do participante e dos falsários, era pedido que se sentasse em torno de uma mesa e lhes era dito que estavam prestes a participar de um "teste de visão". Em seguida, eram mostradas duas cartas a eles. A primeira continha uma única linha, enquanto a segunda continha três linhas de comprimentos muito diferentes, sendo que uma delas tinha o mesmo tamanho da linha da primeira carta. Pediu-se ao grupo que dissesse qual das três linhas da segunda carta era igual à linha da primeira. Eles foram dispostos de forma a garantir que o participante verdadeiro respondesse por último. Todos deveriam falar em voz alta suas respostas e todos os "voluntários" davam a mesma resposta. Nas duas primeiras tentativas, os falsários deram a resposta correta na comparação das linhas, enquanto na terceira, todos oa falsários deram uma resposta incorreta. Asch queria descobrir que parcela dos participantes se sujeitaria à pressão dos colegas e daria uma resposta obviamente incorreta para cooperar com o grupo. Surpreendentemente, 75% das pessoas se sujeitou. Em uma pequena variação no procedimento, Asch fez com que apenas um dos falsos rompesse com o grupo e desse uma resposta diferente. Essa única voz discordante reduziu a quantidade de conformismo para cerca de 20%.

O Peoples Temple foi uma experiência em grande escala na psicologia do conformismo. Jones estava ciente de que qualquer dissidência estimularia outros a se expressarem e, assim, não tolerava críticas. Para ajudar a impor esse regime, instruiu informantes a fazerem amizade com aqueles que estariam fomentando dúvidas sobre o Temple e qualquer indício de dissidência resultava em espancamentos brutais ou humilhação pública. Ele também separou todos os grupos que pudessem compartilhar suas preocupações uns com os outros. Famílias eram separadas, com crianças sendo primeiro sentadas longe dos pais durante os serviços e, mais tarde, sendo cuidadas em tempo integral por outros membros da igreja. As esposas eram estimuladas a participar de relacionamentos sexuais extraconjugais para afrouxar os laços matrimoniais. Da mesma forma, a floresta densa em torno de Jonestown garantia a separação total entre a comunidade e o mundo exterior e impedia que fossem ouvidas quaisquer vozes dissidentes vindas do lado de lá. Os efeitos poderosos e terríveis dessa intolerância vieram à tona durante o suicídio em massa. Uma fita de áudio da tragédia revelou que, em determinado momento, uma mulher declarou abertamente que os bebês mereciam viver. Jones agiu rapidamente para abafar a crítica, afirmando que os bebês eram ainda mais merecedores de paz e que "o melhor testemunho que podemos dar é deixar este mundo maldito". A multidão aplaude Jones e um homem grita "Acabou, irmã... Fizemos um dia lindo" e outro acrescenta: "Se você nos diz que temos de dar nossas vidas agora, estamos prontos".

Porém Jones não estava apenas preocupado em aproveitar o pé na porta e aniquilar qualquer discordância. Ele também empregava uma terceira arma psicológica para ajudar a controlar as mentes de seus seguidores — parecia ter uma linha direta com Deus e ser capaz de realizar milagres.

Maravilha das maravilhas, milagre dos milagres

Muitas pessoas seguiram Jones porque ele parecia ser capaz de realizar milagres. Durante os serviços, pedia aos que sofriam de qualquer doença para ir para a frente da igreja. Enfiando a mão na boca das pessoas, ele dramaticamente arrancava uma massa horrível de tecido "cancerígeno" e anunciava que estavam curadas. Às vezes, os coxos aparentavam estar instantaneamente curados, com Jones dizendo a eles para jogarem fora suas bengalas e dançarem pela nave da igreja. Ele também alegava poder ouvir a voz de Deus, identificando pessoas na congregação e revelando informações corretas sobre suas vidas. Em uma ocasião, mais pessoas do que o esperado compareceram a um serviço e Jones anunciou que alimentaria a multidão magicamente produzindo mais comida. Alguns minutos mais tarde, a porta se abriu e um fiel entrou, carregando duas travessas grandes cheias de galinha frita.

Era tudo uma fraude. Os "cânceres" eram, na verdade, moelas de galinha rançosas que Jones escondia na mão antes de "retirá--las" da boca das pessoas. A cura dos "mancos" foi criada por um pequeno círculo de seguidores extremamente devotos que fingiram não poder andar. As informações sobre a congregação não foram dadas por Deus, mas, ao contrário, obtidas por membros do "círculo interno" de Jones que vasculharam latas de lixo em busca de cartas e outros documentos úteis. Mais tarde, esses indivíduos descreveram como ajudavam Jones com boa vontade porque ele lhes dissera que estava preservando seus poderes sobrenaturais genuínos para questões mais importantes. E o milagre da galinha frita? Um membro da congregação mais tarde descreveu como ele viu o portador das bandejas chegar à igreja alguns momentos antes do milagre, armado com vários baldes de comida da Kentucky Fried Chicken. Quando Jones tomou conhecimento do comentário, colocou um veneno pouco potente em um pedaço de bolo, deu-o para o membro dissidente e anunciou que Deus puniria suas mentiras dando-lhe vômitos e diarreias.

Então, o controle de mentes de Jones se resumia a aproveitar o pé na porta, criar conformismo e realizar milagres? Na realidade, havia também a importante questão da autojustificação.

Sobre comportamentos e crenças

Em 1959, Elliot Aronson, um psicólogo da Stanford University, realizou um estudo revelador sobre a relação entre crença e comportamento.[11] Voltemos no tempo e imaginemos que você é um voluntário nessa experiência.

Ao chegar ao laboratório de Aronson, um pesquisador lhe pergunta se você se importaria em participar de uma discussão de grupo sobre a psicologia do sexo. Babando, você diz que está aberto à ideia. O pesquisador, então, explica que algumas pessoas ficam muito constrangidas durante a discussão e, portanto, agora todos os voluntários em potencial precisam passar por um teste de "constrangimento". Você recebe uma lista longa de palavras extremamente evocativas (inclusive muitos palavrões) e dois trechos escritos contendo descrições vívidas de atividades sexuais. O pesquisador lhe pede para ler tanto a lista quanto os trechos em voz alta, enquanto ele avalia o grau de seu enrubescimento. Após muitos palavrões permitidos, o profissional diz que o lado positivo é que você passou no teste e, assim, pode agora tomar parte na discussão em grupo. No entanto, o lado negativo é que o teste de "constrangimento" durou mais do que o previsto, então a discussão já começou, e, dessa vez, você apenas ouvirá o grupo. Ele o encaminha para um pequeno cubículo, explica que todos os membros se sentam em cômodos separados para garantir o anonimato e pede que você coloque fones de ouvido. Você o faz e fica bastante frustrado por descobrir que, depois de tudo por que passou, o grupo está tendo uma discussão bastante enfadonha sobre um livro chamado *Sexual Behavior in Animals* [O comportamento sexual dos animais]. Finalmente, o pesquisador retorna e pede que você avalie o grau de seu desejo em participar do grupo.

Da mesma forma que em muitas experiências de psicologia, o estudo de Aronson envolveu uma quantidade considerável de enganação. Na realidade, a experiência inteira não era sobre a psicologia do sexo, mas sobre a psicologia da crença. Ao chegarem ao laboratório, os participantes foram aleatoriamente designados para um dos dois grupos. Metade deles passou pelo procedimento descrito antes e foi solicitado a ler em voz alta listas de palavras extremamente evocativas e trechos explícitos. Os participantes do outro grupo foram solicitados a ler em voz alta palavras muito menos carregadas emocionalmente (pense em "prostituta" e "virgem"). Todos, então, ouviram a mesma discussão de grupo gravada e foram chamados a avaliar o grau de valor que eles atribuíam à ideia de ser um membro daquele grupo. A maioria dos psicólogos no dia de Aronson teria previsto que aqueles que passavam pelo procedimento mais constrangedor terminariam gostando menos do grupo porque o associariam a uma experiência extremamente negativa. No entanto, seu trabalho na psicologia da autojustificação o havia levado a esperar um conjunto muito diferente de resultados. Aronson especulou que aqueles que leram em voz alta o material sexual mais explícito justificaram seu constrangimento maior convencendo-se de que valia a pena se juntar ao grupo e acabaram com uma opinião mais favorável dele. As previsões provaram ser corretas. Embora todos tivessem ouvido a mesma gravação da discussão, aqueles que passaram pelo teste de constrangimento mais extremo consideraram a ideia de juntar-se ao grupo muito mais desejável do que aqueles no grupo "prostituta e virgem".

As descobertas de Aronson ajudam a explicar a razão pela qual muitos grupos exigem que membros potenciais passem por rituais de iniciação dolorosos e humilhantes. As irmandades universitárias americanas fazem os calouros comerem substâncias desagradáveis ou se despirem; os militares fazem os recrutas novos passarem por treinamentos extremos; e espera-se que os residentes em medicina trabalhem dia e noite antes de se tornarem doutores formados. Jones usou as mesmas táticas para estimular as pessoas a se sentirem comprometidas com o Peoples Temple. Os membros da congregação tinham de suportar reuniões longas, escrever cartas que revelavam detalhes íntimos de suas vidas, dar seus bens para o Temple e permitir que os filhos fossem criados por outras famílias. Se Jones suspeitava de que alguém estava se comportando de uma forma que não era favorável ao Temple, ele pedia a outros membros da congregação para puni-los. O bom senso preveria que esses atos afastariam as pessoas tanto de Jones quanto do Peoples Temple. Na realidade, a psicologia da autojustificação assegurou que ela, na prática, os aproximava mais da causa.

O controle da mente exibido por pessoas como Jim Jones não envolve qualquer transe hipnótico nem aproveita dos sugestionáveis. Em vez disso, ele usa quatro princípios chave. O primeiro engloba uma ampliação lenta do envolvimento. Após enfiar o pé na porta, um líder do culto solicita níveis cada vez maiores de envolvimento até que, repentinamente, os seguidores se encontram completamente imersos no movimento. Segundo, quaisquer vozes dissidentes são retiradas do grupo. Os céticos são expulsos e o grupo é isolado cada vez mais do mundo exterior. Em seguida, há os milagres. Ao aparentemente realizar o impossível, os líderes de culto frequentemente convencem seus seguidores de que têm acesso direto a Deus e, por essa razão, não devem ser questionados. Finalmente há a autojustificação. Você poderia imaginar que solicitar que alguém realize um ritual bizarro ou doloroso o estimularia a ter aversão ao grupo. Na realidade, o oposto é verdadeiro. Ao tomar parte nesses rituais, os seguidores justificam seu sofrimento, adotando atitudes mais positivas em relação ao grupo.

Certamente seria bom acreditar que, se o grupo não tivesse ficado tão isolado da sociedade, poderia ter sido possível desfazer os efeitos dessas técnicas, explicar a loucura de seus comportamentos e prevenir uma tragédia maior. No entanto, nossa última passagem pelo mundo dos cultos sugere que essa é a visão ingênua daqueles que se fascinam por um líder carismático.

COMO EVITAR SOFRER LAVAGEM CEREBRAL

É fácil evitar ter sua mente controlada, contanto que você preste atenção aos quatro sinais de perigo que apresentarei em seguida.

1. Você acha que a técnica de "meter o pé na porta" talvez esteja sendo usada? A organização ou pessoa começou pedindo a você para realizar pequenos atos de comprometimento ou devoção e, depois, vagarosamente aumentou suas exigências? Caso positivo, você realmente deseja cumprir tais exigências ou está sendo manipulado?

2. Acautele-se com qualquer organização que procura distanciá-lo de um ponto de vista dissidente. Ela está tentando separá-lo dos amigos e familiares? Na organização, a dissidência e as discussões francas são sufocadas? Se a resposta para ambas as perguntas for "sim", pense cuidadosamente sobre ter qualquer tipo de envolvimento.

3. O líder da organização alega ser capaz de fazer milagres paranormais? Talvez curas ou atos de profecia? Por mais impressionantes que sejam, esses são provavelmente o resultado da autoilusão ou enganação. Não se deixe influenciar por fenômenos sobrenaturais até que você os tenha investigado.

4. A organização exige qualquer ritual de iniciação doloroso, difícil ou humilhante? Lembre-se de que esses podem ser projetados para induzir uma sensação aumentada de lealdade ao grupo. Pergunte-se se qualquer sofrimento é realmente necessário.

O fim do mundo está próximo

No início da década de 1950, o psicólogo Leon Frestinger encontrou por acaso um item num jornal local que descrevia como um grupo parecido com um culto estava prevendo o fim do mundo. Segundo o artigo, uma mulher chamada Marian Keech estava praticando a escrita automática e alegava que as mensagens vinham de alienígenas. Keech convencera um pequeno grupo de 11 seguidores de que uma grande inundação aconteceria em dia 21 de dezembro de 1954, mas que eles não deveriam se preocupar porque um disco voador os resgataria logo antes do desastre.

Festinger imaginava o que aconteceria a Keech e seus seguidores quando a inundação prevista e o disco voador deixassem de se materializar. Para descobrir, ele secretamente fez com que diversos observadores disfarçados se infiltrassem no grupo para cuidadosamente registrar cada nuance psicológica. Descrevendo suas descobertas em um livro intitulado *When Prophecy Fails* [Quando a profecia fracassa] (o quedá uma dica sobre se a nave espacial chegou de fato), Festinger produziu um insight fascinante para psicologia dos cultos.[12]

Alguns dias antes da data em que era esperado que o mundo acabasse, Sra. Keech e seus seguidores estavam animados, tendo um membro inclusive feito um grande bolo representando uma nave mãe e ostentando a mensagem, em glacê: "Nas alturas!" No grande dia, o grupo estava nervoso e agitado. Os alienígenas enviaram diversas mensagens para Keech explicando que bateriam na porta dela à meia-noite e conduziriam todos até seu disco voador nas proximidades (aparentemente não havia nenhum estacionamento na frente da casa). Os alienígenas também disseram que era vital que ninguém tivesse qualquer objeto de metal e, assim, por diversas horas antes da visita prevista, os membros substituíram os cintos por cordas, cuidadosamente cortaram qualquer zíper de suas roupas e removeram os ilhoses de seus sapatos. Os livros de Keech sobre escrita automática foram, então, colocados em uma grande bolsa de compras e todos esperaram pelos ETs.

Logo antes da meia-noite, ficou óbvio que os visitantes extraterrestres não apareceriam. O grupo se sentou em um silêncio atônito e passou as quatro horas seguintes tentando encontrar uma explicação para o que acontecera. Como não conseguiram, Keech começou a chorar. No entanto, algumas horas mais tarde, ela disse que havia recebido outra mensagem dos alienígenas, explicando que o cataclismo previsto fora adiado porque o grupo conseguira espalhar luz no mundo. O estudo de Festinger ilustra como as pessoas têm uma habilidade extraordinária para encontrar uma explicação para uma situação incontestável, em vez de mudar suas crenças alimentadas. Essa abordagem "tenho a minha opinião, não me confunda com os fatos" ajuda suas crenças a emergirem incólumes até mesmo do ataque mais devastador. Somente dois membros do grupo de Keech, cujo comprometimento fora pequeno desde o começo, abandonaram sua crença nas escritas da guru.

Festinger observou que subsequentemente, em vez de saírem com o rabo entre as pernas, muitos membros do grupo se tornaram ansiosos para espalhar as notícias. Antes da previsão fracassada, eles evitaram a publicidade e só davam entrevistas de má vontade. Imediatamente depois, eles contataram os meios de comunicação e começaram uma campanha urgente para espalhar sua mensagem. Festinger explicou esse comportamento curioso especulando que eles estavam tentando convencer-se de que sua crença estava correta ao convencer outros, sentindo que, se as pessoas acreditam em algo, então, claramente deve ser verdade.

Finalmente o grupo se dissolveu e todos seguiram caminhos diferentes. Alguns pegaram a estrada, viajando de uma convenção de discos voadores para a outra e divulgando a boa palavra. Outros voltaram para suas vidas anteriores. Keech ficou cada vez mais preocupada com a atenção da polícia e se escondeu. Depois de muitos anos no Peru, voltou ao Arizona e continuou alegando estar em contato com alienígenas até sua morte, em 1992.

Seria confortante pensar que o tipo de controle de mentes discutido neste capítulo está limitado ao mundo um tanto bizarro e esotérico dos cultos. Confortante, mas errado. Na realidade, é possível encontrar, com frequência, exatamente os mesmos princípios de persuasão na vida cotidiana. Os vendedores usam a técnica de "meter o pé na porta" para conseguir vendas. Os políticos tentam silenciar vozes dissidentes e evitar que você tenha acesso a informações que eles não querem que você veja. Os publicitários fazem muito uso do princípio da autojustificação, cientes de que, quanto mais você paga por um produto, mais ginástica mental fará para justificar a compra. E as agências de publicidade sabem que, da mesma forma que os seguidores de Marian Keech aumentavam sua própria crença ao tentar convencer os outros, você recomenda produtos para amigos e colegas em uma tentativa de se convencer de que tomou a decisão correta. Embora os contextos em que os princípios operam difiram, a psicologia é exatamente a mesma. Os praticantes do controle da mente não estão restritos aos líderes de cultos e de seitas religiosas. Eles circulam entre nós diariamente.

7. Profecia

No qual descobriremos se Abraham Lincoln realmente previu
a própria morte; aprenderemos a controlar nossos sonhos;
e mergulharemos nas profundezas do extraordinário
mundo da ciência do sono.

Aberfan é um pequeno vilarejo no sul do País de Gales. Na década
de 1960, muitos dos que lá viviam trabalhavam em uma mina de
carvão próxima, que fora construída para explorar o grande volume de carvão de alta qualidade na área. Embora alguns dos resíduos das operações de mineração fossem armazenados sob a terra,
uma grande parte era empilhada nos morros íngremes que circun-
davam a vila. Durante todo o mês de outubro de 1966, chuvas
fortes castigaram a área e se infiltraram pelo arenito poroso das
colinas. Infelizmente, ninguém percebeu que a água estava fluindo
para diversas nascentes escondidas e vagarosamente transformando os resíduos de mina em uma massa mole.

Logo após as nove da manhã de 21 de outubro, a encosta do
morro cedeu e quinhentas mil toneladas de detritos começaram a
se mover rapidamente em direção ao vilarejo. Embora parte dos
detritos tivesse parado nas áreas mais baixas da colina, uma grande porção deslizou até Aberfan e destruiu a escola local. Diversas
salas de aula ficaram instantaneamente cheias de uma massa mole
com dez metros de altura. Os alunos haviam deixado o salão de
reuniões da escola alguns momentos antes, após cantarem o cân-
tico religioso "All things bright and beautiful", e assim acabavam

de chegar às suas salas de aula quando o deslizamento de terra aconteceu. Pais e policiais correram para a escola e freneticamente começaram a retirar o entulho. Embora algumas crianças tivessem sido retiradas com vida durante a primeira hora de resgate, não houve nenhum outro sobrevivente. Cento e trinta e nove alunos e cinco professores perderam a vida na tragédia.

O psiquiatra John Baker visitou o vilarejo no dia seguinte ao deslizamento de.[1] Ele tinha um interesse antigo na paranormalidade e especulava que a natureza extrema dos eventos em Aberfan poderia ter feito com que um grande número de pessoas tivesse tido alguma premonição sobre a tragédia. Para descobrir, persuadiu o jornal *Evening Standard* a solicitar a quaisquer leitores que considerassem ter previsto o desastre de Aberfan que entrassem em contato. Ele recebeu sessenta cartas da Inglaterra e do País de Gales, sendo que mais da metade delas alegava que a aparente premonição ocorrera durante um sonho.

Uma das experiências mais impressionantes foi contada pelos pais de uma criança de dez anos de idade que morrera na tragédia. Na véspera do deslizamento, sua filha descrevera ter sonhado tentar ir à escola, mas dissera que não havia "escola alguma lá" porque "algo preto havia descido em cima dela toda". Em outro exemplo, Sra. M.H., uma mulher de 54 anos, de Barnstaple, disse que, na noite anterior à tragédia, sonhara com um grupo de crianças presas em uma sala retangular. Em seu sonho, o fundo da sala estava bloqueado por várias barras de madeira e as crianças tentavam escalá-las. A Sra. M.H. ficou muito preocupada com o sonho a ponto de telefonar para o filho e para a nora e lhes pedir que tivessem cuidado especial com as duas filhas pequenas. Outra respondente, Sra. G.E., de Sidcup, disse que, uma semana antes do deslizamento, ela sonhara com um grupo de crianças gritando enquanto estavam sendo cobertas por uma avalanche de carvão e, dois meses antes da tragédia, a Sra. S.B., de Londres, sonhara com uma escola em uma encosta, uma avalanche e crianças perdendo a vida. E assim a lista continuou.

Barker ficou impressionado com suas descobertas e, em 1966, montou o British Premonitions Bureau. O público foi convidado a enviar suas supostas premonições ao Bureau na esperança de que Barker fosse capaz de prever e possivelmente evitar futuras tragédias. Infelizmente, sua ideia não se tornou popular. Embora o Bureau tivesse recebido cerca de mil previsões, a maioria delas veio de apenas seis pessoas.[2] Talvez a história mais estranha que surgiu do projeto tenha vindo de um desses supostos "precognitivos", um telefonista de 44 anos de idade chamado Alan Hencher. Em geral, Hencher era especialista em prever acidentes de avião e outros de grande porte; no entanto, em 1967, ele contatou o Bureau para registrar uma premonição muito mais pessoal. No que deve ter sido uma das conversas mais difíceis na história da parapsicologia, ele informou ao chefe do Bureau que ele mesmo, John Barker, morreria em breve. Seus comentários foram impressionantemente precisos, pois Barker morreu repentinamente no ano seguinte, com apenas 44 anos. Acrescentando ironia ao dano, Barker escrevera anteriormente um livro intitulado *Scared to Death* [Morrendo de Medo], no qual afirmava que ouvir uma premonição de seu próprio falecimento poderia induzir a um medo profundo, capaz de afetar o sistema imunológico do corpo e resultar, de fato, em morte. O British Premonitions Bureau fechou alguns anos mais tarde devido à falta de recursos. Aparentemente, nem Hencher nem qualquer outro mestre da precognição previu o fechamento.

Acreditar que você viu o futuro em um sonho é surpreendentemente comum, tendo pesquisas recentes sugerido que cerca de um terço da população vivencia esse fenômeno em algum momento da vida. Crenças como essas têm sido registradas ao longo do decorrer da história. A Bíblia descreve de forma memorável como o faraó sonhou com sete vacas magras saindo de um rio e comendo sete vacas gordas e como José interpretou o sonho como significando a vinda de sete anos de abundância seguidos de sete de carestia. O estadista e filósofo romano Cícero relatou ter tido um sonho no qual via "um jovem de aparência nobre descendo por uma corrente dourada dos céus". Quando entrou no Capitólio, no dia seguinte, viu Otaviano e o reconheceu como o jovem de aparência nobre de seus sonhos. Mais tarde, Otaviano veio a suceder César como imperador romano. Em épocas mais recentes, Abraham Lincoln supostamente sonhou com um assassinato duas semanas antes de ser morto a tiros, Mark Twain descreveu um sonho no qual via o cadáver do irmão deitado em um caixão apenas algumas semanas antes de ele ser morto em uma explosão e Charles Dickens sonhou com uma mulher vestida de vermelho chamada Srta. Napier imediatamente antes de ser visitado por uma menina vestindo um xale vermelho e se apresentando como Srta. Napier.

O que poderia explicar esses eventos extraordinários? As pessoas estão realmente tendo um vislumbre daquilo que está por vir? A psique dos humanos realmente consegue afetar a estrutura básica do tempo? É possível ver o amanhã hoje?

Por toda a história, essas perguntas ocuparam as mentes de muitos dos maiores pensadores do mundo. Em aproximadamente 350 a.C., por exemplo, o filósofo clássico grego Aristóteles escreveu um pequeno texto intitulado *Dos sonhos*. Seu argumento em duas partes era tão simples quanto estranho. Após pensar sobre a questão por algum tempo, o grande filósofo concluiu que somente Deus seria capaz de enviar sonhos proféticos. No entanto, Aristóteles observara que aqueles que relatavam os sonhos não pareciam ser cidadãos muito idôneos e, frequentemente, acabavam sendo "pessoas bastante comuns". Imaginando que Deus não gastaria tempo enviando suas pérolas de sabedoria a pessoas tão pouco qualificadas, ele concluiu que os sonhos proféticos poderiam ser tranquilamente rejeitados como coincidências. É um argumento interessante, embora provavelmente questionável tanto por cientistas modernos quanto pela Sra. M. H., de Barnstaple. No entanto, apesar de mais de dois mil anos de interesse nos mistérios dos sonhos proféticos, somente no último século aproximadamente é que pesquisadores conseguiram resolver o quebra-cabeça.

Antes de ler mais, você pode desejar fazer uma xícara de chocolate quente para si e se aconchegar debaixo dos lençóis. Estamos prestes a entrar no estranho mundo da ciência do sono.

No entanto, antes de começarmos, vamos fazer um rápido teste de memória. Dê uma olhada na lista de termos a seguir e tente lembrá-las.

| Lâmpada | Pedra | Maçã | Minhoca | Relógio |
| Bebê | Cavalo | Espada | Ave | Mesa de escritório |

Muito obrigado, falaremos mais sobre isso mais tarde. Comecemos.

Apostando em vários

O capítulo 5 descreveu como o trabalho pioneiro de Eugene Aserinsky ajudou a abrir o caminho para uma nova ciência do sono. Aserinsky demonstrou que as pessoas acordadas após terem passado algum tempo no estado REM muito provavelmente relatarão ter sonhado. Ao fazê-lo, ele deu o pontapé inicial para décadas de pesquisas sobre a natureza dos cochilos. Muitos dos trabalhos envolveram convidar pessoas para passarem a noite em laboratórios de sono especiais, para serem monitoradas enquanto dormiam, serem acordadas após saírem do estado REM e serem convidadas a descreverem seus sonhos.[3] Os trabalhos produziram muitas conclusões importantes sobre o sono. Quase todos sonham em cores. Os que são cegos desde nascença não "veem" nos sonhos, mas experimentam muito mais aromas, gostos e sons. Embora alguns sonhos sejam bizarros, muitos envolvem tarefas cotidianas como lavar louça, preencher formulários de impostos ou aspirar a casa. Se você se aproximar silenciosamente de uma pessoa que esteja sonhando e tocar uma música bem baixa, acender uma luz em seu rosto ou borrifar água nela, é provável que ela incorpore o estímulo a seus sonhos. No entanto, talvez a revelação mais importante seja que se tem muitos mais sonhos do que se imagina.

Os cientistas do sono rapidamente averiguaram que temos uma média de quatro sonhos por noite. Eles ocorrem a cada 90 minutos, mais ou menos, e cada um dura em torno de 20 minutos. Acabamos esquecendo a vasta maioria desses episódios ao acordar, deixando-nos com a impressão de que sonhamos muito menos do que ocorre de fato. A única exceção para essa regra ocorre quando, por acaso, acordamos durante um sonho, talvez porque seu despertador toca pela manhã ou você é perturbado durante a noite. Quando isso ocorre, você geralmente lembra da essência geral do sonho e talvez de alguns fragmentos específicos, mas, a menos que seja muito impressionante, você logo o esquecerá. Existe, no entanto, um conjunto bastante raro de circunstâncias que pode aumentar enormemente sua probabilidade de lembrar desses sonhos.

Antes neste capítulo, apresentei a você uma lista de dez palavras e pedi que você tentasse decorá-las. Agora, eu gostaria que você tentasse lembrar todas as dez palavras. Para ajudá-lo, eis cinco que estão associadas a algumas das palavras na lista original.

Luz   Tempo   Fruta   Galope   Asas

Pegue uma caneta e uma folha de papel e tente lembrar da lista original. Não vire a página até que você tenha se esforçado para lembrar todos os termos.

Já acabou? Verifique sua lista comparando-a com a da página 276.

Como você se saiu? Minha profecia é que você terá uma facilidade maior de lembrar os termos "lâmpada", "relógio", "maçã", "cavalo" e "ave". Por quê? Porque as palavras associadas "luz", "tempo", "fruta", "galope" e "asas" terão agido como dicas. Não se trata de você ter esquecido essas palavras, mas, ao contrário, de que elas estavam pairando em seu inconsciente e exigiram apenas um pouco de ajuda para emergir. Um princípio semelhante se aplica à sua memória para sonhos. Da mesma forma que as palavras associadas ajudaram você a lembrar de palavras que você não conseguiu lembrar instantaneamente da lista original, um evento que acontece com você quando está acordando pode acionar a memória de um sonho. Para descobrir o relacionamento entre esse efeito e o dom da profecia, imaginemos três noites de sonhos interrompidos.

No primeiro dia, você vai para a cama depois de um dia difícil no trabalho. Fecha os olhos e vagarosamente perde a consciência. Durante a noite, flutua pelos diversos estágios do sono e experimenta vários sonhos. Às 7h50, seu cérebro mais uma vez entra em ação e lhe apresenta outro episódio totalmente fictício. Pelo próximos 20 minutos, você se vê visitando uma fábrica de sorvetes, caindo em um imenso barril de sorvete de framboesa e tentando comer para sair de lá. Bem, quando você não aguenta mais, o alarme de seu despertador soa e você acorda com fragmentos da fábrica e sorvete de framboesa flutuando na mente.

No segundo dia, a mesma série de eventos se desdobra. Você vai para a cama, cai no sono e tem diversos sonhos. Às 2h, você está bem no meio de um sonho um tanto sinistro, no qual está dirigindo ao longo de uma pista rural escura. Eric Chuggers, sua estrela do rock favorita, está sentado no banco do carona, e vocês dois estão conversando descontraidamente. Repentinamente, um sapo roxo gigante pula na frente do carro, você desvia para evitar o sapo, mas sai da estrada e bate em uma árvore. No entanto, sua gata está com fome e decide incomodá-lo para conseguir comida. Assim que ela pula na cama, você acorda do sonho com uma vaga memória de Eric Chuggers, um sapo roxo gigante, uma árvore e a morte iminente.

Na terceira noite, você novamente cai no sono. Às 4h, tem um sonho bastante traumático. É um caso surreal, com você sendo forçado a participar de um teste de elenco para um dos personagens oompa-loompas em uma versão nova do filme *A fantástica fábrica de chocolate*. Embora bem-sucedido, logo depois você descobre que a maquiagem laranja e a tinta de cabelo verde usadas no ensaio são permanentes. Repentinamente você acorda se sentindo muito estressado, lembra-se do teste de elenco e passa os próximos 20 minutos tentando descobrir o significado simbólico do sonho. Então volta a dormir.

Durante a manhã você acorda, liga o rádio e fica chocado ao descobrir que Eric Chuggers morreu em um acidente de carro durante a noite.

Segundo a reportagem, Chuggers dirigia pela cidade, desviou para evitar outro carro que estava na contramão e colidiu com um poste. Bingo. Da mesma forma que as palavras "tempo" e "galope" o ajudaram a lembrar das palavras "relógio" e "cavalo", a reportagem age como um gatilho e o sonho sobre o acidente de carro emerge repentinamente em sua memória. Você esquece o consumo de quantidades abundantes de sorvete de framboesa e o teste de elenco estressante dos oompa-loompas. Em vez disso, lembra-se de um sonho que parece se assemelhar a eventos no mundo real e, assim, fica convencido de que é bastante provável que possua o dom da profecia.

E não para por aí. Logo depois de se convencer de que teve uma visão do futuro enquanto estava profundamente adormecido, uma parte de sua mente, "vamos tornar essa experiência a mais assombrada possível", começa a funcionar. Uma vez que os sonhos costumam ser um tanto surreais, eles têm o potencial de serem moldados para combinar com eventos que aconteceram de verdade. Na realidade, Eric Chuggers não estava dirigindo em uma estrada rural, não bateu em uma árvore e o acidente não envolveu um sapo roxo gigante. No entanto, uma estrada rural é semelhante a uma avenida urbana e um poste de luz parece um pouco como uma árvore. E o sapo roxo gigante? Bem, talvez aquilo tenha simbolizado algo inesperado, como o carro que andava na contramão. Ou talvez tenhamos sabido que Chuggers estava sob o efeito de drogas alucinógenas e, por essa razão, poderia ter acreditado que o carro que se aproximava era, na verdade, um sapo roxo gigante. Ou talvez você veja uma fotografia da cena do acidente e descubra que o carro de Chuggers tinha um mascote roxo no painel. Ou talvez um *outdoor* próximo ao acidente contenha uma imagem de um sapo gigante. Ou talvez o próximo álbum de Chuggers ostentaria um sapo na capa. Ou talvez Chuggers estivesse vestindo uma camisa roxa no momento da colisão. Você compreende. Contanto que seja criativo e deseje acreditar que tem uma ligação paranormal com o recentemente falecido Sr. Chuggers, as possibilidades de encontrar uma combinação desse tipo são limitadas somente por sua imaginação.

Até agora focamos em seu sonho com Chuggers porque ele se assemelhava a eventos que aconteceram alguns dias mais tarde. Porém, imaginemos que, em vez de Chuggers morrer, você tenha ido ao supermercado e lhe foi oferecida uma amostra deslumbrante de sorvete de framboesa? Nessas circunstâncias, é bem provável que você se esqueça dos sonhos envolvendo Chuggers e os oompa-loompas e fique tentado a contar para seus amigos e familiares como seu sonho parecia prever o encontro inesperado com o sorvete de framboesa. Ou imaginemos que, alguns dias mais tarde, a empresa para a qual você trabalha o promove e sua nova posição significa que você precisa vestir um uniforme berrante. Repentinamente o simbolismo profundo envolvido no sonho sobre os oompa-loompas pareceria óbvio e os sonhos com Chuggers e o sorvete de framboesa permaneceriam enterrados em seu inconsciente.

Em resumo, você tem muitos sonhos e se depara com muitos eventos. Na maioria das vezes, os sonhos não estão relacionados com os eventos e, portanto, você os esquece. Contudo, de vez em quando, um dos sonhos corresponderá a um dos eventos. Quando isso acontece, fica repentinamente fácil lembrar-se do sonho e se convencer de que ele magicamente previu o futuro. Na realidade, são apenas as leis da probabilidade em funcionamento.

Essa teoria também ajuda a explicar uma característica bastante curiosa dos sonhos precognitivos. A maior parte das premonições envolve muita morte e desolação, com pessoas periodicamente prevendo o assassinato de líderes mundiais, indo a funerais de amigos íntimos, vendo aviões cair e observando países entrar em guerra. As pessoas raramente relatam terem tido um vislumbre do futuro e terem visto alguém delirantemente feliz no dia de seu casamento ou após receber uma promoção no trabalho. Os cientistas do sono descobriram que cerca de oitenta por cento dos sonhos são pouco agradáveis e focam em eventos negativos. Por esta razão é muito mais provável que notícias ruins, ao invés de boas, despertem a memória de um sonho, explicando por que tantos sonhos precognitivos envolvem previsões de mortes e desastres.

No começo deste capítulo descrevi como o psiquiatra John Barker encontrou sessenta pessoas que pareciam ter previsto o desastre da mina de Aberfan. As pesquisas sobre sonhos e memória alteram o valor comprobatório dessas supostas premonições? Em 36 dos casos de Barker, os respondentes não apresentaram comprovação de haver registrado seu sonho antes do desastre. Eles podem ter tido muitos outros sonhos antes de ouvir sobre Aberfan e, então, somente lembrado e relatado o único sonho que combinava com a tragédia. Não somente isso, mas a falta de qualquer registro feito no momento do sonho significa que eles poderiam ter inadvertidamente mudado e transformado o sonho para ajustá-lo melhor aos eventos desastrosos. A escuridão pode ter se tornado carvão; cômodos podem ter se tornado salas de aula e colinas suaves podem ter se tornado um vale do País de Gales.

Certamente aqueles que acreditam em questões paranormais poderiam argumentar que estão convencidos por exemplos em que pessoas contam um sonho aos seus amigos e familiares ou o descrevem em um diário e, então, descobrimos que ele espelha eventos futuros. Esses exemplos constituem um milagre da mente? Para descobrir, vamos mergulhar ainda mais fundo na ciência do sonho.

Entrevista com Caroline Watt, da Koester Parapsychology Unit, sobre a precognição em sonhos:
www.richardwiseman.com/paranormality/CarolineWatt.html

"Fora esta ressalva, você gostou da peça, Sr. Lincoln?"

Abra quase qualquer livro sobre paranormalidade e você logo descobrirá que o Presidente Abraham Lincoln teve um dos sonhos precognitivos mais famosos da história. Segundo se sabe, no início de abril de 1865, Lincoln contou a seu amigo íntimo e guarda-costas Ward Hill Lamon que recentemente tivera um sonho bastante perturbador. Durante o sonho Lincoln havia sentido uma "rigidez mortal" em seu corpo e ouviu choro vindo de um cômodo no andar térreo da Casa Branca. Após vasculhar o edifício, chegou ao Salão Oriental e encontrou um cadáver envolto em trajes fúnebres. Uma multidão de pessoas olhava fixa e tristemente para o corpo. Ao perguntar quem morrera, Lincoln foi informado de que fora o Presidente, e que fora assassinado.

Duas semanas depois do sonho, Lincoln e sua mulher foram assistir a uma peça de teatro no Ford's Theatre, em Washington D.C. Pouco após o início da peça, Lincoln foi morto a tiros pelo espião confederado John Wilkes Booth.

Porém, a grande maioria dos livros que descreve o sonho não apresenta aos leitores o quadro completo. Joe Nickell teve uma carreira longa e variada, ao longo da qual trabalhou como detetive à paisana, gerente de embarcação fluvial, promotor de festivais e mágico. Ele agora é um pesquisador graduado do Centre for Inquiry, uma organização americana que investiga questões paranormais. Na década de 1990, decidiu investigar com mais detalhes a aparente profecia de Lincoln.[4] Ele buscou o relato de Ward Hill Lamon sobre o incidente em sua autobiografia de 1895, *Recollections of Abraham Lincoln*, e descobriu que muitos dos relatos de segunda mão sobre o incidente omitiram uma parte muito importante do episódio. Após ser informado sobre o sonho, Lamon expressou sua preocupação, mas o presidente calmamente respondeu: "Nesse sonho não sou eu, mas algum outro tipo, que foi morto. Parece que esse assassino fantasma tentou atingir alguma outra pessoa." Em outras palavras, Lincoln não pensou ter visto a própria morte, mas a de outro presidente.

Certamente os crédulos podem argumentar que o presidente previra o próprio assassinato, embora sem perceber. Mesmo presumindo isso, o incidente poderia ser considerado uma comprovação convincente da precognição? A resposta, mais uma vez, reside nos trabalhos pioneiros da ciência do sono.

No final da década de 1960, pesquisadores do sono realizaram uma experiência inovadora com um grupo de pacientes que participavam de sessões de terapia para ajudá-los a lidarem com os efeitos psicológicos de terem se submetido a uma cirurgia de grande porte.[5] Os profissionais monitoraram os sonhos dos participantes ao longo de várias noites e descobriram que, quando eles iam a uma sessão de terapia durante o dia, havia uma probabilidade muito maior de que sonhassem com seus problemas médicos. Por exemplo, um paciente enfrentava dificuldades com os tubos de drenagem resultantes de sua cirurgia. Após passar tempo em uma sessão de terapia falando sobre o problema, ele apresentava uma propensão especial a ter sonhos em que continuamente introduzia tubos em si mesmo e em outros. Em resumo, os sonhos dos pacientes tendiam a refletir as ansiedades deles. Estudos semelhantes revelaram o mesmo efeito. O conteúdo dos sonhos não é somente afetado pelos eventos ao nosso redor, mas também frequentemente reflete o que quer que esteja preocupando nossas mentes.

Nickell observou que até mesmo o mais breve exame dos livros de história revelaria que Lincoln tinha amplas razões para ficar ansioso com a possibilidade de ser assassinado. Logo antes de seu primeiro mandato, ele foi aconselhado a evitar passar por Baltimore porque seus auxiliares descobriram uma conspiração para assassiná-lo lá e, durante seu tempo na presidência, ele recebera diversas ameaças de morte: em uma ocasião especialmente memorável, um pretenso assassino incompetente atirou nele e fez um buraco em sua cartola. Visto à luz dessas descobertas, o famoso sonho de Lincoln repentinamente parece menos paranormal.

O mesmo conceito pode também explicar um dos exemplos mais impressionantes da suposta precognição sobre o desastre de Aberfan. No começo deste capítulo descrevi como uma das jovens, que mais tarde faleceria na tragédia, contou a seus pais que havia sonhado com "algo preto" descendo sobre sua escola e que a escola não estava mais lá. Por vários anos antes do desastre, as autoridades locais expressaram considerável preocupação com a conveniência de colocar grandes quantidades de dejetos das minas nas encostas, mas essas questões foram ignoradas pelos administradores da mina. Correspondências da época tornam clara a extensão dessas preocupações.[6] Por exemplo, três anos antes do desastre, o engenheiro chefe do município escreveu para as autoridades observando: "Eu considero [a situação] extremamente séria, uma vez que os dejetos são muito fluidos e a encosta tão íngreme que possivelmente não manterá sua posição durante o inverno ou durante períodos de chuva forte" e, mais tarde, acrescentou: "essa apreensão também está nas mentes dos... residentes dessa área, pois eles já experienciaram, durante períodos de chuva forte, movimentos de dejetos que levavam perigo e prejuízo às pessoas e às propriedades". Não há como saber com certeza, mas é possível que o sonho da jovem tenha refletido essas ansiedades.

Porém, e o que dizer dos outros 23 casos em que pessoas produziram indícios de que haviam descrito seus sonhos antes da tragédia acontecer e onde o sonho não parecia refletir suas próprias ansiedades e preocupações? Para investigar essa questão, precisamos nos afastar da ciência do sono e entrar no mundo estimulante da estatística. Vamos examinar em mais detalhes os números associados a essas experiências aparentemente sobrenaturais.

Primeiro, vamos selecionar aleatoriamente uma pessoa da Grã-Bretanha e chamá-la de Brian. Em seguida, façamos algumas suposições sobre Brian. Vamos presumir que ele sonha todas as noites de sua vida, dos 15 aos 75 anos de idade. Há 365 dias no ano, então aqueles 60 anos de sonhos assegurarão que Brian tenha tido 21.900 noites com sonhos. Vamos também presumir que um evento como o desastre de Aberfan somente acontece uma vez a cada geração e, aleatoriamente, atribuir esse sonho a um dia qualquer. Agora, presumamos que Brian somente se lembrará de ter sonhado com esse tipo de evento terrível associado a tal tragédia uma vez em sua vida inteira. As probabilidades de Brian ter seu sonho de "desastre" na noite anterior à tragédia real são mais ou menos impressionantes 22.000 contra 1. Por isso, é provável que Brian ficasse muito surpreso se aquilo acontecesse com ele.

No entanto, agora vem a parte intrigante. Quando Brian pensa nas chances do evento acontecer com ele, ele está sendo muito egocêntrico. Na década de 1960 havia cerca de 45 milhões de pessoas na Grã-Bretanha e esse mesmo evento poderia ter acontecido com qualquer uma delas. Uma vez que já calculamos que as probabilidades de qualquer uma delas ter o sonho do "desastre" em uma noite e a tragédia acontecer no dia seguinte serem cerca de 22.000 para 1, esperaríamos que uma pessoa em cada 22.000, ou aproximadamente 2.000 pessoas, teria essa experiência surpreendente em cada geração. Afirmar que os sonhos desse grupo são precisos é como atirar uma flecha em um campo, desenhar um alvo em torno dela após ela ter aterrissado e dizer, "Oh, quais são as chances disso acontecer!"

O princípio é conhecido como a "Lei dos Grandes Números", a qual afirma que eventos raros provavelmente acontecerão quando há muitas oportunidades. O mesmo ocorre exatamente com qualquer loteria nacional. As chances de qualquer pessoa acertar o prêmio é milhões contra um, mas ainda assim acontece regularmente a cada semana porque um número muito grande de pessoas compra os bilhetes.

No que diz respeito a comprovações genuínas de premonições, então a situação é até mesmo pior do que imaginávamos. Nosso exemplo somente abordou as pessoas que sonharam com a tragédia de Aberfan. Na realidade, os infortúnios nacionais e internacionais acontecem regularmente. Quedas de aviões, tsunamis, assassinatos, assassinos em série, terremotos, sequestros, atos de terrorismo e assim por diante. Dado que as pessoas sonham com a morte e a tristeza muito mais frequentemente do que se imagina, os números rapidamente se avolumam e as aparentes profecias são inevitáveis.

COMO CONTROLAR SEUS SONHOS: PARTE UM

Daniel Wegner, um psicólogo de Harvard, inventou uma forma simples, porém eficiente, de controlar seus sonhos.[7] Conforme observado no capítulo 4, ele realizou uma grande quantidade de trabalhos sobre o famoso "efeito rebote", no qual as pessoas solicitadas a não pensarem em determinado problema têm uma dificuldade surpreendente para mantê-lo fora da mente. Ele questionou se o mesmo efeito seria usado também para influenciar os sonhos das pessoas. Para descobrir isso, reuniu um grupo de participantes, deu a cada um deles dois envelopes e lhes pediu para abrir um envelope logo antes de irem para a cama à noite e o outro quando acordassem pela manhã.

O primeiro envelope continha um conjunto inusitado de instruções. Todos os participantes eram chamados primeiro a pensar em alguém que considerassem muito atraente. Metade deles era, então, instruída a passar cinco minutos tentando *não* pensar nessa pessoa, enquanto os outros eram solicitados a pensar no companheiro romântico de seus sonhos. Ao acordarem pela manhã, eles abriam o segundo envelope e descobriam outro conjunto de instruções. Dessa vez lhes era solicitado descrever quaisquer sonhos que tivessem tido durante a noite. Wegner descobriu que aqueles que tentaram não pensar na pessoa que consideravam atraente tiveram uma probabilidade aproximadamente duas vezes maior do que as outras de sonhar com aquela pessoa. A mensagem é clara — se você deseja fazer com que uma determinada pessoa apareça em seus sonhos, passe cinco minutos tentando *não* pensar nela antes de adormecer.

Até agora, vimos como a ciência do sono e o estudo das estatísticas sugerem que os sonhos precognitivos são provocados pela memória seletiva, pela ansiedade e pela lei dos números grandes. Certamente, seria possível sempre argumentar que, embora essas explicações sejam verdadeiras para muitos sonhos aparentemente precognitivos, alguns outros continuam sendo genuinamente sobrenaturais.

As más notícias são que, apesar do fato de que testar essa hipótese soe simples na teoria, fazê-lo é complicado. Não vale a pena pedir às pessoas para entrarem em contato *após* um desastre nacional ou uma tragédia porque é provável que elas relatem apenas um dos muitos sonhos que tiveram ou sejam parte do grupo de pessoas que por acaso tiveram sorte, conforme previsto pela lei dos grandes números. Além disso, você não pode pedir às pessoas para sonharem com um evento que é, de alguma forma, previsível. Ao contrário, você precisa registar muitas profecias das pessoas *antes de um evento imprevisível* ter acontecido. Segundo a lei dos grandes números, você acabaria com uma ampla gama de previsões, com apenas uma pequena parcela delas subsequentemente se provando corretas. Em contraste, os defensores da paranormalidade preveriam que isso produziria um número surpreendentemente grande de premonições que apontam para um determinado futuro.

As boas notícias são que tal estudo já foi realizado.[8] Bem--vindo ao curioso caso de Charles Lindergh Jr.

"A história mais importante desde a ressurreição"

Nascido em 1893, Henry Murray, um psicólogo de Harvard, passou grande parte de sua vida tentando esclarecer os mistérios da personalidade humana. Durante o final da década de 1930, ele ajudou a desenvolver uma ferramenta psicológica famosa conhecida como o "Teste de Percepção Temática" ou por sua abreviação "TAT". Durante o TAT são mostradas às pessoas imagens representando diversas cenas ambíguas — tais como uma mulher misteriosa olhando por cima dos ombros de um homem — e a elas é solicitado que descrevam o que acreditam estar acontecendo no quadro ("O que você acha do TAT?"). Segundo os proponentes do teste, terapeutas bem-treinados podem usar esses comentários para obter entendimentos importantes sobre os pensamentos íntimos das pessoas, como, por exemplo, os comentários sobre mortes, violência e assassinatos, todos constituindo sinais de alerta. O TAT não é a única razão da fama de Murray. No final da Segunda Guerra Mundial, o governo americano solicitou sua ajuda para compilar um perfil psicológico de Adolf Hitler. Como uma consulta face a face parecia extremamente improvável, Murray foi forçado a confiar em outras fontes, tais como os registros escolares, documentos e discursos de Hitler. Ele concluiu que, embora parecesse extrovertido, o ditador era, na verdade, bastante tímido e tinha uma necessidade profunda de anexar a Sudetenlândia. Estou apenas brincando. Na realidade, Murray achou que Hitler era um exemplo clássico de um "narcisista que age contra", um homem rancoroso que exibia uma necessidade excessiva de atenção, mostrava uma tendência a menosprezar outros e não gostava de piadas. Além de desenvolver o TAT e colocar Hitler no divã, Murray também realizou um teste singular sobre o poder precognitivo dos sonhos.

Em 1927, Charles Lindbergh, um piloto americano de correio aéreo com 25 anos, alcançou fama internacional fazendo o primeiro voo solo sem escalas através do Atlântico. Dois anos mais tarde, casou-se com a autora Anne Spencer Morrow e os dois continuaram a atrair imensa publicidade ao estabelecer diversos recordes adicionais de voo, inclusive sendo as primeiras pessoas a voarem da África para a América do Sul, e fazendo um trabalho pioneiro de exploração das rotas aéreas polares da América do Norte para a Ásia. Em 1930, os Lindbergh tiveram o primeiro filho, Charles Lindbergh Jr., e se mudaram para uma grande mansão isolada em Hopewell, Nova Jersey.

Em 1º de março de 1912, o mundo dos Lindbergh mudou para sempre. Em torno das dez horas da noite, a babá correu para o Sr. Charles, lhe disse que Charles Jr. fora levado de seu quarto e que os sequestradores haviam deixado uma nota exigindo um resgate de 50 mil dólares. Lindbergh rapidamente empunhou uma arma e inspecionou os jardins. Descobriu que a escada de fabricação caseira fora usada para subir ao quarto do bebê, no segundo andar, mas não encontrou qualquer sinal do filho. A polícia foi chamada e o Coronel Norman Schwarzkopf (pai do General H. Norman Schwarzkopf, que comandou as forças de coalisão durante a Guerra do Golfo) tomou conta do caso e organizou uma busca extremamente abrangente. A fama dos Lindbergh fez com que o caso gerasse muita publicidade, tendo um jornalista se referido a ele como "a história mais importante desde a Ressurreição".

Alguns dias após as notícias do sequestro surgirem, Murray decidiu usar esse caso bem conhecido do público para estudar a precisão dos sonhos precognitivos. Ele persuadiu um jornal nacional a pedir aos leitores para submeterem quaisquer premonições sobre o caso que houvesse aparecido em seus sonhos. As notícias do estudo de Murray se espalharam de um jornal para o outro, acabando por resultar no recebimento de mais de 1.300 respostas pelo psicólogo. Para avaliar apropriadamente as respostas, ele foi forçado a esperar dois anos até que o crime fosse solucionado.

Poucos dias após o desaparecimento de seu filho, Lindbergh fez diversos apelos públicos para o sequestrador para começar as negociações. Nenhum deles teve resposta. No entanto, ao colocar um artigo em um jornal declarando que estava disposto a agir como um intermediário e a acrescentar 1000 dólares ao resgate, o professor aposentado John Condon recebeu uma série de comunicados do suposto sequestrador. No dia 2 de abril, um comunicado pediu a Condon para ter um encontro em um cemitério no Bronx e transferir 50 mil dólares em certificados de ouro em troca por informações sobre a localização da criança. Condon pegou os certificados com Lindbergh, entregou-os durante o encontro e foi informado de que a criança poderia ser encontrada em um barco que estava atracado no litoral de Massachusetts. Lindbergh sobrevoou a região por dias, mas não conseguiu encontrar o suposto barco.

Em 12 de maio de 1932, um motorista de caminhão parou à margem de uma estrada a alguns quilômetros da casa de Lindbergh e entrou em um bosque para se aliviar. Lá, encontrou por acaso o cadáver de Charles Lindbergh, Jr., enterrado em uma cova rasa apressadamente preparada. O crânio do bebê apresentava grandes fraturas e a perna esquerda e ambas as mãos estavam faltando. O exame do médico legista mostrou que o bebê morrera havia cerca de dois meses e que sua morte fora causada por uma pancada na cabeça.

Por mais de dois anos, a polícia teve dificuldades para resolver o crime. Então, em setembro de 1934, um frentista de um posto de gasolina suspeitou quando um cliente pagou o combustível com um certificado de ouro no valor de 10 dólares. Ele anotou a placa do carro e informou autoridades. A polícia identificou o proprietário do veículo como Bruno Richard Hauptmann, um imigrante alemão ilegal que trabalhava como carpinteiro. A polícia revistou sua casa, descobriu 14 mil dólares do dinheiro do resgate e imediatamente o prendeu. Durante o julgamento, a acusação mostrou que sua caligrafia era igual à dos comunicados de resgate enviados a Condon e que o assoalho em sua casa era feito da mesma madeira que a escada descoberta na casa dos Lindbergh. Após deliberarem por onze horas, o júri retornou com um veredito de culpado e Hauptmann foi condenado à morte.

Caso encerrado, Murray começou a trabalhar. Ele examinou sua coleção de supostas premonições em busca de três fragmentos de informações que teriam ajudado consideravelmente a investigação da polícia — o fato de que o bebê estava morto, enterrado em uma cova e que esta se localizava perto de algumas árvores. Apenas cerca de 5% das respostas sugeriam que o bebê estava morto e apenas quatro das 1.300 mencionavam que ele estava enterrado em uma cova nas proximidades de algumas árvores. Além disso, nenhuma delas mencionava a escada, os comunicados extorsivos ou o dinheiro de resgate. Exatamente conforme previsto pelas brigadas de "as premonições nos sonhos são o trabalho de forças normais, não paranormais", as premonições dos respondentes abordavam todo tipo de assunto, com apenas um pequeno número delas contendo informações que subsequentemente provariam estar corretas. Murray foi forçado a concluir que suas descobertas "não sustentam a afirmação de que eventos e sonhos distantes estão relacionados de forma causal". Embora as pessoas possam sonhar com o futuro, esses sonhos não representam um entendimento mágico daquilo que está por vir.

Infelizmente, ninguém pareceu ter dito isso ao público. Em 2009, os psicólogos Cary Morewedge, da Universidade Carnegie Mellon, e Michael Norton, da Harvard University, realizaram uma experiência para descobrir se a mente moderna ainda é atraída pela ideia de que os sonhos preveem o futuro.[9] Aproximadamente duzentos viajantes que usam a estação ferroviária de Boston foram convidados a imaginar que haviam reservado um assento em um determinado voo, mas que, no dia da viagem, 1 entre 4 eventos ocorreu. As quatro opções eram: o governo emitiu uma advertência de um possível ataque terrorista; eles achavam que o avião deles cairia; um avião de fato caiu na mesma rota; ou eles sonharam estar em um acidente de avião. Após imaginar cada cenário, todos foram convidados a avaliar a possibilidade de cancelarem seus voos. Surpreendentemente ter um suposto sonho precognitivo foi a resposta mais citada, causando uma sensação maior de ansiedade do que uma advertência de um ataque terrorista feita pelo governo ou até mesmo da queda de um avião real.

Além de lançar dúvidas sérias sobre o modelo "sonhos como profecia" da psique humana, a ciência do sono também fez progressos consideráveis para tentar resolver talvez o maior de todos os mistérios baseados em sonho — para que servem de fato nossos sonhos?

COMO CONTROLAR SEUS SONHOS: PARTE DOIS

O tipo definitivo de controle dos sonhos envolve os sonhos lúcidos. Essa atividade noturna das mais desejáveis significa que você pode experimentar o impossível, permitindo que voe, atravesse paredes e passe tempo valioso com sua celebridade favorita. Inicialmente esse estranho fenômeno causou um intenso debate entre os cientistas, tendo alguns pesquisadores argumentado que talvez os que relataram essas experiências não estivessem, na prática, sonhando. No entanto, a questão foi resolvida no final da década de 1970, quando o pesquisador de sonhos Keith Hearne monitorou a atividade cerebral daqueles que alegavam ter sonhos lúcidos regularmente.[10] Naquele que talvez seja seu estudo mais conhecido, Hearne convidou o participante mais famoso a comparecer a seu laboratório de sono, pediu a ele que indicasse quando estivesse tendo um sonho lúcido movendo os olhos para a direita e para a esquerda oito vezes e depois monitorou a atividade de seu cérebro enquanto dormia. Hearne descobriu que os sonhos lúcidos aconteciam durante o sono REM e estavam associados aos mesmos tipos de atividades cerebrais que um sonho normal. Em resumo, foi provado que os sonhos lúcidos são produzidos pelo cérebro sonhador.

O trabalho ajudou a dar um pontapé inicial nas pesquisas sobre sonhos lúcidos, provocando os cientistas a investigarem uma gama de questões, inclusive as melhores formas de aumentar as probabilidades de ter um sonho lúcido. Seus pesquisadores sugerem que os passos a seguir o ajudarão a obter controle sobre seus sonhos.[11]

1. Programe seu relógio para despertá-lo aproximadamente quatro, seis e sete horas após cair no sono. Em teoria, isso aumentará a probabilidade de você ser acordado durante ou imediatamente após um sonho.
2. Se o despertador o acordar durante um sonho, passe dez minutos lendo, escrevendo informações sobre o sonho ou andando pelo quarto. Em seguida, volte para a cama e pense

no sonho que teve antes de acordar. Diga a si mesmo que terá o mesmo sonho novamente, mas, dessa vez, ficará ciente de que está sonhando.

3. Desenhe uma grande letra "A" (para "acordado") na palma de uma de suas mãos e a letra "S" (para "sonhando") na outra. Sempre que observar uma das letras, pergunte-se se está acordado ou dormindo. Isso o ajudará a se acostumar com o ritual e, portanto, a fazer a mesma pergunta ao sonhar. Além disso, enquanto se prepara para dormir a cada noite, deite-se na cama e passe um minuto olhando para a palma de suas mãos e, em voz baixa, diga para si mesmo que, durante o sonho, você olhará para suas palmas.

4. Se, de fato, conseguir ter um sonho lúcido, você precisará decidir se está sonhando ou, de fato, no mundo real. As boas notícias são que há diversas ações que permitirão que você distinga a ficção da realidade. Primeiro, tente olhar em um espelho — em um sonho lúcido, sua imagem parecerá embaçada. Segundo, sinta-se à vontade para morder seu braço. Se estiver em um sonho lúcido, não conseguirá sentir nada, enquanto que, no mundo real, doerá bastante. Finalmente, tente se encostar em uma parede. Em um sonho lúcido, você, muitas vezes, cairá, enquanto que, no mundo real, isso somente acontecerá se o edifício tiver sido construído por engenheiros ingleses nos últimos dez anos.

Um passeio pela via real para o inconsciente

Existe uma piada antiga sobre uma mulher que acorda pela manhã, vira-se para o marido e diz: "Ontem à noite sonhei que você me deu um maravilhoso colar de prata pelo meu aniversário. O que acha que isso significa?" O marido responde: "Você saberá hoje à noite". Naquela noite, o marido volta para casa com um pequeno pacote e o entrega à esposa. Encantada, ela abre o pacote e encontra uma cópia de A interpretação dos sonhos, de Sigmund Freud.

A piada é fictícia, mas o livro é real. Freud era fascinado pelos sonhos e, de forma memorável, referia-se a eles como "a via real para o inconsciente". Seu modelo básico da mente girava em torno da noção de que todos nós temos diversos medos e preocupações e que nosso consciente lida com eles reprimindo-os em nosso inconsciente. Durante os sonhos, o consciente tira um descanso merecido, permitindo que os verdadeiros desejos e emoções venham à tona. Por essa razão, ele acreditava que era possível entender os desejos secretos de alguém ao fazer essa pessoa descrever o "conteúdo manifesto" (o que ela, na verdade, sonhou) de um sonho e usar isso para determinar o "conteúdo latente" (as emoções irrealizadas que o sonho representa). No entanto, isso frequentemente está longe de ser óbvio, porque o inconsciente não utiliza muito a linguagem e, em vez disso, tende à comunicação simbólica. Embora alguns desses símbolos sejam tanto universais quanto óbvios (sonhe com um "charuto", pense em um "pênis"), outros são muito pessoais e somente podem ser compreendidos com a ajuda de um terapeuta profissional (sonhe com "constantemente abraçar um policial", pense em "200 libras por hora"). As ideias de Freud geraram toda uma indústria dedicada à interpretação dos sonhos, fazendo surgir, no mundo inteiro, vendedores não reprimidos ansiosos para vender manuais, seminários de treinamento e DVDs sobre o assunto. Há apenas um pequeno problema. Muitos cientistas hoje acreditam que Freud abordou essa questão de uma forma totalmente equivocada e que essas tentativas de interpretação são uma completa perda de tempo.

Alguns cientistas adotam uma abordagem mais evolucionária para os sonhos. Se eu o acordasse durante um episódio REM e pedisse que relatasse um sonho, duas coisas poderiam acontecer. Primeiro, você provavelmente perguntaria o que eu estava fazendo em seu quarto. Segundo, conforme observado no início deste capítulo, em torno de 80% das vezes, você relataria algum tipo de emoção ou situação negativa. Talvez dissesse que estava nu em público, afogando em areia movediça ou sendo caçoado por outros (ou, em uma noite muito ruim, todos os três). Por que a morte e a tristeza dominam nossa mente sonhadora? Segundo alguns psicólogos evolucionistas, os sonhos são um ensaio para as situações amedrontadoras que se pode encontrar no mundo real.[12] Eles nos permitem pensar sobre o que fazer nas situações difíceis sem, na realidade, colocar-nos em risco.

Se não é fã desse modelo de "os sonhos são uma aula de autodefesa psicológica", você pode estar mais alinhado com as ideias propostas pelo homem que ajudou a descobrir a estrutura do DNA, Francis Crick.[13] Em meados da década de 1980, ele abordou o problema de uma forma muito diferente, argumentando que os sonhos são a maneira com que o cérebro classifica as informações do dia, jogando fora dados pouco importantes e fazendo novas conexões entre eventos e ideias. Vistos a partir da perspectiva de Crick, os sonhos são uma forma de desfragmentar o disco rígido da mente, além de serem um gerador gigante de "momentos eureca". A ideia não é desprovida de mérito, tendo muitas mentes excelentes relatado que seus sonhos foram uma fonte vital de inspiração. Por exemplo, na década de 1840, Elias Howe desejava criar a primeira máquina de costura, mas não conseguia imaginar exatamente como ela funcionaria. Uma noite, sonhou que estava cercado de um grupo de guerreiros tribais e notou que suas lanças tinham furos perto das pontas. Ele percebeu que o sonho continha a solução para seu problema, uma vez que colocar um buraco na ponta da agulha faria com que a linha ficasse presa após atravessar o tecido e, isso viabilizaria sua máquina. Da mesma forma, o químico August von Kekule passou anos tentando descobrir a estrutura do composto químico benzeno, antes de sonhar com uma cobra mordendo o próprio rabo e percebendo que o composto elusivo poderia ser formado de um anel de átomos de carbono. (Mais tarde, o escritor Arthur Koestler descreveu esse incidente como "provavelmente o sonho mais importante na história desde as sete vacas gordas e as sete vacas magras de José".) O mesmo processo também influenciou a história do esporte e da música, tendo o golfista Jack Nicklaus relatado que seu jogo melhorara significativamente após sonhar com uma nova forma de segurar o taco, e Paul McCartney observado que a canção "Yesterday" apareceu para ele totalmente pronta em um sonho. (Um acadêmico recentemente estudou o momento eureca de McCartney e concluiu: "Esses três componentes — pessoas, domínio e campo — configuram um sistema com causalidade circular, no qual o individual, a organização social que ele cria dentro de si e o sistema de símbolos que usa são todos igualmente importantes e interdependentes na produção de produtos criativos. "Yesterday" é apenas um produto criativo do funcionamento desse sistema."[14] Ainda bem que isso foi resolvido.)

Se você não gosta da ideia dos sonhos como "ensaio de ameaças" ou "gerador de ideias", você pode ser atraído pela explicação mais em voga nos círculos científicos, a saber, a noção de que os sonhos são produtos sem sentido de atividades cerebrais aleatórias. Essa ideia, conhecida como a "hipótese ativação-síntese", foi proposta pela primeira vez pelo psiquiatra de Harvard James Hobson no final da década de 1970.[15] Quando adormecido, você obviamente não está recebendo muita informação de suas sensações. No entanto, segundo Hobson, as partes mais antigas do cérebro, do ponto de vista da evolução — as quais são responsáveis por funções básicas, tais como a respiração e os batimentos cardíacos — produzem surtos regulares de atividade que resultam em ações aleatórias por todo o cérebro. Confusa, a parte mais moderna do órgão faz o melhor possível para construir uma história significativa a partir dessas sensações, produzindo sonhos bizarros que combinam preocupações do dia a dia com elementos aleatórios. Uma vez que o sonho é essencial ao bem-estar, alguns teóricos acreditam que, de certa forma, eles representam os "guardiões do sono" — um mecanismo que permite que você lide com as atividades cerebrais sem acordar. Curiosamente, as mais recentes e inovadoras pesquisas sugerem que essa hipótese pode estar certa, pois pessoas com danos na parte do cérebro que os capacita a sonhar frequentemente relatam grandes dificuldades para terem uma boa noite de sono.[16] A "hipótese ativação-síntese" não contradiz a noção de Freud de que os sonhos refletem preocupações e aflições cotidianas, mas ela certamente coloca em dúvida a ideia de que eles possuem um tipo estranho de simbolismo que somente pode ser elucidado com a ajuda de um terapeuta profissional.

Ou, talvez, seja muito mais simples do que isso. Como o pesquisador de sonhos Jim Horne, da Universidade de Loughborough, certa vez memoravelmente afirmou, talvez os sonhos não sejam nada mais do que um tipo de "cinema mental" que está lá para manter o cérebro entretido durante as horas que seriam, digamos assim, tediosas.

Por milhares de anos, as pessoas acreditaram que seus sonhos poderiam fornecer um vislumbre passageiro do futuro. Somente após a década de 1950 é que os cientistas conseguiram investigar o cérebro adormecido e descobriram a verdade sobre esses supostos atos de profecia. Você sonha muito mais do que pensa e somente lembra aqueles sonhos que parecem se tornar realidade. Muitos de seus sonhos giram em torno de tópicos que o fazem se sentir ansioso e, assim, são mais prováveis de estarem relacionados com eventos futuros. Contrariando a crença popular, quase todo mundo sonha e, por essa razão, alguns dos muitos milhões de sonhos que acontecem todas as noites retratarão eventos futuros apenas por uma questão de probabilidade. Realize experiências que eliminam esses fatores e, repentinamente, sua mente adormecida não consegue descobrir o que o amanhã trará. Talvez mais importante, essas expedições científicas na terra do cochilo produziram pistas significativas sobre as razões reais para seus voos de fantasia noturnos, inclusive como seus sonhos poderiam prepará-lo para situações amedrontadoras, aumentar suas chances de conceber ideias criativas e ajudá-lo a ter uma boa noite de sono. Existem muitos mais mistérios de sono esperando ser solucionados, mas uma coisa é certa — para aqueles que desejam acreditar na realidade da paranormalidade, as descobertas da ciência do sono são um pesadelo.

Conclusão

Aqui descobriremos por que estamos todos predispostos a aceitar o sobrenatural e a contemplar a natureza do encanto.

Estamos nos aproximando do fim dessa aventura no maravilhoso mundo da ciência sobrenatural. Na primeira parte de nossa jornada, descobrimos como as leituras paranormais revelam o verdadeiro eu, como experiências fora do corpo mostram de que maneira seu cérebro decide onde você de fato está neste exato momento, como exibições de suposta psicocinésia demonstram por que ver *não é* crer e como tentativas de falar com os mortos ilustram o poder de nossa mente inconsciente. Na segunda metade de nossa expedição, descobrimos como experiências fantasmagóricas produziram insights importantes para a psicologia da sugestão, como peritos no controle da mente manipulam seus pensamentos e como sonhos proféticos podem ser explicados pela ciência do sonho. Ao longo do caminho aprendemos também como criar uma gama de experiências estranhas. Se tudo correu bem, você deve agora ser, entre outras coisas, capaz de conduzir uma sessão de tabuleiro Ouija, viajar para fora do corpo, dizer a estranhos tudo sobre eles, parecer entortar metais com os poderes de seu cérebro e controlar seus sonhos.

Há, no entanto, uma questão importante que ainda não foi abordada. Por que nos desenvolvemos para experimentar o impossível? Nossas mentes ajudaram a livrar o mundo de doenças terríveis, colocaram um homem na lua e começaram a descobrir as origens do universo. Por que, então, elas podem ser enganadas para pensar que a alma pode deixar o corpo, que fantasmas existem e que nossos sonhos realmente preveem o futuro? Por mais estranho que pareça, as duas questões estão intimamente ligadas. No entanto, antes de descobrirmos se esse é o caso, é hora de voltar ao exercício que você completou bem no começo deste livro.

Como você talvez se lembre, eu lhe apresentei uma mancha de tinta e lhe pedi para dizer o que parecia. Esse tipo de teste foi desenvolvido por terapeutas freudianos em uma tentativa de entender melhor seus pacientes. Segundo eles, as pessoas projetam inconscientemente seus pensamentos e sentimentos mais íntimos na imagem, permitindo, assim, que um terapeuta experiente consiga um entendimento profundo do inconsciente de seus pacientes. Um volume considerável de pesquisas já demonstrou que tais testes são imprecisos e pouco confiáveis.[1] No entanto, há sempre algo aproveitável e, do lado favorável, esse estudo deu origem a diversas boas piadas, inclusive a minha favorita: "Meu psicanalista é terrível, e não tenho ideia do que ele está fazendo com tantas imagens de minha mãe nua."

Estou divagando. Embora o teste não abra uma porta para seu inconsciente, ele genuinamente mede algo que é muito mais importante — sua capacidade de ver padrões. Qual foi a sua pontuação? Da mesma forma que algumas pessoas são baixas e outras, altas, alguns indivíduos são naturalmente bons em identificar padrões, até mesmo em manchas de tinta sem significado. Eles olham para a imagem e imediatamente veem a cara de um poodle, dois coelhos comendo grama ou um urso sentado em uma cama. Outros olham para a mesma imagem por dez minutos, mas mesmo assim não conseguem ver nada além de algumas nódoas pretas.

A capacidade de perceber padrões desempenha um papel crucial em sua vida cotidiana porque você precisa constantemente identificar exemplos genuínos de causa e efeito. Por exemplo, você pode se sentir doente todas as vezes que come determinadas comidas e precisa descobrir quais ingredientes estão provocando o mal-estar.

Ou pode querer comprar um carro novo e, então, analisa detalhadamente várias críticas para descobrir os pontos em comum que contribuirão para uma compra bem-informada. Ou pode ter diversos relacionamentos antes de decidir as qualidades necessárias em seu par perfeito. Essa capacidade de identificar padrões genuínos desempenhou um papel vital no sucesso e na sobrevivência da espécie humana. Na maior parte do tempo, ela nos ajuda muito e nos permite entender como o mundo funciona. No entanto, de vez em quando, ela entra em um ritmo superacelerado e nos faz ver o que não existe.

Imaginemos que você está na selva e o vento faz com que alguns arbustos próximos farfalhem. Além disso, você foi avisado de que há vários tigres famintos na área e sabe que eles criam o mesmo tipo de som. Você está diante de uma escolha simples — decide que o farfalhar é devido ao vento e não arreda pé, ou conclui que talvez seja um tigre e sai correndo? Obviamente, em termos de sua sobrevivência de longo prazo, é melhor errar do lado seguro e optar em favor da hipótese do tigre. Afinal, como diz o velho ditado, é sempre melhor fugir de um vento do que enfrentar um tigre faminto. Ou, para colocar em termos mais psicológicos, é melhor ver alguns padrões que não existem na prática do que deixar de ver um que exista.

Por causa disso, sua capacidade de encontrar padrões tem uma tendência intrínseca para descobrir conexões entre eventos sem qualquer relação um com o outro. Ao fazê-lo, você pode facilmente se convencer de que experienciou o impossível. Por exemplo, você pode descobrir algumas relações impressionantes entre as declarações sem sentido de um quiromante e seu passado e concluir que a adivinhação é um dom genuíno. Ou pode ver correspondências entre um sonho aleatório e eventos subsequentes em sua vida e decidir que possui o dom da profecia. Ou pode olhar para uma fotografia comum de pedras refletidas em um lago e conseguir encontrar um rosto "fantasmagórico" na água. Ou pode observar um "vidente" focar sua atenção em uma colher, ver a colher entortar e concluir que o entortamento foi o resultado das faculdades paranormais extraordinárias do vidente. Ou você pode colocar um talismã da sorte em seu bolso antes de uma entrevista de emprego importante, conseguir a vaga e concluir que o talismã de alguma forma causou sua boa sorte. A lista é infinita.

Essa grande teoria da paranormalidade prevê que as pessoas que possuem uma capacidade particularmente desenvolvida para descobrir tais padrões deveriam ser mais propensas do que a maioria para experienciar fenômenos aparentemente sobrenaturais. Porém, é esse o caso? Para descobrir a resposta, pesquisadores apresentaram variações do teste da mancha de tinta às pessoas, e lhes perguntaram sobre os eventos sobrenaturais que elas viveram.[2] Exatamente como previsto, os resultados revelaram que aqueles que obtêm pontuações altas sobretudo nos testes de identificação de padrões também experimentam muito mais sensações estranhas.

Em resumo, a capacidade de encontrar padrões é tão importante para sua sobrevivência que seu cérebro prefere ver alguns padrões imaginários a deixar de ver exemplos genuínos de causa e efeito. Enxergadas dessa forma, as experiências aparentemente sobrenaturais não são o resultado de enganos de seu cérebro tanto quanto o preço que você paga por ser tão maravilhoso no restante do tempo.

Sobre o encanto

Nossa jornada está quase completa. Foi divertido ter sua companhia ao longo do passeio e espero que você tenha gostado também. Gostaria de deixá-lo com um pensamento final.

Muitos anos atrás, trabalhei como mágico em um restaurante. Andando de mesa em mesa, realizava truques com cartas e fazia o possível para proporcionar diversão a todos. Ao final de minha apresentação, os clientes frequentemente faziam a mesma pergunta "jocosa", notadamente: "Você consegue fazer minha conta desaparecer?" Cada pessoa acreditava que era a primeira a pensar na pergunta e, como profissional preparado, eu forçava uma gargalhada todas as vezes. Não fui o único mágico a ouvir esse comentário noite após noite. Na realidade, era um fenômeno internacional muito reconhecido. Um famoso apresentador americano escreveu a pergunta em um pequeno cartão e colocou uma série de marcas ao seu lado. Sempre que um cliente surgia com a pergunta, o mágico ria, em seguida retirava o cartão de sua carteira e explicitamente acrescentava outra marca.

Hoje em dia eu não ando mais por restaurantes realizando truques de cartas. No entanto, frequentemente, dou palestras sobre a paranormalidade e falo sobre grande parte do material deste livro. No final da apresentação, pelo menos uma pessoa sempre faz a mesma pergunta. Em vez de querer saber se posso fazer a conta desaparecer, elas perguntam se existe algum fenômeno paranormal que eu não tenha conseguido explicar cientificamente. Quando respondo que ainda não vi qualquer comprovação convincente do sobrenatural, o perguntador frequentemente demonstra muita frustração. A reação dessas pessoas se origina de uma crença em que um mundo destituído de fenômenos sobrenaturais é, de alguma forma, menos maravilhoso do que um que contém o impossível. Acredito que essa crença esteja errada.

O matemático e escritor de ciência americano Martin Gardner foi um dos meus heróis acadêmicos. Ele morreu em 2010, aos 95 anos e, em uma de suas últimas entrevistas, falou sobre a noção de encanto.[3] Gardner propôs uma experiência simples com o seguinte pensamento. Imagine que alguém descobriu um rio de vinho ou uma forma de fazer um objeto flutuar alto no ar. Quanto dinheiro você pagaria para visitar o rio ou ver o objeto levitando? A maioria das pessoas felizmente ofereceria grandes somas de dinheiro para testemunhar tais fenômenos aparentemente milagrosos. Gardner, então, ressaltou que um rio de água é tão maravilhoso quanto um rio de vinho, e que um objeto que é atraído para a terra não é menos extraordinário do que um atraído para o céu. Eu acredito que ele estava certo. Acreditar que as descobertas da ciência sobrenatural removem o encanto do mundo é deixar de ver os eventos extraordinários que nos circundam todos os dias de nossa vida. E, ao contrário daqueles que parecem falar com os mortos ou mover objetos com o poder de suas mentes, esses fenômenos maravilhosos são genuínos.

Antes de começarmos nossa expedição, eu disse que estávamos viajando para um mundo mais maravilhoso do que o de Oz. Não existe qualquer necessidade de ir muito longe. Você já vive lá. Como Dorothy tão memoravelmente disse ao final daquele filme maravilhoso, não há lugar como o lar.

UM KIT DO SUPER-HEROI INSTANTÂNEO

Achei que seria divertido deixá-lo com um presente de despedida. Reuni um conjunto de demonstrações psicológicas rápidas e bizarras que você pode usar para impressionar seus amigos, familiares e colegas. Essas demonstrações são baseadas nas teorias e ideias encontradas em nossa viagem e foram projetadas para agir como uma recordação inspiradora de nossa jornada. Você só precisará de alguns momentos para aprendê-las e, juntas, elas formam "o kit do super-herói instantâneo". Divirta-se.

A leitura

O capítulo 1 examinou como os videntes, médiuns e astrólogos parecem fazer leituras extremamente precisas e impressionantes. É necessário praticar para dominar os princípios psicológicos envolvidos em uma "leitura fria" profissional. No entanto, você pode instantaneamente usar a demonstração a seguir para convencer estranhos de que sabe tudo a respeito deles.

No final da década de 1940, o psicólogo Bertram Forer realizou uma experiência revolucionária na qual dava a cada um de seus alunos exatamente a mesma descrição de personalidade e descobriu que quase todos a avaliavam como extremamente precisa.[1] Esse fenômeno, hoje conhecido como o "efeito Barnum", pode ser usado para dar a impressão de que você tem um entendimento profundo e misterioso da personalidade de um estranho.

Para preparar um subterfúgio convincente, primeiro descubra se a pessoa que você está tentando impressionar gosta de quiromancia, astrologia ou psicologia. Em seguida, olhe para a mão dela, pergunte quando é seu aniversário, ou faça com que ela desenhe uma casa e recite o seguinte:

Tenho a impressão de que você é um amigo leal e dedicado — alguém em quem as pessoas podem confiar em momentos de dificuldade. Embora seja justo, também é uma pessoa muito mais ambiciosa do que seus amigos e colegas se dão conta. Na maior parte do tempo, você dá a impressão de ser forte, mas no fundo, às vezes, você se preocupa com o que o futuro trará. Você é o tipo de pessoa que aprova afirmações muito genéricas sobre si. (Brincadeira. Desculpe-me se você leu isso em voz alta.) Tenho uma sensação de que em determinadas circunstâncias você pode ser perfeccionista e que isso, às vezes, perturba aqueles que o rodeiam. Você é bom em ver ambos os lados de um argumento em vez de chegar a conclusões precipitadas. Estou certo? Ao olhar para o passado, às vezes, você pensa sobre o que teria feito de forma diferente, mas, em geral, foca no futuro. Embora goste de mudança e variedades, também é atraído por uma sensação de rotina e estabilidade. Está enfrentando uma decisão importante neste exato momento ou recentemente passou por uma grande mudança em sua vida. Você sabe que tem uma capacidade considerável, embora pouco utilizada, que não foi usada a seu favor e, às vezes, você é extrovertido e sociável, enquanto em outras ocasiões, é muito mais introvertido e reservado.

A ciência prevê que o estranho ficará muito impressionado. Isto é, claro, a menos que ele também tenha lido este livro.

Anestesista instantâneo

O capítulo 2 investigou em detalhes a ciência por trás das experiências fora do corpo e descobriu que essas estranhas sensações forneceram um insight singular sobre como seu cérebro descobre onde "você" está em todos os momentos de sua vida acordada. Algumas das pesquisas nessa área exploraram como seu cérebro usa informações visuais para decidir onde "você" está por meio de estudos nos quais as pessoas sentem como se um elástico ou até a superfície de uma mesa fosse parte delas. Essa demonstração do "dedo anestesiado" é conceitualmente idêntica àquelas experiências. Peça a um amigo para esticar o dedo indicador da mão direita. Agora, estique o seu dedo indicador da mão esquerda e junte suas mãos de forma que o seu dedo indicador e o de seu amigo se toquem ao longo do comprimento deles (veja a imagem 09 na página IV).

Em seguida, peça a seu amigo para usar o polegar e o primeiro dedo da mão esquerda dele para fazer carícias ao longo das laterais desse "dedo duplo". Instrua-o a roçar o polegar esquerdo dele ao longo da frente do dedo indicador da mão direita dele e o dedo indicador da mão esquerda ao longo do dedo indicador de sua mão esquerda. Algo muito estranho acontecerá. Seu amigo sentirá como se o dedo indicador da mão esquerda estivesse completamente dormente.

O cérebro de seu amigo vê o que acredita ser o dedo indicador da mão esquerda sendo acariciado, mas não sente nada e decide que o dedo deve estar adormecido. Além dessa ilustração dos funcionamentos mais íntimos do cérebro, essa demonstração é excelente para flertar em bares.

O teste para influenciar por sugestão

O capítulo 4 revelou como as pesquisas sobre a movimentação de mesas, o tabuleiro Ouija e a escrita automática levaram à descoberta de uma forma de movimento inconsciente conhecido como "ação ideomotora". As pessoas suscetíveis à sugestão são especialmente propensas à ação ideomotora e você pode usar o exercício a seguir para avaliar o seu amigo no âmbito da suscetibilidade à sugestão.

Peça a seu amigo para estender os braços para a frente, assegurando que eles fiquem paralelos ao chão e que ambas as mãos estejam viradas para baixo e niveladas. Então, peça-lhe que feche os olhos enquanto você lê em voz alta, vagarosa e claramente, o parágrafo a seguir.

Vou conduzi-lo por um exercício de visualização simples. Primeiro de tudo, imagine uma pilha pesada de livros sendo amarrada com barbante grosso e que a ponta do barbante está amarrada aos dedos de sua mão esquerda. Os livros estão pendurados sob sua mão esquerda e puxam seu braço para baixo com força, empurrando-o para o chão. Não mova as mãos conscientemente, mas, ao contrário, apenas ouça a minha voz e deixe as imagens fluírem por sua mente. Imagine o peso dos livros suavemente puxando seu braço esquerdo para o chão, sentindo mais e mais peso com o passar do tempo. Agora imagine um balão cheio de hélio amarrado a um fio fino. A ponta do fio está amarrada aos dedos de sua mão direita e está suavemente empurrando sua mão para cima. Os livros estão arrastando sua mão esquerda para baixo na direção do chão e o balão está puxando sua mão direita para o teto. Não mova as mãos conscientemente, mas, ao contrário, apenas ouça a minha voz e deixe as imagens fluírem por sua mente. Sua mão esquerda sendo puxada para baixo e sua mão direita sendo empurrada para cima. Excelente. Agora, abra os olhos e relaxe os braços.

Olhe para a posição das mãos de seu amigo ao final do exercício. As mãos começaram niveladas. A mão esquerda se moveu mais para baixo e a direita mais para cima? Se elas ainda estão niveladas ou com uma separação de apenas alguns centímetros, então a pessoa não é muito suscetível à sugestão. Se as mãos da pessoa estão separadas por mais do que alguns centímetros, então, elas são do tipo mais sugestionável. Além de avaliar o nível delas de suscetibilidade à sugestão, o teste também ajudará a revelar aspectos de seu caráter. Os tipos não sugestionáveis tendem a ser mais realistas, lógicos e a gostar de quebra-cabeças e jogos. Em contrapartida, os tipos sugestionáveis costumam ter uma boa imaginação, ser sensíveis, intuitivos e ter facilidade maior para serem absorvidos ao lerem livros e ao assistirem a filmes.

Eu realizando o teste de sugestionabilidade:
www.richardwiseman.com/paranormality/SuggestTest.html

A mente sobre a matéria

O capítulo 3 investigou como aqueles que se dizem capazes de mover objetos com o poder de suas mentes revelam que você vê apenas uma pequena fração do que está realmente acontecendo diante de seus olhos. Esse princípio psicológico importante é ilustrado na demonstração em duas partes a seguir. Tudo de que você precisa é de um canudo, uma garrafa plástica e uma mesa.

Segundos antes de começar, furtivamente esfregue o canudo na sua roupa para garantir que ele acumule uma carga estática. Em seguida, cuidadosamente equilibre o canudo horizontalmente encima da boca de uma garrafa plástica (ver imagem 10, na página IV).

Declare que você parece ter adquirido alguns poderes paranormais muito estranhos; coloque a mão direita cerca de dois centímetros afastada de uma das pontas do canudo e esfregue os dedos um no outro. O canudo rodará magicamente sobre a tampa da garrafa, movendo-se na direção de seus dedos.

Para a segunda parte da apresentação, coloque o canudo sobre a superfície da mesa a alguns centímetros de distância de sua borda. Ele precisa estar deitado de lado e paralelo ao seu corpo. Mais uma vez, esfregue as pontas dos dedos umas nas outras, como se estivesse tentando evocar seus poderes latentes. Agora, coloque a mão direita sobre a superfície da mesa, alguns centímetros do outro lado do canudo (ver a imagem 11 na página IV).

A seguir, incline a cabeça ligeiramente para baixo enquanto foca a atenção no canudo. Vagarosamente esfregue os dedos um no outro e, ao mesmo tempo, sopre dissimuladamente na direção da superfície da mesa. As correntes de ar viajarão ao longo da mesa e moverão o canudo.

Voilà, um milagre instantâneo.

Usar dois métodos diferentes (eletricidade estática e sopro) para obter o mesmo efeito é um principio importante para executar truques de mente sobre matéria. Da mesma forma, durante a segunda parte da demonstração, a atenção das pessoas está voltada para seus dedos e não para sua boca, o que também ajuda a enganá-los quanto à fonte real do movimento.

Eu realizando a demonstração do canudo:
www.richardwiseman.com/paranormality/PJdemo.html

O ritual

O capítulo 5 se aventurou profundamente no mundo dos fantasmas e assombrações e revelou como os barulhos noturnos são, na realidade, produtos da psicologia da sugestão, uma sensação aumentada de medo que causa a hipervigilância e o "Dispositivo hiperativo de detecção de agente" do cérebro. Muitas pessoas adorariam sentir a presença de um fantasma e essa demonstração convencerá seus amigos de que você tem o poder de evocar os espíritos.

Peça a seu amigo para ficar de pé uns 50 centímetros à frente de um espelho grande. Em seguida, coloque uma vela ou outra fonte de luz fraca diretamente atrás dele e, depois, apague as luzes. Após cerca de um minuto fitando o reflexo dele, seu amigo começará a sentir uma estranha ilusão. Segundo um trabalho conduzido pelo psicólogo italiano Giovanni Caputo,[2] cerca 70% das pessoas verá o próprio rosto ficar horrivelmente distorcido, com muitos, por fim, vendo-o se transformar no rosto de outra pessoa. Segundo o folclore, o efeito fica ainda maior se seu amigo cantar as palavras *"bloody Mary"* 13 vezes. Embora os pesquisadores não tenham certeza do que produz esse efeito estranho, ele parece ser devido ao procedimento que impede que seu cérebro "junte" os diferentes traços de seu rosto em uma imagem única.

Termine a demonstração explicando que é muito provável que os espíritos agora passem a segui-lo até sua casa e provoquem pesadelos horríveis por uma semana (especialmente eficaz se suas mãos estiverem bem separadas durante o teste de suscetibilidade à sugestão).

Fanático por controle

O capítulo 6 explorou o mundo do controle da mente, revelando como demonstrações extraordinárias de telepatia conduziram à descoberta da leitura de músculos e como o estudo dos líderes de cultos revelou o poder de persuasão. Fundar um culto provavelmente não é uma ideia muito boa. Existem, no entanto, algumas formas divertidas de controlar aparentemente o comportamento de seu amigo.

Primeiro, peça a seu amigo para juntar as mãos, mas manter os dedos indicadores de cada mão estendidos, com um espaço de cerca de dois centímetros entre as duas pontas dos dedos (ver imagem 12 na página V).

Em seguida, anuncie que você usará o poder de sua mente para fazer os dedos dele se aproximarem. Peça a seu amigo para tentar ao máximo manter os dedos indicadores separados e imaginar uma linha fina sendo amarrada em torno das extremidades e o laço sendo vagarosamente apertado. Pode ser útil fazer uma mímica de amarrar e apertar o fio. Após alguns segundos, os músculos de seu amigo ficarão fatigados e os dedos se aproximarão vagarosamente.

Em seguida, peça a seu amigo para colocar a mão direita esticada sobre a superfície da mesa. O polegar e os dedos devem estar separados e nivelados sobre a mesa. Peça a ele que curve para dentro o segundo dedo da mão direita na altura da segunda junta e para colocá-lo sobre a mesa (ver imagem 13 na página V.).

Anuncie que você usará suas capacidades mentais para evitar que ele levante da mesa o terceiro dedo da mão direita dele. Por mais que tente, seu amigo não será capaz de mover o terceiro dedo.

Espero que você se divirta demonstrando seus poderes recentemente descobertos e os use para o bem.

Notas

Introdução

1. Minha experiência com Jaytee está descrita em:
   R. Wiseman, M. Smith, J. Milton (1998). "Can animals detect when their owners are returning home? An experimental test of the "psychic pet" phenomenon." *British Journal of Psychology*, 89, 453-62.
   Rupert Sheldrakehas também conduziu pesquisas com Jaytee e acredita que os resultados forneçam comprovações para a faculdade paranormal. Este trabalho está descrito em seu livro *Cães sabem quando seus donos estão chegando*. Editora Objetiva, 1999. Minha resposta para esses estudos está disponível em www.richardwiseman.comljaytee.
2. L.J. Chapman e J. P. Chapman (1967). "Genesis of popular but erroneous psychodiagnostic observations". *Journal of Abnormal Psychology*, 72, p. 193-204.
3. D. A. Redelmeier e A. Tversky (1996). "On the belief that arthritis pain is related to the weather". *Proc Natl Acad Sei Estados Unidos*, 93, p. 2895-6.

1. ADIVINHAÇÃO

1. Grande parte das informações nesta seção foi retirada de:
   M. J. Mooney (2009). "The Demystifying Adventures of the Amazing Randi". *SF Weekly News*, agosto 26. Disponível em: http://www.sfweekly.com/2009-08-26/news/the-demystifying_adventures-of-the-amazing-randi/1/
2. Para obter mais informações sobre este teste, consulte: http://www.guardian.co.uk/science/2009/may/12/psychic_claims-jarnes-randi-paranormal
3. Patricia Putt queixou-se mais tarde das condições do teste. Suas observações, e meus comentários sobre elas, podem ser consultadas em: http://richardwiseman.wordpress.com/2009/05/27/patricia-putt-replies/

4. H. G. Boerenkamp (1988). A *Study of Paranormal Impressions of Psychics*. CIP-Gegevens Koninklijke, The Hague.
   Esta obra também foi publicada em uma série de artigos em *European Journal of Parapsychology* de 1983 a 1987.

5. S. A. Schouten, (1994). "An overview of quantitatively evaluated studies with mediums and psychics". *The journal of the American Society for Psychical Research*, 88, p. 221-54.

6. C. A. Roe (1998). "Belief in the paranormal and attendance at psychic readings". *Journal of the American Society for Psychical Research*, 90, p. 25-5l.

7. Para obter mais informações sobre leitura fria, consulte:
   I. Rowland (1998). *The Full Facts Book of Cold Reading*. Ian Rowland Limited, Londres.

8. Para obter uma crítica dessa literatura consulte:
   D. G. Myers (2008). *Social Psychology*. McGraw-Hill Higher Education, Nova York.

9. A. H. Hastorfand H. Cantril (1954). "They Saw a Game: A Case Study". *Journal of Abnormal and Social Psychology*, 49, p. 129-34.

10. D. H. Naftulin, J. E. Ware and F. A. Donnelly (1973). "The Doctor Fox Lecture: A Paradigm of Educational Seduction". *Journal of Medical Education*, 48, p. 630-5.

11. The Editors of *Lingua Franca* (2000). *The Sokal Hoax: The Sham That Shook the Academy*. Bison Books, Lincoln, NE.

12. G. A. Dean, I. W. Kelly, D. H. Saklofske and A. Furnham (1992). "Graphology and human judgement". Em *The Write Stuff* (ed. B. Beyerstein and D. Beyerstein), p. 349-95. Prometheus Books, Buffalo, Nova York.

13. A. C. Little e D. I. Perrett (2007). "Using composite face images to assess accuracy in personality attribution". *British Journal of Psychology*, 98, p. 111-26.

14. Imagens reproduzidas com a permissão de *The British Journal of Psychology* © The British Psychological Society.

15. Para obter mais informações sobre os estereótipos da população, consulte:
    D. Marks (2000). *The Psychology of the Psychic (2ª. Edição)*. Prometheus Books, Amherst, Nova York.

16. S. J. Blackmore (1997). "Probability misjudgment and belief in the paranormal: A newspaper survey". *British Journal of Psychology*, 88, p. 683-9.

17. B. Jones (1989). *King of the Cold Readers: Advanced professional pseu-do-psychic techniques.* Jeff Busby Magic Inc., Bakersfield, CA.
18. B. Couttie (1988). *Forbidden Knowledge: The Paranormal Paradox.* Lutterworth Press, Cambridge.
19. W. F. Chaplin, J. B. Phillips, J. D. Brown, N. R. Clanton e J. L. Stein (2000). "Handshaking, gender, personality and first impressions". *Journal of Personality and Social Psychology, 79,* p. 110-17.

2. EXPERIÊNCIAS FORA DO CORPO

1. C. A. Alvarado (2000). "Out-of-body experiences". Em *Varieties of anomalous experiences* (ed. E. Cardefia, S. J. Lynn e S. Krippner), p. 183-218. American Psychological Association, Washington D.C.
2. G. Gabbard and S. Twemlow (1984). *With the eyes of the mind.* Praeger Scientific, Nova York.
3. Para obter mais informações sobre Mumler, consulte:
L. Kaplan (2008). *The Strange Case of William Mumler, Spirit Photographer.* University of Minnesota Press, MN.
4. Para obter mais informações sobre fotografar a alma, consulte:
H. Carrington e J. R. Meader (1912). *Death, its Causes and Phenomena,* Rider, Londres.
5. M. Willin (2007). *Ghosts Caught on Film: Photographs of the Paranormal?* David & Charles, Cincinnati.
6. D. MacDougall (1907). "Hypothesis concerning soul substance, together with experimental evidence of the existence of such substance". *Journal of the American Society for Psychical Research,* 1, p. 237-44.
7. M. Roach (2003). *Stiff The Curious Lives of Human Cadavers.* W. W. Norton, Nova York.
8. Um relato das experiências realizadas por Watters e Hopper pode ser encontrado em:
S. J. Blackmore (1982). *Beyond the Body: An Investigation into Out--of-the-Body Experiences.* Paladin Grafton Books, Londres.
9. K. Clark (1984). "Clinical Interventions with Near-Death Experiencers". Em *The Near-Death Experience: Problems, Prospects, Perspectives* (ed. B. Greyson and C. P. Flynn), p. 242-55. Charles C. Thomas, Springfield, IL.

10. E. Hayden, S. Muiligan e B. L. Beyerstein (1996). "Maria's NDE: Waiting for the Other Shoe to Drop". *Skeptical Inquirer*, 20(4), p. 27-33.
11. Este questionário está baseado em obra descrita em:
    A. Tellegen e G. Atkinson (1974). "Openness to absorbing and self-altering experiences ("absorption"), a trait related to hypnotic susceptibility". *Journal of Abnormal Psychology*, *83*, p. 268-77.
12. K. Osis (1974). "Perspectives for out-of-body research". Em *Research in Parapsychology* (ed. W. G. Roll, R. L. Morris and J. D. Morris, 1973), p. 110-13.
13. J. Palmer e R. Lieberman (1975). "The influence of psychological set on ESP and out-of-body experiences". *Journal of the American Society for Psychical Research*, *69*, p. 235-43.
    J. Palmer e C. Vassar (1974). "ESP and out-of-body experiences: An exploratory study". *Journal of the American Society for Psychical Research*, *68*, p. 257-80.
14. M. Botvinick e J. Cohen (1998). "Rubber hands "feel" touch that eyes see". *Nature*, *391*, p. 756.
15. G. L. Moseley, et al. (2008). "Psychologically induced cooling of a specific body part caused by the illusory ownership of an artificial counterpart". *Proe Natl Aead Sci*, *105*, p.13169-73.
16. S. Blakeslee e V. S. Ramachandran (1998). *Phantoms in the Brain: Human Nature and the Architecture of the Mind*. William Morrow, Nova York.
    K. C. Armei e V. S. Ramachandran (2003). "Projecting sensations to external objects: Evidence from skin conductance response". *Proceedings of the Royal Society of London: Biological, 270*, páginas 1499-506.
17. V. S. Ramachandran e D. Rogers-Ramachandran (1996). "Synaesthesia in phantom limbs induced with mirrors". *Proc R Soc Lond B Biol Sci*, *263*, p. 286-377.
18. B. Lenggenhager, T. Tadi, T. Metzinger e O. Blanke (2007). "Video ergo sum: Manipulation of bodily self consciousness". *Science*. *317*, p.1096-9.
19. E. L. Altschuler e V. S. Ramachandran (2007). "A simple method to stand outside oneself". *Perception*, *36*(4), p. 632-4. 20 S. J. Blackmore e F. Chamberlain (1993). "ESP and Thought Concordance in Twins: A Method of Comparison". *Journal of the Soeiety for Psychical Researeh*. *59*, p. 89-96.

21. S. J. Blackmore (1987). "Where am I?: Perspectives in imagery, and the out-of-body experience". *Journal of Mental Imagery*, 11, p. 53-66.

3. A MENTE SOBRE A MATÉRIA

1. Para obter mais informações sobre Hydrick, consulte:
   D. Korem (1988). *Powers: Testing the psychic & supernatural*. Inter-Varsity Press, Downers Grove, IL.
   "'Psychic Confession", um documentário feito por Korem sobre seus dias com Hydrick.
   J. Randi (1981). "Top Psychic" Hydrick: Puffery and Puffs". *The Skeptical Inquirer*, 5(4), p. 15-18.
2. D. Korem e P. D. Meier (1981). *The Fakers: Exploding the myths of the supernatural*. Baker Book House, Grand Rapids, MN.
3. R. Beene (1989). "'Sir James" molest suspect says he's misunderstood, but prosecutors insist he's a con man". *LA Times*, fevereiro 2006.
4. Este teste está baseado em um tarefa semelhante em:
   L. Wardlow Lane, M. Groisman e V. S. Ferreira (2006). "Don't talk about pink elephants! Speakers' control over leaking private information during language production". *Psychological Science*, 17, p. 273-7.
5. J. Steinmeyer (2006). *Art and Artifice and Other Essays of Illusion*. Carroll & Graf, Nova York.
6. B. Singer e V. A. Benassi (1980-81). "Fooling some of the people all of the time". *Skeptical Inquirer*, 5(2), p.17-24.
7. R. Hodgson e S.J. Davey (1887). "The possibilities of malobservation and lapse of memory from a practical point of view". *Proceedings of the Society for Psychical Research*, 4, páginas 381-404.
8. A. R. Wallace (1891). Correspondence: "Mr S. J. Davey's Experiments". *Journal of the Society for Psychical Research, 5,* p. 43.
9. R. Hodgson (1982). "Mr. Davey's imitations by conjuring of phenomena sometimes attributed to spirit agency". *Proceedings of the Society for Psychical Research*, 8, p. 252-310.
10. Imagens reproduzidas com permissão de J. Kevin O'Regan, Laboratoire Psychologie de la Perception CNRS, Université Paris Descartes.
11. R. Wiseman e E. Haraldsson (1995). "Investigating macro-PK in India: Swami Premananda". *Journal of the Society for Psychical Research*, 60, p. 193-202.

12. H. Münsterberg (1908). *On the Witness Stand: Essays on Psychology and Crime*. Page & Co., Doubleday, Nova York.
13 R. Buckhout (1974). "Eyewitness testimony". *Scientific American*, 231, p. 23-31.
14. R. Buckhout (1975). "Nearly 2000 witnesses can be wrong". *Social Action and the Law*, 2, p. 7.

4. FALANDO COM OS MORTOS

1. Para obter mais informações sobre as irmãs Fox, consulte:
   B. Weisberg (2004). *Talking to the Dead: Kate and Maggie Fax and the Rise of Spiritualism*. HarperSanFrancisco, San Francisco.
2. P. Lamont (2004). "Spiritualism and a mid-Victorian crisis of evidence". *Historical Journal*, 47(4), p. 897-920.
3. Para obter um relato mais abrangente da confissão, consulte:
   R. B. Davenport (1888). *The Death-Blow to Spiritualism: being the true story of the Fox sisters, as revealed by authority of Margaret Fox Kane and Catherine Fax Jencken*. G. W. Dillingham, Nova York.
4. P. P. Alexander (1871). *Spiritualism: a narrative with a discussion*. William Nimmo, Edinburgo.
5. N. S. Godfrey (1853). *Table Turning: the Devil's Modern Masterpiece; Being the Result of a Course of Experiments*. Thames Ditton, Reino Unido.
6. D. Graves (1996). *Scientists of Faith*. Kregel Resources, Grand Rapids, MI.
7. M. Faraday (1853). "Experimental investigation of table moving". *Athenaeum*, 1340, p. 801-3.
8. J Jastrow (1900). *Fact and Fable in Psychology*. Houghton Mifflin Company, Nova York.
9. Para obter uma crítica sobre essa obra, consulte:
   E. Jacobson (1982). *The Human Mind: A physiological clarification*. Charles C. Thomas, Springfield, IL.
10. H. H. Spitz (1997). *Nonconscious Movements: From Mystical Messages to Facilitated Communication*. Lawrence Erlbaum Associates, Princeton, NJ
11. D. M. Wegner e D. J Schneider (2003). "The White Bear Story". *Psychological Inquiry*, 14, p. 326-29.

12. O. P. John e J J Gross (2004). "Healthy and unhealthy emotion regulation: Personality processes, individual differences, and life span development". *Journal of Personality,* 72, p. 1301-17.
A. G. Harvey (2003). "The attempted suppression of presleep cognitive activity in insomnia". *Cognitive Therapy and Research,* 27, p. 593-602.
13. D. M. Wegner, M. E. Ansfield e D. Pilloff (1998). "The putt and the pendulum: lronic effects of the mental control of action". *Psychological Science,* 9, p. 196-9.
14. F. C. Bakker, R. R. D. Oudejans, O. Binsch e J Van der Karnp (2006). "Penalty shooting and gaze behavior: Unwanted effects of the wish not to miss". *International Journal of Sport Psychology,* 37, p. 265-80.
15. J. Etkin (2001). "Erratic Pitching - performance anxiety of baseball players". *Baseball Digest,* August 2001, p. 52-6.
16. W F. Prince (1964). *The Case of Patience Worth.* University Books, lnc., Nova York.
17. D. Wegner (2002). *The Illusion of Conscious Will.* The MIT
18. B. Libet, C. A. Gleason, E. W Wright e D. K. Pearl (1983). "Time of conscious intention to act in relation to onset of cerebral activity (readiness-potential). The unconscious initiation of a freely voluntary act". *Brain,* 106, p. 623-42.
B. Libet (1985). "Unconscious cerebral initiative and the role of conscious will in voluntary action". *Behavioral and Brain Sciences,* 8, p. 529-66.
19. Descrito em "Time and the Observer" by D. C. Dennett e M. Kinsbourne, em *The Nature of Consciousness: Philosophical debates,* (Ned Block, Owen Flanigan, et al., eds., 1997), The MIT Press, Cambridge, MA, p.168.

INTERVALO

1. Para obter mais informações sobre , consulte:
H. Price (1936). *Confessions of a Ghost-Hunter.* Putnam & Co. Ltd, Londres.
H. Price e R. S. Lambert (1936). *The Haunting of Cashen's Gap: A Modern "Miracle" Investigated.* Methuen & Co. Ltd., Londres.

5. CAÇANDO FANTASMAS

1. D. P. Musella (2005). "Gallup poll shows that Americans' belief in the paranormal persists". *Skeptical Inquirer,* 29(5), P. 5.
2. R. Lange, J. Houran, T. M. Harte e R. A. Havens (1996). "Contextual mediation of perceptions in hauntings and poltergeist-like experiences". *Perceptual and Motor Skills, 82,* p. 755-62.
3. D. J. Hufford (1982). *The Terror That Comes in the Night.* University of Pennsylvania Press, Filadélfia.
   T. Kotorii, N. Uchimura, Y. Hashizume, S. Shirakawa, T. Satomura et al. (2001). "Questionnaire relating to sleep paralysis". *Psychiatry and Clinical Neurosciences, 55,* p. 265-6.
4. C. Brown (2003). "The stubborn scientist who unraveled a mystery of the night". *Smithsonian Magazine,* outubro 2003.
5. E. Aserinsky e N. Kleitman (1953). "Regularly occurring periods of eye motility, and concomitant phenomena, during sleep". *Science,* 118, p. 273-4.
6. Para obter mais informações sobre esse trabalho, consulte:
   R. Wiseman, C. Watt, E. Greening, P. Stevens and C. O'Keeffe (2002). "An investigation into the alleged haunting of Hampton Court Palace: Psychological variables and magnetic fields". *Journal of Parapsychology,* 66(4), p. 387-408.
   R. Wiseman, C. Watt, P. Stevens, E. Greening e C. O'Keeffe (2003). "An investigation into alleged "hauntings"". *The British Journal of Psychology,* 94, p. 195-21l.
7. G. W Lambert (1955). "Poltergeists: a physical theory". *Journal of the Society for Psychical Research,* 38, p. 49-71.
8. A. Gauld e A. D. Cornell (1979). *Poltergeists.* Routledge & Kegan Paul, Londres.
9. A. Cornell (1959). "An experiment in apparitional observation and findings". *Journal of the Society for Psychical Research, 40,* p. 120-4.
   A. Cornell (1960). "Further experiments in apparitional observations". *Journal of the Society for Psychical Research, 40,* p. 409-18.
10. V. Tandy e T. Lawrence (1998). "The ghost in the machine". *Journal of the Society for Psychical Research,* 62, páginas 360-4.
11. V. Tandy (2000). "Something in the cellar". *Journal of the Society for Psychical Researcb,* 64, p. 129-40.

12. C. M. Cook e M. A. Persinger (1997). "Experimental induction of the "sense presence" in normal subjects and an exceptional subject". *Perceptual and Motor Skills,* 85, p. 683-93.
C. M. Cook e M. A. Persinger (2001). "Geophysical variables and behavior: XCII. Experimental elicitation of the experience of a sentient being by right hemispheric, weak magnetic fields: Interaction with temporal lobe sensitivity". *Perceptual and Motor Skills,* 92, p. 447-8.
13. P. Granqvist, M. Fredrikson, P. Unge, A. Hagenfeldt, S. Valind, D. Larhammar e M. Larsson (2005). "Sensed presence and mystical experiences are predicted by suggestibility, not by the application of transcranial weak complex magnetic fields". *Neuroscience Letters,* 379, p. 1-6.
M. Larsson, D. Larhammar, M. Fredrikson e P. Granqvist (2005). "Reply to M.A. Persinger and S. A. Koren's response to Granqvist et al. "Sensed presence and mystical experiences are predicted by suggestibility, not by the application of transcranial weak complex magnetic fields"'. *Neuroscience Letters, 380,* p. 348-50.
Para obter mais informações sobre esse trabalho, consulte: *http://www.nature.comlnews/2004/041206Ifull/news041206-10.html*
14. C. C. French, U. Haque, R. Bunton-Stasyshyn e R. Davis (2009). "The "Haunt" Project: An attempt to build a "haunted" room by manipulating complex electromagnetic fields and infrasound". *Cortex.* 45, p. 619-29.
Para obter mais informações sobre o possível relacionamento entre assombrações e eletromagnetismo, consulte:
J. J. Braithwaite (2008) "Putting magnetism in its place: A critical examination of the weak-intensity magnetic field account for anomalous haunt-type experiences". *Journal for the Society of Psychical Research,* 890, p. 34-50.
J. J. e M. Townsend (2005). "Sleeping with the entity: A quantitative magnetic investigation of an English castle's reputedly haunted bedroom". *European Journal of Parapsychology,* 20.1, p. 65-78.
15. E. E. Slosson (1899). "A lecture experiment in hallucinations". *Psychology Review,* 6, p. 407-8.
16. M. O'Mahony (1978). "Smell illusions and suggestion: Reports of smells contingent on tones played on television and radio". *Chemical Senses and Flavour,* 3, p. 183-9.

17. R. Lange e J. Houran (1999): "The role of fear in delusions of the paranormal". *Journal of Nervous and Mental Disease, 187*, p. 159-66.
18. R. Lange e J. Houran (1997). "Context-induced paranormal experiences: Support for Houran and Lange's model of haunting phenomena". *Perceptual and Motor Skills, 84*, p. 1455-8.
19. J. Houran e R. Lange (1996). "Diary of events in a thoroughly unhaunted house". *Perceptual and Motor Skills, 83*, p. 499-502.
20. Muitas das informações desta seção se baseiam em um relato sobre a obra de Smyth em uma série de documentários da BBC na década de 1970, *Leap in the Dark.*
21. J. M. Bering (2006). "The cognitive psychology of belief in the supernatural". *American Scientist, 94*, p. 142-9.
22. J. L. Barrett (2004). *Why Would Anyone Believe in God?* AltaMira Press, Lanham, MD.

6. CONTROLE DA MENTE

1. Para obter mais informações sobre Bishop, consulte: *Movements: From mystical messages to facilitated communication.* Lawrence Erlbaum Associates, Princeton, NJ.
   R. Jay (1986). *Learned Pigs and Fireproof Women.* Robert Hale, Londres.
   B. H. Wiley (2009). "The Thought-Reader Craze". *The Conjuring Arts Research Center.* 4(1), páginas 9-134. Gibeciere, Nova York.
2. Para obter mais informações sobre Clever Hans, consulte:
   H. H. Spitz (1997). *Nonconscious Movements: From Mystical Messages to Facilitated Communication.* Lawrence Erlbaum Associates, Princeton, NJ.
   O. Pfungst (1911). *Clever Hans (The horse of Mr. von Osten): A contribution to experimental animal and human psychology.* Henry Holt, Nova York.
3. R. Rosenthal e K. Fode (1963). "The effect of experimenter bias on the performance of the albino rat". *Behavioral Science, 8*, p. 183-9.
4. R. Rosenthal e L. Jacobson (1968). *Pygmalion in the Classroom: Teacher expectations and pupils' intellectual development.* Holt, Rinehart and Winston, Nova York.
5. G. L. Wells (1988). *Eyewitness Identification: A system handbook.* Carswell, Toronto.

6. H. B. Gibson (1991). "Can hypnosis compel people to commit harmful, immoral and criminal acts?: A review of the literature". *Contemporary Hypnosis,* 8, p.129-40.
7. M. T. Orne e F. J. Evans (1965). "Social control in the psychological experiment: Antisocial behavior and hypnosis". *Journal of Personality and Social Psychology,* 1, p. 189-200.
8. Para obter mais informações sobre Jim Jones, consulte:
J. Mills (1979). *Six Years with God.* A&W Publishers, New *Psychology (10a.* ed.). McGraw-Hill, Nova York.
9. J. L. Freedman e S. C. Fraser (1966). "Compliance without pressure: The foot-in-the-door technique". *Journal of Personality and Social Psychology,* 4, p. 196-202.
10. S. E. Asch (1951). "Effects of group pressure upon the modification and distortion of judgment". Em *Groups, Leadership and Men* (ed. H. Guetzkow). Carnegie Press, Pittsburgh, PA.
11. E. Aronson and J. Mills (1959). "The effect of severity of initiation on liking for a group". *Journal of Abnormal and Social Psychology,* 59, p. 177-81.
12. L. Festinger, H. W. Riecken e S. Schachter (1956). *When Prophecy Fails: A Social and Psychological Study of a Modern Group that Predicted the Destruction of the World.* University of Minnesota Press, Minneapolis, MN.

7. PROFECIA

1. J. C. Barker (1967). "Premonitions of the Aberfan Disaster". *Journal of the Society for Psychical Research,* December 1967, 44, p. 168-81.
2. A. MacKenzie (1974). *The Riddle of the Future: A modern study of precognition.* Arthur Barker, Londres.
3. A. M. Arkin, J. S. Antrobus e J. Ellman (1978). *The Mind in Sleep: Psychology and psychophysiology.* Erlbaum, New Jersey.
4. J. Nickell (1999). "Paranormal Lincoln". *Skeptical Inquirer, 23,* 127-3l.
5. L. Breger, I. Hunter e R. W. Lane (1971). *The Effect of Stress on Dreams.* International Universities Press, Nova York.
6. Retirado de:
http://www.nuffield.ox.ac.uk/politics/aberfan/dowintro.htm

7. D. M. Wegner, R. M. Wenzlaff e M. Kozak (2004). "Dream rebound: The return of suppressed thoughts in dreams". *Psychological Science*, 15, p. 232-6.
8. H. A. Murray e D. R. Wheeler (1937). "A note on the possible clairvoyance of dreams", *Journal of Psychology*, 3, p. 309-13.
9. C. K. Morewedge e M. L Norton (2009). "When dreaming is believing: The (motivated) interpretation of dreams", *Journal of Personality and Social Psychology*, 96, p. 249-64.
10. K. M. T. Hearne (1978). "Lucid dreams: an electrophysiological and psychological study". Tese de Doutorado, University of Hull.
11. As informações nessa seção estão baseadas em "Mnemonic Induction of Lucid Dreams" de Stephen LaBerge.
12. A. Revonsuo (2000). "The reinterpretation of dreams: An evolutionary hypothesis of the function of dreaming", *Behavioral and Brain Sciences*, 23, p. 793-1121.
13. F. Crick and G. Mitchison (1983). "The function of dream sleep", *Nature*, 304, p. 111-14.
14. P. Mcintyre (2006). "Paul McCartney and the creation of "Yesterday": the systems model in operation", *Popular Music, 25,* p. 201-19.
15. J. A. Hobson e R.W. McCarley (1977). "The brain as a dream-state generator: An activation-synthesis hypothesis of the dream process". *American Journal of Psychiatry,* 134, p. 1335-48.
16. M. Solms e O. H. Turnbull (2007). "To sleep, perchance to REM? The rediscovered role of emotion and meaning in dreams", Em *Tall Tales About the Mind and Brain* (ed. Sergio Della Sala, 2007,) p. 478-500. Oxford University Press, Estados Unidos

Conclusão

1. J. M. Wood, M. T. Nezworski, S. O. Lilienfeld, H. N. Garb *(2002). What's Wrong With the Rorschach? Science Confronts the Controversial Inkblot Test.* John Wiley & Sons, Nova York.
2. R. Wiseman e C. Watt (2006). "Belief in psychic ability and the misattribution hypothesis: A qualitative review", *British Journal of Psychology,* 97, p. 323-38.
   S. J. Blackmore e R. Moore (1994). "Seeing things: Visual recognition and belief in the paranormal". *European Journal of Parapsychology,* 10, p. 91-103.

P. Brugger, M. Regard, T. Landis, D. Krebs e J. Niederberger (1994). "Coincidences: Who can say how "meaningful" they are?" Em *Research in parapsychology* (ed. E. W. Cook and D. Delanoy, 1991), p. 94-8. Scarecrow, Metuchen, NJ.

P. Brugger and R. Graves (1998). "Seeing connections: associative processing as a function of magical belief". *Journal of the International Neuropsychological Society*, 4, p. 6-7.

R. Wiseman e M. D. Smith (2002). "Assessing the role of cognitive and motivational biases in belief in the paranomal". *Journal of the Society for Psychical Research*, 66, p. 178-86.

3. J. Jay (2010). "Martin Gardner: An Interview". *Magic Magazine*, 19(11), p. 58-61.

Para obter mais informações sobre esse aspecto do pensamento de Gardner, consulte:

M. Gardner (1983). *The Whys of a Philosophical Scrivener*. Quill, Nova York.

Um kit do super-herói instantâneo

1. B. R. Forer (1949). "The fallacy of personal validation: A classroom demonstration of gullibility". *Journal of Abnormal Psychology*, 44, p. 118-21.

2. G. B. Caputo (2010). "Strange-face-in-the-mirror illusion", *Perception*, 39(7), p. 1007-08.

Agradecimentos

Antes de tudo, desejo agradecer à Universidade de Hertfordshire pelo apoio ao meu trabalho ao longo dos anos. Gostaria de agradecer a Sue Blackmore, James Randi, Jim Houran, Chris French, Max Maven, ao misterioso Sr. D, Peter Lamont e David Britland pelas contribuições inestimáveis para este livro. Além disso, meus especiais agradecimentos a Emma Greening e Clive Jefferies por lerem as versões iniciais do manuscrito. Este livro não teria sido possível sem a orientação e a habilidade de meu agente Patrick Walsh e editor Jon Butler. Agradecimentos especiais também para minha maravilhosa colega, colaboradora e companheira, Caroline Watt.

Este livro foi composto na tipografia
Sabon LT Std, em corpo 11,5/15,5, e impresso em papel
off-white no Sistema Digital Instant Duplex
da Divisão Gráfica da Distribuidora Record.